语言 · 文化 · 传播丛书

库恩及其《水浒传》德语译本研究

——翻译、传播与接受

张欣 著

中国传媒大学出版社

·北京·

图书在版编目(CIP)数据

库恩及其《水浒传》德语译本研究：翻译、传播与接受 / 张欣著. —北京：中国传媒大学出版社，2017.1

ISBN 978-7-5657-1861-8

(语言·文化·传播丛书)

Ⅰ.①库… Ⅱ.①张… Ⅲ. ①《水浒》—德语—文学翻译—研究 Ⅳ. ①H335.9 ②I207.412

中国版本图书馆 CIP 数据核字(2016)第 278013 号

库恩及其《水浒传》德语译本研究——翻译、传播与接受

KUEN JIQI《SHUIHUZHUAN》DEYU YIBEN YANJIU——FANYI、CHUANBO YU JIESHOU

著　　者 张　欣
丛书策划 冬　妮
责任编辑 张　旭
特约编辑 沈梦绮
封面设计 大鹏工作室
责任印制 阳金洲

出版发行 中国传媒大学出版社
社　　址 北京市朝阳区定福庄东街 1 号　　邮编：100024
电　　话 010-65450532 或 65450528　　传真：010-65779405
网　　址 http://www.cucp.com.cn
经　　销 全国新华书店

印　　刷 北京玺诚印务有限公司
开　　本 710mm×1000mm　1/16
印　　张 17.75
字　　数 305 千字
版　　次 2017 年 1 月第 1 版　2017 年 1 月第 1 次印刷

书　　号 ISBN 978-7-5657-1861-8/H·1861　　**定　价** 68.00 元

序　中国故事的德国叙述

——《库恩及其〈水浒传〉德语译本研究》序

细想起来，多年来我所关注的主题主要是近代以来东亚与欧洲间知识和思想的迁移与互动，而在其中翻译有着举足轻重的地位。中国的现代性是伴随着传教界、中国知识界、科学界的翻译工作而被介绍到中国来的。而作为他者的中国文化译本，在欧洲也作为他们反观自身的重要参照物，正如德国哲学家伽达默尔（Hans-Georg Gadamer，1900—2002）在论述黑格尔（Georg Wilhelm Friedrich Hegel，1770—1831）对"教化"（Bildung）的认识时所指出的一样："在异己的东西里认识自身、在异己的东西里感到是在自己的家，这就是精神的基本运动，这种精神的存在只是从他物出发向自己本身的返回。"①

张欣的专著表面上所写的是德国汉学家库恩（Franz Walter Kuhn，1884—1961）的一个中国文学经典译本的翻译、传播和接受的情况，但背后却隐藏着一个这样的大问题意识，亦即一种异域的文学形态何以能为另外一种文化所接受？并乐于接受！由于意识形态等原因作祟，库恩之后的欧洲汉学家译者，常常忽略中国文化的深层问题，在译介中国文学作品时，很少真正根据作品的审美和艺术标准去选择，而更多地是根据作者的政治立场来取舍。因此，在很多欧洲读者的心目中，中国的文学作品只能是作为国家的意识形态和民族寓言加以解读，他们所肯定的是这些文学作品外部的非文学的意义和价值。库恩通过他一生的努力，特别是"中国故事的德国叙述"式的改编，成功地向德语读者证明了，中国文学固有的价值和世界性

① 伽达默尔：《真理与方法——哲学诠释学的基本特征》"第2版序言"，洪汉鼎译，上海译文出版社1999年版，第17页。

意义。这些译成德语的中国古典文学作品受到了热烈的欢迎，从而改变了在那里陌生和被误解的氛围。诸如《水浒传》《红楼梦》《金瓶梅》这些长篇章回小说的译本，真正地让西方读者逐渐理解中国固有的宇宙、自然和人的观念，及其所具有的独特的诗学性质，而这些是与西方文化有着完全不同的精神和美学意蕴的。

我认为，一位学者在做研究的时候要有整体的学术史意识，这样比较容易对你所做的研究课题进行定位。同时也要注重个案研究，特别是一手文献档案的使用。以前我上中学的时候，英语老师常说做学问要“大处着眼，小处着手”，就是这个意思。从阐释学的观点来看，这正是伽达默尔所倡导的“阐释学循环”(hermeneutischer Zirkel)。伽达默尔认为这是理解必不可少的条件之一：即在理解中，必须根据构成文本的各个部分来理解文本整体，又必须根据文本整体来理解文本的各个部分。这是一个循环往复的过程。阐释学循环乃是一种矛盾运动，它是整体与部分之间的对立统一关系在理解中的反映。伽达默尔继续写道：“这种循环在本质上就不是形式的，它既不是主观的，又不是客观的，而是把理解活动描述为流传物的运动和解释者的运动的一种内在相互作用(Ineinanderspiel)。”[①]显然，伽达默尔的阐释学循环理论十分强调从整体与部分的辩证运动中理解文本，揭示了理解主体的主观能动性，同时也进一步突出了理解的历史性。张欣的专著正是从《水浒传》译本在德语世界的翻译、传播和接受情况的个案分析，特别是创造性的改编这一特征入手，对文学翻译乃至文化翻译的研究形成了更加开阔透彻的分析视角。同时也从整体的翻译思想出发，对个案的研究进行观照。理解正是在这样的一个循环和互动中不断予以澄清的。

张欣是我最早带的三位博士之一，目前供职于北京第二外国语学院德语系。拉丁文中有一句话说：Natura non facit saltus.“骐骥一跃，不能十步；驽马十驾，功在不舍”，任何事情都不可能一蹴而就，更何况这样一部严肃的专著。祝贺这部倾注了她多年心血的专著得以出版。是为序。

李雪涛

2016年夏至日于北京外国语大学全球史研究院

---

① 伽达默尔：《真理与方法——哲学诠释学的基本特征》“第2版序言”，洪汉鼎译，上海译文出版社1999年版，第376页。

自 序

弗朗茨·库恩(Franz Walter Kuhn,1884—1961)是20世纪上半叶在德语国家乃至全世界影响最为深远的中国文学翻译家之一,他一生致力于中国文学的翻译和传播。其译作语言优美、情节流畅,不仅在德语国家大受欢迎,且通过法、意等近20种语言的转译文字传遍欧洲乃至全世界。库恩的代表作之一、《水浒传》的德语译本——《梁山泊的强盗》(*Die Räuber vom Liang Schan Moor*,1934)是德语区第一部以一百二十回《水浒传》为底本的编译本,自从1934年问世以来不断再版重印并屡经转译,对《水浒传》及其代表的中国古典文学在欧洲的传播作出了巨大贡献。库恩翻译《水浒传》时,在继承和吸收之前的经验教训的基础上,对翻译策略做了较大的调整,使译文更贴近译入语读者。这样的翻译策略在库恩的翻译生涯的早期较为罕见,具有一定的研究价值。

本书以德国汉学家、翻译家弗朗茨·库恩及其《水浒传》德语译本为研究对象,勾勒了该译本的翻译、在德语国家的传播与接收的全过程,重点从跨文化的角度探讨文学文本的编译——即对原文内容进行带有创造性的加工,非逐字逐句式的节译——及其对文化交流产生的影响。本书拟在文化翻译学派理论的指导下,把《水浒传》库恩译本作为典型案例,通过对比译本与原本,从宏观和微观层面分析译者对原著所做的变通和调整,并结合库恩同时期的其他译作,总结其面对各种文化现象所采取的“稳中求变”的翻译策略,探寻文本脉络化转换的过程;在此基础上,以原始档案为本,还原译者所处的社会文化环境和《水浒传》翻译过程,结合出版商的赞助机制、个人因素等，挖掘文本之外的因素对译者翻译策略的影响及在文化交流过程中所扮演的角色，剖析中国传统文化经由译者带有创造性的翻译工作，进入以德语国家为代表的西方世界的途径与引起的反响。

本书共分为七章：

第一章为引言，主要介绍本书的研究对象与选题原因、研究现状、意义、思路等内容。

第二、三章是对研究对象背景的介绍。第二章通过翔实的第一手德文资料，系统地梳理了德国汉学这一新兴领域快速兴起并不断发展的历史，《水浒传》在德语世界翻译、传播与接受的情况，并从中提炼出了德国学者融合中国学术成果与自身文化立场，以跨文化视角对《水浒传》所做的解读内容。

在第三章中，笔者介绍了《水浒传》翻译的外部环境，简要回顾了库恩的生平及其文学翻译活动，并总结了库恩在翻译《水浒传》之前所做的调研工作，为后文专门探讨文本奠定了分析基础。

第四、五两章通过分析翻译文本，回答了“库恩的翻译策略是什么”这一问题。第四章从宏观角度探究了库恩在翻译过程中对《水浒传》所做的形式上和内容上的整体改编。在形式上，库恩根据德语国家读者对西方长篇小说的固有认识，对原文章回体的构架做了大幅度改动；在内容上，他参考自己对于故事重点的把握，对情节进行了删减和整合。

第五章以专题的形式举例分析了库恩对《水浒传》中的文化现象或包含文化内容的语言所采取的翻译策略。总的来说，库恩的翻译方式灵活多样，根据不同的场景，在归化和异化间游刃有余地进行转换。他对《水浒传》原著中的文化现象倾向于采取归化的手法消除文化隔阂，以保证读者能够顺畅地阅读，将原生于中国的概念经过“脉络化的转换”后，赋予其新的含义；但也会视情况保留异国情调，让读者有机会领略原汁原味的中国文化。

第六章首先参考原始档案，分析了影响库恩采取翻译策略的客观原因与主观动机，解决了“为什么要采取这样的翻译策略”，或曰“是什么在影响着翻译进程和翻译策略”的问题。然后对库恩《水浒传》译本接受史进行了总结与归纳，回答了“翻译策略怎样影响译文接受”的问题。本章选取读者的评论中与翻译策略相关的内容，以审视的目光看待《水浒传》库恩译本在德国读者群里引起的反响与翻译策略之间的关联。

在第七章结语部分，笔者对全文进行了总结，指出了研究的不足之处，并列出了未来的研究方向。

附录部分收录有笔者总结的《译本与原著相应回目与内容对照表》、《〈水浒传〉译后记》的中文翻译等内容，供读者参考。

本书希望从（跨）文化角度来解读翻译策略、影响译者采取翻译策略的内外部因素两者与译文接受之间的关系，为以《水浒传》为代表的中国古典小说的外译研究提供一个有参考价值的视角，同时梳理《水浒传》在德语国家的翻译、传播与接受的情况，为以后的研究者留下文献资料。

目 录

第一章 引言

第一节 研究对象及选题原因

翻译被视为人类交流的基本行为之一，在各民族间的文化交流中发挥着重要的作用，它与语言、文化有着密切的关系，并作为社会发展的推动力影响着人类生活的发展及文明进程。[①] 在中国传统文化走向世界的过程中，以文本形式实现不同文化间相互交流的文学翻译及作为主要译者的西方汉学家起着不可替代的桥梁作用。德国汉学家、翻译家弗朗茨·库恩（Franz Walter Kuhn，1884—1961，以下简称库恩）就是其中具有代表性的一员。

库恩作为自由译者，凭借扎实的中德双语功底与出色的文学才能，穷毕生之力，系统地将中国文学的经典作品翻译成德语。他一生共翻译了中国长篇小说13部，中短篇小说50余部，还有寓言故事、小说集若干，翻译体裁以明清话本小说为主，兼有唐传奇、话剧剧本、戏曲、历史小说等。[②] 其译作语言优美，情节流畅，不仅在德语国家广受欢迎，且被转译为英、法、意等多国文字，在整个欧洲亦有相当影

① Susan Bassnett, *Translation Studies* (Third Edition), Shanghai: Shanghai Foreign Language Education Press, 2004, p. 1.

② 相关数据引自 Kuhn, Hatto: *Dr. Franz Kuhn (1884 — 1961). Lebensbeschreibung und Bibliographie seiner Werke*. Unter Mitarbeit von Martin Gimm. Wiesbaden: Franz Steiner Verlag, 1980, S. 41—108 总结而成。

响。库恩通过文学翻译向德语国家普通民众推介中国文学与文化，对20世纪上半叶的中德文化交流作出了不可磨灭的贡献。其代表作之一，《水浒传》的德语译本——《梁山泊的强盗》[①](*Die Räuber vom Liang Schan Moor*，1934)是德语区第一部以一百二十回《水浒传》为底本的译本，也是对译介俗文化和绿林小说的大胆尝试。该译本选题贴近平民生活，兼具文学性与可读性，发行量在库恩的译作中名列前茅，翻译策略亦有代表性，具有一定的研究价值。

笔者在硕士学习阶段曾从译介学和形象学角度研究过库恩的《红楼梦》德译本，[②]主要通过文本分析归纳库恩对各种文化现象采取的翻译策略，肯定译者的创造性劳动，并认为译者之所以采取特定的翻译策略，原因在于译者对译文读者群有明确的设定，心中也有想要传达给读者的"中国形象"，综合对读者阅读期待的设定和自己对中国文化的感知，才制定了相应的翻译策略。这种研究思路是以文本本身和译者为中心，不涉及这之外的因素。但随着对库恩译作阅读的增加，以及对相关档案材料的进一步解读，笔者发现可以从以下三个方面来深化研究，或者说解决以下三个问题：

1. 库恩的翻译策略是什么？有何特点？库恩处理不同题材时采用的翻译策略并非一成不变的，对同一种文化现象在不同语境中的处理手法也不完全相同，仅就同类题材进行分析得出的结论有以偏概全之嫌。所以应考察与《红楼梦》在题材、内容上完全不同，翻译方式既有联系又有区别，但同样获得成功的译本，结合不同译作，根据具体语境进行对比和总结。

2. 影响库恩翻译活动的内、外部因素有哪些？是怎样具体施加影响的？文学翻译是一个复杂的过程，这一活动也并非在真空中进行，而是受到多重因素的制约。影响翻译的除了译者的个人选择外，还有外部社会文化环境、赞助人等因素。仅就译者个人而言，除了塑造自己心中的中国形象这一目的外，译者本人的文学功

---

① Kuhn，Franz：*Die Räuber vom Liang Schan Moor*. Leipzig：Insel Verlag，1934. 在岛屿出版社出版8次，在其他出版社特许出版2次，转译为意大利语、弗莱芒语、荷兰语、斯洛文尼亚语等，并由劳瓦尔特(Ricarda Rauwald)改编为青少年版发行，另有一英德对照插图版[数据截至2013年。1980年前的出版情况参见Kuhn，Hatto：*Dr. Franz Kuhn* (*1884—1961*). *Lebensbeschreibung und Bibliographie seiner Werke*. Unter Mitarbeit von Martin Gimm. Wiesbaden：Franz Steiner Verlag，1980，S. 61—67.]。

② 张欣：《"他者"眼中的〈红楼梦〉——从译介学和形象学角度分析库恩对〈红楼梦〉的编译》，硕士论文，北京第二外国语学院，2008年。

底、对原作的把握、自己的翻译理念也会影响翻译技巧和翻译效果。所以有必要在进一步挖掘译者个人因素的基础上，将研究视野扩展到文本和译者之外的社会环境，更为全面地解析影响翻译策略的外部因素。

3. 译文的接受情况如何？翻译策略对译文的接受产生了哪些影响？此前的研究并没有涉及翻译策略的影响。评价翻译策略对译者阅读乃至文化交流带来的影响，最直接的手段就是看译文读者的反馈，选取相关的评论，并找到切入点去分析中国传统文化经由译者带有创造性的翻译工作，进入以德语国家为代表的西方世界的途径与引起的反响，这也是笔者希望在之前的研究基础上展开的工作内容。

在这三点认识的基础上，笔者决定选择以《水浒传》库恩译本作为典型个案，研究该译本的翻译、在德语国家的传播与接收的全过程。

第二节 研究现状

笔者在资料搜集阶段查阅了德国魏玛的歌德与席勒档案馆(Goethe und Schiller Archiv，Weimar)等地的原始档案，现结合中国国家图书馆、北京外国语大学图书馆、CNKI数据资源库、德国国家图书馆、德国波恩大学汉学系图书馆等处的藏书和网络资源，对国内外与库恩及《水浒传》的翻译、传播与接受相关的研究作以下概述：

一、原始文献

笔者曾前往德国魏玛的歌德与席勒档案馆(Goethe und Schiller Archiv，Weimar)、马尔巴赫的德国文献档案馆(Deutsches Literaturarchiv，Marbach)、柏林洪堡大学档案馆(Universitätsarchiv，Humboldt-Universität zu Berlin)及德国外交部政治档案馆[Politisches Archiv des Auswärtigen Amts (PAA)]等地，搜集了一批与研究课题相关的原始档案。对这些档案的整理、阅读、翻译和分析构成了该论题的基本史料依据。

位于魏玛的歌德与席勒档案馆藏有1925—1939年间库恩与当时的合作方——

岛屿出版社(Insel Verlag)[①]负责人安东·基彭贝格(Anton Kippenberg,1874—1950)[②]的书信1200余页。[③] 这批档案以年代为序,分为三部分,[④]其中,与本书直接相关的是库恩于1933—1934年翻译《水浒传》期间与基彭贝格的通信集。[⑤] 这批书信涉及《水浒传》德语译本从选题、翻译到出版的全过程,代表性文献有:库恩所写的《水浒传》审读报告,对赛珍珠(Pearl Sydenstricker Buck,1892—1973)[⑥]、阿尔伯特·埃伦施泰因(Albert Ehrenstein,1886—1950)[⑦]的《水浒传》版本的评价,基

---

① 岛屿出版社[Insel Verlag,亦译为岛出版社,或音译为英(因)泽尔出版社],是德国最具盛名的文学类专业出版社之一,于1901年在德国莱比锡(Leipzig)成立,前身是1899年由毕尔鲍姆(Otto Julius Bierbaum,1865—1910)、海默尔(Alfred Walter Heymel,1878—1914)和施罗德(Rudolf Alexander Schröder,1878—1962)三人合办的文学艺术类月刊《岛屿》(*Die Insel*)。岛屿出版社致力于推介优秀的德语名著,乃至世界文学作品,出版了歌德(Johann Wolfgang von Goethe,1749—1832)、海涅(Heinrich Heine,1797—1856)、茨威格(Stefan Zweig,1881—1942)、里尔克(Rainer Maria Rilke,1875—1926)等知名德语作家的力作,并编有"岛屿书系"(Insel-Bücherei)等系列,是德国文学出版市场的风向标。现总部迁往法兰克福(Frankfurt am Main),并已并入苏尔坎普出版社(Suhrkamp Verlag)。

② 安东·基彭贝格(Anton Kippenberg,1874—1950),德国文化出版商(Kulturverleger)和歌德收藏家(Goethe-Sammler),于1906—1950年任岛屿出版社社长。在他的领导下,岛屿出版社形成了以经典文学作品为主打的出版特色。

③ Goethe- und Schiller-Archiv, Insel Verlag, Schriftwechsel, Kuhn, Franz: 1925—1939.

④ 第一部分:Goethe- und Schiller-Archiv, Insel Verlag, Schriftwechsel, Kuhn, Franz: 1925—1931 (Signatur: GSA 50/ 2005, 1),下设四个分卷:1. 1925—1927 (Signatur: 50/ 142—144). 2. 1928—1929 (Signatur: 50/ 145—146). 3. Goethe- und Schiller-Archiv, Kuhn, Franz: 1930 (Signatur: 50/ 147). 4. 1931 (Signatur: 50/ 148);第二部分:Goethe- und Schiller-Archiv, Insel Verlag, Schriftwechsel, Kuhn, Franz: 1932—1934 (Signatur: GSA 50/ 2005, 2),下设三个分卷:1. 1932 (Signatur: 50/ 149). 2. 1933 (Signatur: 50/ 150) 3. 1934 (Signatur: 50/ 151);第三部分:Goethe- und Schiller-Archiv, Insel Verlag, Schriftwechsel, Kuhn, Franz: 1935—1939 (Signatur: GSA 50/ 2005, 3),下设四个分卷:1. 1935 (Signatur: 50/ 152). 2. 1936 (Signatur: 50/ 153). 3. 1937 (Signatur: 50/ 154). 4. 1938—1939 (Signatur: 50/ 155)。

⑤ 第二部分下的第2、3分卷,编号见前。

⑥ 赛珍珠(Pearl Sydenstricker Buck,1892—1973),美国(旅华)作家,曾凭借小说《大地》(*The Good Earth*. New York: The John Day Company, 1931.)于1932年获得普利策小说奖(Pulitzer Prize),后在1938年获得诺贝尔文学奖。其根据七十回本《水浒传》翻译的《四海之内皆兄弟》(*All Men Are Brothers*. New York: The John Day Company, and London: Methuen & Co Ltd, 1933)是第一个《水浒传》英文全译本,在英语世界广为流传。

⑦ 阿尔伯特·埃伦施泰因(Albert Ehrenstein,1886—1950),奥地利诗人,表现主义左翼作家,改编翻译了大量的中国古典诗歌和小说。他以七十回本《水浒传》为蓝本,编译了《强盗与士兵——取自中国小说》(*Räuber und Soldaten. Roman frei nach dem Chinesischen*. Berlin: Ullstein, 1927)。1931年他又将这个译本改编为广播剧《正义的谋杀者》(*Mörder aus Gerechtigkeit*. Berlin: Deutsche Buch-Gemeinschaft, 1931.)。二者的区别仅在于表现形式上的不同,内容基本一致。值得一提的是,埃氏不懂汉语,他翻译《水浒传》是在听了一名中国留学生的口述后,根据自己对故事精神的理解,大幅改动故事情节和人物形象,进行重新创作。

彭贝格拟定的翻译合同，库恩与基彭贝格二人就翻译策略及各种翻译细节（如何删节、拟定书名等）的讨论，翻译进度，出版运作等。这些是分析赞助人及其代表的社会意识形态以及诗学观念如何影响翻译文本和翻译策略最重要的史料。

位于马尔巴赫的德国文献档案馆藏有库恩部分书信 12 封，主要有库恩在二战后与奥根·迪德利希出版社（Eugen-Diederichs-Verlag）[①]、作家埃里希·卡斯特纳[②]（Erich Kästner，1899—1974）及其他友人的通信。这些文献虽与研究内容没有直接关联，但可以借此了解库恩在不同时期对翻译策略的认识的变化，这有助于从全局把握译者的翻译活动与翻译理念，对翻译研究起到了辅助的作用。

此外，柏林德国外交部政治档案馆收藏的库恩作为外交人员的人事档案详细记载了他于 1908 年接受外交部任命，1909 年抵达北京担任德意志帝国驻华大使馆公使的翻译，兼任哈尔滨使领馆副领事期间的情况；[③]柏林洪堡大学档案馆收藏了库恩于 1904—1906 年在该校东方语言学院（Seminar für Orientalische Sprachen）学习基础汉语知识，及 1913—1917 年在汉学系进行学习与研究期间的注册记录、成绩表等档案，[④]这些都是研究库恩生平的补充材料。解读这批原始文献，可以了解库恩的汉语语言水平、对中国文化的理解程度及其中国观的形成，为从译者个人因素分析采取翻译策略的原因提供背景材料。

二、国内外研究文献综述

目前国内外几乎没有专著和论文就《水浒传》库恩译本的翻译、传播及接受进行系统而深入的分析，为数不多的提及库恩及《水浒传》德语译本的论文和著作对其几乎都是一带而过。

---

① 奥根·迪德利希出版社（Eugen-Diederichs-Verlag），1896 年在佛罗伦萨成立，以创始人迪德利希（1867—1930）的名字命名。出版范围广泛，主要出版德国浪漫主义、古典主义各领域的书籍，古希腊罗马时期的名著，以及尼采的作品。现归入兰登书屋（Random House）旗下。

② 埃里希·卡斯特纳（Erich Kästner，1899—1974）德国小说家、剧作家，代表作为儿童文学《埃米尔和侦探》（*Emil und die Detektive*，1929）、《会飞的教室》（*Das fliegende Klassenzimmer*，1933）及针砭时事的诗歌。

③ PPA，Personalunterlagen zu dem Franz Walter Kuhn (Signatur 8268).

④ HUB，UA，95. Rektorat，17. 10. 1904—13. 10. 1905，Franz Kuhn，Nr. 59； HUB，UA，Abgangszeugnisse Nr. 1593，21. 03. 1907—22. 03. 1907，Franz Kuhn，21. 03. 1907 (Bl. 39)； HUB，UA，103. Rektorat，16. 10. 1912—13. 10. 1913，Franz Kuhn，Nr. 5507； HUB，UA，108. Rektorat，20. 09. 1917—23. 09. 1918，Franz Kuhn，Nr. 736.

国内文献中，林笳的《库恩与中国古典小说》[①]一文全面回顾了库恩的翻译活动及代表性译著，并以《红楼梦》和《金瓶梅》为例，结合库恩传记中的部分材料，从中国小说在德国的译介情况和赞助人的角度出发，分析了库恩的翻译策略。其中仅对《水浒传》德语译本依据的底本、译文的内容、出版情况等作了描述性介绍，并非个案分析。[②]

王丽娜的《〈水浒传〉在国外》[③]一文在其专著《中国古典小说戏曲名著在国外》[④]的基础上，参考了大量文献，系统评述了《水浒传》在英、法、德、日等国的传播情况，并对专著中的内容进行了补充和订正。她在介绍库恩的《水浒传》译本时，简单地给译本下了评判，认为它"在传达原文的旨趣方面是成功的"[⑤]，并引用了库恩本人在跋中所写的部分内容，[⑥]极为简略地阐述了《水浒传》的翻译对理解中国文化的重要意义。

由于上述文章的落脚点是库恩的翻译活动以及《水浒传》在域外的传播史，而非翻译研究，所以没有深入文本、列举翻译实证。

德语专著中最有分量的应为 Chang Peng（音译：常鹏）的专著《中国古典小说的现代化与欧化：弗朗茨·库恩译作研究》[⑦]。该书是在作者 1983 年慕尼黑大学博士论文的基础上修订而成的，全面总结了库恩的翻译作品、翻译理论及翻译策略，并对《红楼梦》《水浒传》等典型实例进行了剖析。其中针对《水浒传》译本对原著在宏观、微观上的改编进行了较为详细的分析。但由于该专著涉及对库恩多篇译作的分析，与《水浒传》译本相关的研究成果只占论文的其中一节，所以未能对《水浒传》译文的翻译现象进行细致而深入的梳理，对很多问题的论述也没有充分展开。

下列专著或文章虽未涉及《水浒传》库恩译文的翻译研究，但对库恩的翻译活动和贡献作出了评价。如陈铨先生在其 1933 年完成的博士论文《德语文献中的中

---

① 林笳：《库恩与中国古典小说》，《中国比较文学》1999 年第 2 期，第 84—96 页。

② 林笳：《库恩与中国古典小说》，《中国比较文学》1999 年第 2 期，第 84—96 页，此处引自第 89—90 页。

③ 王丽娜：《〈水浒传〉在国外》，《古典文学知识》1998 年第 4 期。

④ 王丽娜：《中国古典小说戏曲名著在国外》，学林出版社 1988 年版。

⑤ 王丽娜：《〈水浒传〉在国外》，《古典文学知识》1998 年第 4 期，第 18—127 页，此处引自第 123 页。

⑥ 王丽娜：《〈水浒传〉在国外》，《古典文学知识》1998 年第 4 期，第 18—127 页，此处引自第 118 页。

⑦ Chang, Peng: *Modernisierung und Europäisierung der klassischen chinesischen Prosadichtung. Untersuchungen zum Übersetzungswerk von Franz Kuhn (1884—1961)*. Frankfurt am Main: Lang, 1991.

国纯文学》[①]中探讨中国古典小说在德国的翻译，提及库恩及其译作《红楼梦》与《金瓶梅》，对其翻译策略颇有微词。由于客观条件限制，该论文完成一年后《水浒传》库恩译本才出版，故未涉及对该译本的评论。

伊莱娜·达姆（Irene Damm）的硕士论文《翻译批评的模式：以〈水浒传〉为例》[②]从跨文化的视角对比研究了《水浒传》的英语、德语译本（共四部）。她虽未将库恩的《水浒传》译文作为比较分析对象，但在论文的第1章中高度评价了该译本，认为它是“对欧洲读者产生最大影响的《水浒传》译本”[③]；文中也指出了库恩译本的不足：删节的部分过多，只翻译了原文的三分之一。[④] 该论文引用了库恩对赛珍珠译本的评价和订正，用以展示库恩的翻译观念。[⑤]

德国汉学家、翻译家莫芝宜佳（或作莫宜佳，Monika Motsch，1942年生）在1986年的《东亚文学》（*Hefte für Ostasiatische Literatur*）期刊上发表论文《林纾与弗朗茨·库恩：两位早期译者》[⑥]，从时代背景、翻译思想和翻译策略等方面对林纾和库恩进行对比，指出了二人的相似与差异。

德国翻译学家、汉学家高立希（Ulrich Kautz，1939年生）针对汉学界和翻译学界对库恩翻译活动的批判，在《„Derf denn der das?“——弗朗茨·库恩，德国的中国文学先驱者，处于意见矛盾中》[⑦]一文中从功能翻译学理论和文化翻译的角度出

---

① Ch'en，Ch'üan：*Die chinesische schöne Literatur im Deutschen Schrifttum*. Augustin，1933. 中文版有陈铨：《中德文学研究》，商务印书馆，1936年。

② Damm，Irene：*Modell einer Übersetzungskritik am Beispiel des klassischen chinesischen Romans „Am Ufer des Flusses“* (Shuihu zhuan). Bochum：Brockmeyer，1984.

③ Damm，Irene：*Modell einer Übersetzungskritik am Beispiel des klassischen chinesischen Romans „Am Ufer des Flusses“* (Shuihu zhuan). Bochum：Brockmeyer，1984. 如无特殊说明，本文中所引西文原文均由笔者自译为中文。

④ Damm，Irene：*Modell einer Übersetzungskritik am Beispiel des klassischen chinesischen Romans „Am Ufer des Flusses“* (Shuihu zhuan). Bochum：Brockmeyer，1984，S. 2.

⑤ Damm，Irene：*Modell einer Übersetzungskritik am Beispiel des klassischen chinesischen Romans „Am Ufer des Flusses“* (Shuihu zhuan). Bochum：Brockmeyer，1984，S. 3.

⑥ Motsch，Monika：„Lin Shu und Franz Kuhn-zwei frühe Übersetzer“. in：*Hefte für Ostasiatische Literatur 5*，1986，S. 76—87.

⑦ Kautz，Ulrich：„‚Derf denn der das?‘-Franz Kuhn，Bahnbrecher der chinesischen Literatur in Deutschland，im Widerstreit der Meinung“. In：Kohlmayer，Rainer/ Pöckl，Wolfgang（Hrsg.）：*Literarisches und mediales Übersetzen. Aufsätze zu Theorie und Praxis einer gelehrten Kunst*. Frankfurt am Main：Peter Lang，2004，S. 133—145.

发,列举《红楼梦》《肉蒲团》等译作内容,对库恩的翻译策略表示了肯定和理解,并高度评价了库恩的文学素养和功底。

德国汉学家、翻译学家、诗人顾彬(Wolfgang Kubin,1945 年生)也曾在其翻译学论著《影子的声音》[①]中对"神圣的原文"和"全译"提出了质疑,并以库恩为例,指出在文学翻译史上,编译且大获成功的例子不在少数,库恩应受到公正客观的评价。[②]

在《水浒传》库恩译本的传播与接受方面,库恩的侄子哈托·库恩(Hatto Kuhn)在为库恩撰写的传记《弗朗茨·库恩博士(1884—1961):生平及作品目录》[③]中整理了《水浒传》库恩译本自问世至该传记出版前的出版、转译情况,并列举了德语国家读者在各类报纸、期刊上发表的 50 余篇书评。[④] 德国汉学家、目录学家魏汉茂(Hartmut Walravens,1944 年生)也在 2 年后出版了一本只有 14 页的小册子《弗朗茨·库恩:对哈托·库恩所撰传记(威斯巴登,1980 年)的补充与索引》[⑤],对该传记做了进一步的补充和订正工作。这两本著作对研究《水浒传》库恩译本的传播与接受具有极高的文献学价值。但两位作者仅做了资料的初步收集工作,并没有对相关资料进行归类和深入分析;且由于出版年代较为久远,无法提供最新的出版和评论情况。

从与《水浒传》在德语国家的翻译、传播与接受相关的研究来看,目前在翻译与传播方面已经有一定成果,但尚无人涉及接受史研究。王丽娜在《〈水浒传〉在国外》一文中全面介绍了《水浒传》在英、法、德、日等各个国家的传播情况,并对部分译本进行了简要的点评。由于涉及国家和语种过多,对每个译本只能做泛泛的介绍,且在关于《水浒传》德语译本的叙述中存在个别细节上的谬误和重复。魏汉茂

---

① Kubin, Wolfgang: *Die Stimme des Schattens. Kunst und Handwerk des Übersetzens*. München: Edition global, 2001.

② Kubin, Wolfgang: *Die Stimme des Schattens. Kunst und Handwerk des Übersetzens*. München: Edition global, 2001, S. 101—102.

③ Kuhn, Hatto: *Dr. Franz Kuhn (1884 — 1961). Lebensbeschreibung und Bibliographie seiner Werke*. Unter Mitarbeit von Martin Gimm. Wiesbaden: Franz Steiner Verlag, 1980.

④ Kuhn, Hatto: *Dr. Franz Kuhn (1884 — 1961). Lebensbeschreibung und Bibliographie seiner Werke*. Unter Mitarbeit von Martin Gimm. Wiesbaden: Franz Steiner Verlag, 1980, S. 62—65.

⑤ Walravens, Hartmut: *Franz Kuhn. Ergänzungen und Register zur Bibliographie von Hatto Kuhn (Wiesbaden 1980)*. Hamburg: Ch. Bell, 1982.

则在《武松：一位英雄及为兄报仇的人》[1]一文中列出了《水浒传》在欧洲的主要译著名录，首次发现了欧洲现存最早的《水浒传》翻译——德国东方学家与汉学家绍特[2](Wilhelm Schott，1802—1889)于1834年发表的两个翻译片段，并列出了译文全文。[3] 上述研究仅是从文献学角度罗列译本出版情况，缺乏对译本出版背景、翻译策略和接受情况的详细介绍。

当前中德学界对于库恩的其他译作，特别是《红楼梦》，也有一定量的研究成果，但由于与本书的研究对象没有直接关系，故在此省略不提。

相对于《水浒传》库恩德语译本研究领域的冷清，国内外对于《水浒传》几个英语译本的研究，包括对《水浒传》英译本的传播与接受史的梳理都较为完善。专著如孙建成在其博士论文基础上写成的《〈水浒传〉英译的语言与文化》[4]，通过对比四个《水浒传》英语译本，考察了不同时期《水浒传》英译本中语言功能与文化语境的关系。唐艳芳的《赛珍珠〈水浒传〉翻译研究：后殖民理论的视角》[5]一书则对后殖民理论和后殖民翻译理论的核心思想进行了细致的爬梳，并以赛译《水浒传》为例，对其适用性作了探讨和论证。另有各类分析《水浒传》英译本翻译的论文上百篇，涉及绰号翻译、修辞手法、文化内容等多个微观层面。

综上所述，《水浒传》库恩译本尚有广阔的研究空间，早期学者多是对译者库恩和译作作简单介绍。目前虽有一批专门对库恩翻译的其他译文文本或《水浒传》英语译本进行分析的研究成果，研究方向多集中在传统的翻译学领域，少有从文化角度出发所做的微观分析成果，更缺乏对于传播与接受史的系统梳理，但这些研究成

---

① Walravens, Hartmut:„ Wu sung, der Held und seines Bruders Rächer. Die vergessene erste europäische Übersetzung aus dem chinesischen Räuber-Roman Shui-hu chuan“. in: *NOAG* 159－160 (1996), S. 189－218.

② 绍特(Wilhelm Schott，1802－1889)，德国早期东方学家和汉学家。其在汉学方面的主要成就有：最早将《论语》直接从汉语译为德语，撰写了德国最早的一部研究中国文学史的专著——《中国文学述稿》(*Entwurf einer Beschreibung der chinesischen Literatur*，1854)，并为柏林皇家图书馆(今柏林国家图书馆的前身)编纂了第三本目录——《御书房满汉书广录》(*Verzeichniss der Chinesischen und Mandschu－Tungusischen Bücher und Handschriten der Königlichen Bibliothek zu Berlin，eine Fortsetzung des im Jahre 1822 erschienenen Klaproth'schen Verzeichnisses* ，1840)。

③ Walravens, Hartmut:„Wu sung, der Held und seines Bruders Rächer. Die vergessene erste europäische Übersetzung aus dem chinesischen Räuber-Roman Shui-hu chuan“. in: *NOAG* 159－160 (1996), S. 189－218. hier S. 191 und S. 198－218.

④ 孙建成：《水浒传英译的语言与文化》，复旦大学出版社2008年版。

⑤ 唐艳芳：《赛珍珠〈水浒传〉翻译研究：后殖民理论的视角》，复旦大学出版社2010年版。

果对笔者撰写本书还是起到了一定的启发和借鉴作用。

正因为资料稀缺，笔者的选题才有研究的必要。借对该论题的研究，笔者可以做一些资料和语料的搜集及文本分析等初步研究工作，并尝试从文化翻译角度分析这部作品，为《水浒传》库恩译本和德国汉学的研究提供一种新的视角。

第三节　研究意义

从中国文学与文化的海外传播的角度来看，库恩作为译者，非常了解自己的读者群——德语国家普通民众的阅读习惯和阅读心理。他凭借高超的文学才能，在个人所处的社会环境、文化传统、教育背景等因素的影响下，融入本国的情境与脉络，对来自中国的文本进行独具匠心的编译和重新解读，让原著在一个全新的文化语境中焕发出新的生命力，也令缺乏文化背景了解的德国大众对中国文学、文化产生了浓厚的兴趣，萌生了进一步了解中国的意愿，为 20 世纪上半叶的德国社会带来了一股“中国热”。库恩出色地扮演了文化传播者的角色，他的翻译实践及编译作品具有借鉴和示范意义。因此，笔者希望通过对其代表作之一——《水浒传》译文的研究，分析库恩的翻译策略获得成功的原因，以及库恩采用这类翻译策略的原因和动机，从而为“中国文学与文化走出去”的译者模式和翻译策略的建立抛砖引玉，带来一定启发。

从翻译研究的角度来看，库恩的包括《水浒传》在内的绝大多数译作都是编译作品，即在节译的基础上根据原文编写、改写句子，甚至有时还会出于某种需要添写、改动故事情节，[①]融入译者的创造性劳动，相当于二度创作。这些改动不仅对推进中国文学作品在德国的接受和传播有积极意义，还体现了库恩对中国文学作品的理解，以及对意义重点的把握，同时也反映了中西方文学对于小说的不同认识。翻译的本质是跨文化交流，而传统翻译研究与评价始终立足于语言层面，以原文为标准，强调翻译在语言和功能上的“忠实”与“对等”，忽略了翻译与文化传播的关系。这样的理论并不适于分析库恩的译作，也不能客观地对其作出评价。所以笔者希望选择更为合适的理论，从（跨）文化角度来解读翻译，为以《水浒传》为代表

① 谢天振：《译介学导论》，北京大学出版社 2007 年版，第 79－80 页。

的中国古典小说的外译研究提供一个有参考价值的视角。

从海外汉学与汉学家研究来看，汉学研究是一个开放的体系，允许多元化的理解存在。海外汉学究其本质，是将产生于中国的概念放在新的语境下用一套不同的话语体系加以阐释，赋予其新的涵义。这种转换可以用学者黄俊杰（1946 年生）概括东亚文化圈思想迁移的概念——“脉络性转换”来解决，即一个“去脉络化”与“再脉络化”的进程。[①] 海外汉学家在这一领域的论述由于脱离了中国文化原先的滋生土壤，往往会从新视角出发，提出母语人士未留心的问题，并发出与本土国学家完全不同的声音，这就是海外汉学存在的意义。发现新问题，丰富国学研究视角，促进文化多元化发展，提高阐释的多样性，也是研究以文学翻译为代表的“脉络性转换”进程的目的。

从梳理传播史脉络的角度来看，当前国内外学术界不仅缺乏《水浒传》德译本研究的成果，也罕有人全面梳理《水浒传》在德语国家的翻译、传播与接受的情况，部分已有成果存在个别谬误。而厘清一部作品在对象国的传播概况是深入开展研究工作的基础，故笔者在对《水浒传》库恩译本进行翻译研究的同时，利用在德国查找资料的机会，兼顾相关资料的初步搜集、整理工作，以便为以后的研究者留下较为系统的参考资料。

第四节 研究思路及内容、理论基础与方法

一、研究思路及内容

本书以德国汉学家、翻译家弗朗茨·库恩及其《水浒传》德语译本为研究对象，勾勒了该译本的翻译、在德语国家的传播与接收的全过程，重点从跨文化的角度探讨文学文本的编译（对原文内容进行带有创造性的加工，而非逐字逐句式的节译）及其对文化交流产生的影响。本书拟在文化翻译观和译介学理论的指导下，通过对比译本与原本，从宏观和微观层面分析译者对原著所做的变通和调整，并结合译

① 参见黄俊杰《从中日比较思想史的视野论经典诠释的“脉络性转换”问题》（载《台大历史学报》第 34 期，2004 年 12 月）等文。

者同时期的其他译作，总结其面对各种文化现象所采取的“稳中求变”的翻译策略；在此基础上，以原始档案为本，还原译者所处的社会文化环境和其翻译过程，结合出版商的赞助机制、个人因素等，挖掘翻译文本之外的因素对译者翻译策略的影响及在文化交流过程中所扮演的角色，剖析中国传统文化经由译者带有创造性的翻译工作，进入以德语国家为代表的西方世界的“脉络性转换”与引起的反响。

本书的研究内容包括三方面：

1. 以文化翻译和译介学为理论指导，从宏观和微观层面解读翻译文本、分析文化翻译策略。对翻译的分析主要是描述性研究，尽可能不涉及以应用为目的的翻译评价。

2. 从历史的角度，结合原始档案，梳理《水浒传》库恩译本从选题、翻译、出版到接受的全过程，考察翻译文本之外的因素如何影响翻译策略，进而影响译文的接受。

3. 整理《水浒传》在德国的翻译、传播与接受，为以后的研究者留下较为详尽的背景资料。

二、理论基础

传统的翻译研究与翻译评价主要以原文和全译为参照系，将注意力集中于译文对于原文的“忠实”与“对等”上。而本书的研究对象并非逐字逐句式的全译，而是由作者进行二度创作，对原文做了不同程度的删节、增添、改写等处理得到的译文。部分保守的翻译学家套用传统的翻译研究与评价体系，对这种翻译策略持批评和否定态度，认为译者过分发挥，借翻译之事行创作之实，与原文的内容和风格背离，其成果不能称为译作。这一负面的学界评论与库恩译作在读者群中广受赞誉的事实严重不符。此外，传统的翻译学研究多停留在语言层面，而当原著本身蕴含丰富的文化信息，源语与译入语文化间存在较大差异时，译者在理解上要付出更多的认知努力，不仅要在翻译过程中做大量创造性工作，更要在传达原文信息上花费心思。这样的翻译绝不仅仅是语言信息的字面转述，更多的是文化间的传递。语言层面的翻译研究显然不够全面，需要引入(跨)文化方面的翻译理论，特别是当译者采取“编译”这种翻译手法时，译者是有选择地对原著的内容进行删节、增添、重新整合等加工处理的。这种倾向性强的翻译活动可以折射出译者本人对于原著文化的理解，只有关注文化翻译策略，了解译者所处的时代背景及其个人因素，才能客观看待译者改造原文的行为，正视并肯定译者的付出和贡献。

20 世纪 70 年代起，欧洲兴起了以译文的产生与作用为主要研究课题的“翻译研究学派”。此后十年间，这一翻译理论体系初步形成，翻译研究开始进入“文化转向”(cultural turn)阶段。英国学者苏珊·巴斯奈特(Susan Bassnett，1945 年生)、比利时裔美国翻译理论家安德烈· 勒菲弗尔(André Lefevere，1946—1996)和以色列的伊塔玛·埃文-佐哈尔(Itamar Even-Zohar，1939 年生)就是其中的代表。中国学者谢天振等人提出了“译介学”理论，即从文化角度来解读文学翻译。

所谓“文化翻译”，包含两重涵义：一指翻译中的文化，即翻译过程中对文化因素的处理；二指翻译文化，即从更为广阔的文化层面来审视与阐释翻译。[①] 巴斯奈特认为，翻译不可能在真空里产生或被接受，它的产生与接受都是在一定语境下进行的，即历史与文化语境；所以翻译研究除了要考虑语言因素外，更离不开文化因素。[②] 处理翻译过程中的文化因素时，译者必须对原文进行大量的调整，以便原文与译文在功能上达到一致。[③] 而将翻译放置在文化层面上来看待时，巴斯奈特与勒菲弗尔共同提出：翻译一方面受译入语文化中起主导作用的意识形态和诗学的制约；另一方面，又有助于文学和社会的进步，可以引进新概念、新文学样式及新方法。[④] 这也是“归化”与“异化”两种翻译策略所带来的不同效果。

谢天振在这一基础上，从比较文学的角度出发来研究文学翻译，提出了“译介学”的概念。与传统的翻译研究不同，译介学把译作作为一个集成事实加以接受，关心“原文在这种外语和本族语转换过程中信息的失落、变形、增添、扩伸等问题”[⑤]，“语言转换过程中所表现出来的文化和文学的交流，相互理解和交融，相互误解和排斥，以及相互误释而导致的文化扭曲与变形”[⑥]。译介学最重要的贡献之

① 胡德香：《解读钱钟书的文化翻译批评》，《山东外语教学》2006 年第 3 期，第 81—85 页，此处引自第 81 页。

② Susan Bassnett, *Translation Studies* (Third Edition), Shanghai: Shanghai Foreign Language Education Press, 2004, p. 21.

③ Susan Bassnett & Lefevere, André (eds.), *Constructing Cultures. Essays on Literary Translation*, Shanghai: Shanghai Foreign Language Education Press, 2001, p. 8.

④ Susan Bassnett & Lefevere, André (eds.), *Constructing Cultures. Essays on Literary Translation*, Shanghai: Shanghai Foreign Language Education Press, 2001, p. ix.

⑤ 谢天振：《译介学导论》，北京大学出版社 2007 年版，第 8 页。

⑥ 谢天振：《译介学导论》，北京大学出版社 2007 年版，第 8 页。

一在于强调了译者的作用并提高了其地位,从跨文化角度解读译者所采用的“归化”“异化”“误译”等翻译策略,有力地肯定了文学翻译的再创造价值。

翻译并非完全透明的活动,译者选用翻译策略时,必然会受到外部因素和译者本人意志的影响。由于谢天振的译介学理论并没有深入论述社会文化环境与译作的关系,这里必须引入埃文-佐哈尔提出的多元系统理论(polysystem theory)。这一理论结合译入语国家、民族的历史文化语境,全面、深入地研究翻译文学。埃文-佐哈尔的主要观点有:文学是由多种成分组成的异构、动态、开放的系统,也就是由多种系统构成的系统,即多元系统。这些系统相互作用,相互依存,形成有机的整体,但系统之间的地位并不平等,有的处于中心,有的处于边缘。翻译文学是整个文学多元系统的重要组成部分,当其占据中心位置时,就会积极参与创新,打破本国文学现有的传统和模式;位于边缘时,通常会趋于保守,套用、强化本国文学现有的传统和模式。不过,通常情况下,翻译文学在文学多元系统中经常处于边缘、从属的位置,受到译入语社会文化环境的制约。①

操纵学派代表勒菲弗尔则从文学接受的角度出发,深入回答了译入语社会文化背景究竟如何具体影响翻译这一问题。他指出,翻译本身是对原作的“改写”(rewriting)②,改写者绝不是没有自己主张的模仿者,而是生活在特定的文化语境和意识形态环境中,所以翻译活动也会受到赞助人、意识形态和诗学观念等外部因素的制约。③

传统翻译观大多认为翻译仅是语际之间的转换,并局限在语言转换层面上探讨“怎么译”的问题,④否定并限制了翻译的创造性⑤。而译者作为翻译的主体,并非仅受外部环境影响,而是自觉地将客观因素的要求内化为个人意志,这在从选题

① 〔以〕埃文-佐哈尔:《多元系统论》,张南峰译,《中国翻译》2002年7月第23卷第4期,第19—25页,此处引自第19页。

② Lefevere, André: *Translation, Rewriting and the Manipulation of Literary Fame*. Shanghai: Shanghai Foreign Language Education Press, 2004, p. 9.

③ Lefevere, André: *Translation, Rewriting and the Manipulation of Literary Fame*. Shanghai: Shanghai Foreign Language Education Press, 2004, p. 87 ff.

④ 谢天振:《国内翻译界在翻译研究和翻译理论认识上的误区》,《中国翻译》2001年第22卷第4期,第2—5页,此处引自第3页。

⑤ 查明建、田雨:《论译者主体性——从译者文化地位的边缘化谈起》,《中国翻译》2003年第24卷第1期,第19—24页,此处引自第20页。

到出版的翻译全过程中都有所体现。特别是当译文并非全译时，译者对译文进行删节，在形式、内容上做各种改造，有选择性和倾向性地传达原文中的文化信息，付出了大量创造性劳动，这一点在本书的研究对象库恩身上体现得非常明显。所以在归纳影响翻译策略的外部因素后，也应该从译者本人出发，探究译者的主体性，特别是主观能动性在其身上的体现。

黄俊杰在分析东亚文化圈内的文化交流现象时提出："原生于甲地（例如中国）的诸多概念或文本，在传到乙地（例如朝鲜或日本）之际常被'去脉络化'，并被赋予新义而'再脉络化'于乙地的文化或思想风土之中。经过'脉络化的转换'之后，传入异域的人物、思想、信仰与文本，就会取得崭新的含义，也会具有新的价值。"[①]这种现象同样适用于解释由汉学家充当译者的中国文学外译过程。译者在了解了中国文学传统与文化现象后，将原著从其产生的语境中抽离出来，通过以归化为主的翻译策略，在不同语言、文化间进行转换，融入自己的思考与创造，有目的地让文本改变原来的面貌，更好地适应译文环境与译文读者的需求，在新环境中获得新生，最终带来文化与思想上的碰撞与交融。

结合研究内容，本书拟采用巴斯奈特对"文化翻译"的阐释、谢天振的译介学理论等，从描写研究的角度来分析《水浒传》库恩译本中的翻译现象，将译者对译本所作的种种改编视为"脉络性转换"进程，寻找在全新语境中产生的译本与原本，译者与母语文化者所理解的中国文学与文化传统的共性与差异。对翻译策略的描述主要是采用语言层面的直译与意译，韦努蒂等人从文化角度提出的"归化"与"异化"等概念。在总结出译者采用的翻译策略后，运用勒菲弗尔提出的影响翻译的三大因素、埃文-佐哈尔的多元系统理论及"译者主体性"的概念，来研究文本之外的环境对翻译和译文接受的影响。虽然本书没有直接采用功能翻译学的翻译评论体系，但汉斯·弗米尔（Hans Vermer，1930—2010）的"目的论"（Skopostheorie）和卡塔琳娜·赖斯（Katharina Reiß，1923 年生）关于翻译评价的部分思路也给予了笔者一定启发。

---

① 转引自李雪涛：《汉学与阐释学 ——"异端的权利"与汉学研究的"去脉络化"和"再脉络化"》，《中华读书报》2013 年 5 月 8 日第 18 版。具体论述可参见黄俊杰：《东亚文化交流史中的"去脉络化"与"再脉络化"现象及其方法论的问题》，《东亚观念史集刊》2012 年第二期，第 55－78 页。

三、研究方法

本书主要采用了以下三种研究方法：

1. 实证法：在细读文本的基础上，对原著和译本从宏观的形式与内容调整到微观的文化现象进行案例分析，进而阐述译者在宏观上采取的编译手法与微观层面上对语言、文化现象使用的翻译策略；

2. 比较法：从不同角度比较原著与译本、同一译者不同时期不同作品的译本及同一作品不同译者的译本，说明译者的翻译策略、翻译效果及成因。

3. 现象法：描述译者的翻译意图、译本的翻译过程、传播与接受环境及引起的反响，说明编译及文化翻译策略与历史、文化语境的互动关系。

第五节　创新之处

一、研究对象的选择

本书的研究对象——库恩及其《水浒传》译本是一个国内外学者鲜少涉及的课题，其本身具有潜在的研究价值，且存在一定的学术空白。库恩在翻译《水浒传》之前出版的几部译作——或是才子佳人小说，如《好逑传》《二度梅》；或是世情小说，如《金瓶梅》《红楼梦》——多是对市民或贵族阶层日常生活的描写，代表了一种相对高雅的文化。而被称为"强盗小说"(Räuberroman)的《水浒传》在题材上与上述小说截然不同，集中体现了游走在社会边缘的"侠"和俗文化，贴近普通民众生活，这类冒险小说也更能激起库恩设定的读者群——普通大众的猎奇心理和阅读兴趣。此外，库恩为了满足读者对不同作品的阅读需要，在一定程度上改变了他自《金瓶梅》以来一直坚持的翻译策略，在翻译时对原文做了更大幅度的调整和改动。目前中外学者已对库恩《红楼梦》译本中高雅文化的翻译做了相当深入的探讨，但较少涉及对库恩的俗文化翻译策略的分析，也很少有人注意到库恩在不同作品中采取的不同的翻译策略。笔者希望通过分析一部与前作截然不同的作品，对比库恩翻译不同题材时的翻译方法，从另一个视角，更为全面地审视库恩的翻译活动。

二、原始档案材料的运用

研究翻译文本之外的因素对翻译策略的影响，最好的方法就是根据原始档案尽可能还原译者所处的社会环境，从历史文化背景、译者实际所处的翻译环境等方面入手来分析。而据笔者调研所得，目前国内外研究库恩的学者鲜少有人重视对原始档案的运用，大多只是引用哈托·库恩在库恩传记里使用过的极少部分材料，既缺乏新意，也无法详尽说明真实的翻译过程。笔者于2013年5—10月亲赴德国，在魏玛、柏林等地搜集了德国境内现存关于库恩生平和翻译活动的原始档案，①并加以整理、阅读和翻译，用作分析的支撑材料。其中重点阅读和分析的是所有涉及《水浒传》翻译的资料，而对其他材料的阅读，特别是库恩之前翻译《金瓶梅》《红楼梦》等的史料，则有助于笔者从整体上把握库恩的翻译活动，寻找其不同译作中翻译策略间的关联与异同。笔者希望借助丰富的史料，使研究结论更具有说服力，避免以偏概全，或以主观臆断代替客观现实。

三、对传播与接受史的系统梳理

系统了解译作在对象国的传播与接受情况，是进行翻译研究的必要前提。目前无论是《水浒传》库恩译本，还是《水浒传》在德语国家的传播与接受情况都缺乏全面而系统的整理。笔者试图根据自己在德国搜集到的由不同身份的作者在不同历史时期为《水浒传》库恩译本所写的书评及亚马逊德国网上书店的相关评论、德语文学史、文学辞典等资料，用文献学的方法，梳理《水浒传》在德语国家的翻译、传播与接受，以及《水浒传》库恩译本的传播和接受情况，丰富德国汉学研究的成果。

第六节 不足之处

尽管本书在补充库恩及其《水浒传》译本研究的内容、描述翻译现象与归因、梳

① 据哈托·库恩的传记、库恩的书信集中提供的信息，以及笔者对德国文献档案馆遗产物品库（http://www.dla-marbach.de/?id=51888）的搜索，库恩于二战期间经历了三次空袭，其战前的藏书、日记、手稿等尽数毁于战火。哈托·库恩于1986年车祸丧生后，其保管的库恩遗物也不知所踪。笔者在几个档案馆中找到的资料应该是相对全面的。

理《水浒传》在德国流传的史料等方面取得了初步成果，但以目前的研究程度来看，仍然存在一些不足之处，主要有：

1. 理论与方法方面的不足。限于研究者自身的水平，本书对文化翻译观的理解和表述存在认识不够全面、表述不够深入的问题，对理论的选用也难免存在片面之处。笔者试图将翻译策略、影响因素与接受情况三者结合起来，微观与宏观层面并重，但实际操作难度较大，涉及面广，论述的问题多，很难做到重点突出，主次分明。

2. 文本分析、对比方面的不足。尽管本书为个案研究，但如果将库恩所有译作视为一个多元系统，《水浒传》译本仅是其中一个组成部分，翻译策略的选择不可能与库恩其他译作、其他语言和译者的《水浒传》版本完全无关。笔者在做文本分析和归因时，已经有意识地对比了赛珍珠、埃伦施泰因的《水浒传》译本及库恩的《红楼梦》《金瓶梅》译本中的个别实例，综合翻译《好逑传》《金瓶梅》《红楼梦》时的档案材料，试图从整体上把握库恩的翻译策略，但由于库恩译本是编译本，很难确定一个统一的评价标准，科学地和其他全译本做系统、全面的对比，现有的个别比较过于零散，实属无奈之举。

3. 对《水浒传》原文的认识不足。《水浒传》文本本身极为复杂，国内“水学”界对很多关键性的问题尚未达成一致，可供参考的研究成果相较于《红楼梦》等其他古典文学作品也并不丰富。尤其是受语言等客观条件限制，国内专业学者至今无人关注或考证过库恩采用的《水浒传》底本及其在德国的收藏情况。笔者不敢越俎代庖，也限于篇幅与个人精力，未在书中专门讨论底本的具体问题，只能将自己根据库恩的自述，请教专家、翻阅资料，结合在德国的查找史料得出的初步结论以附录“译后记中文译文”中的脚注的形式呈现出来。需要说明的是，库恩所采用的中文底本在德国的原件虽已不存，但并非孤本，在中国仍有同版印刷品可供使用，所以不存在因底本不确定而导致无法立论的问题。

第二章 《水浒传》在德语国家的翻译、传播与接受

中国古典文学的翻译与接受是中国文化走向世界的重要途径。相较于《金瓶梅》《三国演义》《红楼梦》等古典长篇小说，作为中国四大文学名著之一的《水浒传》因成书年代早，语言通俗易懂，情节生动，内容贴近百姓生活等原因，较早地进入了外国人的视野，至今已被翻译成包括英、法、德、意、俄等 15 种以上的语言，译本多达 50 余种，流传甚广。[①] 库恩更是在其《水浒传》德语译本译后记中将《水浒传》与《金瓶梅》和《红楼梦》并称为“中国古典小说中三部伟大的著作”[②]，给出了很高的评价。

《水浒传》在德语国家流传的历史最早可追溯到 19 世纪。1822 年，德国学者克拉普罗特(中文名：柯恒儒，Julius Klaproth，1783—1835)第一次提及《水浒传》，以柏林普鲁士皇家图书馆(今柏林国家图书馆)藏书书目提要的形式将它的主要内容介绍给了德国读者，由此揭开了《水浒传》在德语国家传播的序幕。1834 年，绍特(Wilhelm Schott，1802—1889)翻译发表了《水浒传》的两个片段，这也是《水浒传》在欧洲的首个译文片段。之后，《水浒传》的译介工作在以汉学家为代表的热衷于中国文学与文化传播的人士的带领下，伴随着德国汉学的产生、确立与发展而逐步展开，跨越了三个世纪，直到今天仍有学者发表相关的研究成果。目前，国内外

---

① 王丽娜：《〈水浒传〉在国外》，《古典文学知识》1998 年第 4 期，第 118－127 页。此处数据根据第 121－127 页统计。

② Kuhn, Franz: „Nachwort“, in: *Die Räuber vom Liang Schan Moor*. Leipzig: Insel Verlag, 1975, S. 862.

学者对于这一学术轨迹尚未有系统的整理。当前国内虽有学者简要介绍过《水浒传》的几个德语译本，不过由于一手资料的缺乏，再加上有些文章发表年代较为久远，部分信息并不准确，存在个别重复和遗漏现象，有必要予以更新及补充；且介绍的内容只是译者、出版时间等基本信息，没有深入文本内部探究和分析译者的翻译策略。据笔者所知，尚无学者研究过德语文学史及文学辞典中涉及《水浒传》的内容。如果将《水浒传》在德语国家流传的历史看作一个多元系统，《水浒传》库恩译本也是这个系统中的一个环节，离开《水浒传》传播的整体背景，库恩译本的产生、传播与接受也就无从谈起，故有必要对《水浒传》在德语国家的传播与认知情况进行梳理。

本章以时间为序、以体裁为分类依据，介绍了《水浒传》在德语国家的翻译、评价和研究历史，主要涉及译本、以德语撰写或翻译成德语的中国（或世界）文学史、文学辞典等多种形式。因篇幅所限，笔者舍弃了《水浒传》的英译本等重要版本的传播与接受史，集中笔墨介绍其在德语国家的流布情况；对前辈学者已有详细论述的问题仅做简单概述，详写前人未涉及的资料及未深入展开的问题。另外，为避免与下文重复，这里不对库恩译本做详细的翻译评价。

第一节　翻译史

与其他中国古典长篇小说相似的是，《水浒传》在德国的译介也经历了由片段、编译本，最终到全译本的发展过程。在 19、20 世纪之间的一百多年里陆续有六人参与了翻译工作，共出现五个片段、两个编译本和一个全译本。

一、早期片段

《水浒传》最早的德语译本是以片段的形式存在的，译者只选取原文某一个或几个章节的情节编译成一个相对完整的故事，在报刊上单独发表，或收集已有译文集中出版。这种翻译形式不仅受篇幅、译者的精力、读者的阅读习惯等限制，也从一个侧面反映出了文学翻译边缘化的学术地位。本部分介绍的是早期独立发表的《水浒传》德语译文片段，不涉及从后来的编译本或全译本中节选出来单独发表的内容。

德国东方学家、汉学家绍特于1834年在《外国文学期刊》上发表了《水浒传》的两个片段译文。[①] 据德国图书目录学家魏汉茂(Hartmut Walravens,1944年生)考证,这不仅是德国,也是欧洲现存最早的《水浒传》译文,比学者普遍认为的最早译文——19世纪法国汉学家、巴黎东方语言文化学院首任汉语讲座教授安东尼·巴赞(Antoine Pierre Louis Bazin,1799—1863)于1850年发表在巴黎《亚洲杂志》上的法语片段还要早16年。[②] 这两个片段其一题为《洪信的冒险——摘自历史小说〈水浒传〉》(„Die Abenteuer des Hung sin. Aus dem historischen Romane Schui hu tschuan“),翻译的是楔子“张天师祈禳瘟疫 洪太尉误走妖魔”的内容,另一个题为《武松:一位英雄及为兄报仇的人——摘自小说〈水浒传〉片段》(„Wu sung, der Held und seines Bruders Rächer. Episode aus dem Romane Schui hu tschuan“)。

绍特成为欧洲翻译《水浒传》的第一人并非偶然,这是由特定的时代背景和个人原因共同决定的。19世纪之前的欧洲汉学并未形成学科体系,从事汉学研究的主体是传教士和与传教士来往密切的欧洲思想家,这一阶段被称为“前汉学”(Protosinologie)时期。从19世纪起,包括德国汉学在内的欧洲汉学进入了滥觞期,[③]在法国和英国,大学中汉语专业课程的开设与汉学教席的设立标志着汉学成为一门独立学科;相比之下,当时的德国汉学起步较晚,尚未从东方学系中脱离出来。以克拉普罗特、绍特、帕拉特(Johann Heinrich Plath,1802—1874)等人为代表的汉学家大多同时具有东方学与语言学的学科背景,他们出于兴趣爱好从事汉学和满学研究,多选取历史校勘学与比较语言学的研究方法,在语言学、图书目录学、宗教、民俗、文学等领域进行文献的搜集、整理及初步的分析工作。尽管这一阶段的学者无论在选题还是在研究深度上都已较“前汉学”时期的“业余爱好者”有了长足的进步,但仍缺乏必要的学术规范。除了学术研究外,也有学者继承传教士译介

---

① „Die Abenteuer des Hung sin. Aus dem historischen Romane Schui hu tschuan“. Übersetzt von Dr. Wilhelm Schott. in: *Magazin für die Literatur des Auslandes*, 1834, 531－532. [Aus dem Prolog des Romans.] und „Wu sung, der Held und seines Bruders Rächer. Episode aus dem Romane Schui hu tschuan“. Übersetzt von Dr. W. Schott. in: *Magazin für die Literatur des Auslandes*, 1834, 609－610, 614－615, 618－619.

② Walravens, Hartmut: „Wu sung, der Held und seines Bruders Rächer. Die vergessene erste europäische Übersetzung aus dem chinesischen Räuber-Roman *Shui-hu chuan*“. in: *NOAG* 159－160 (1996), S. 189－218. hier S. 191.

③ 本书对德国汉学的历史分期参照李雪涛著《日耳曼学术谱系中的汉学——德国汉学之研究》中的相关论述(外语教学与研究出版社2008年版,第6－10页)。

中国古代经典的传统，从事儒家典籍的翻译活动。此时，文学既非汉学的研究主流，也不是翻译的主体，只有零星的翻译作品问世。

在19世纪上半叶几位重要的德国汉学家中，比绍特年长的克拉普罗特长期生活在俄国和巴黎，致力于语言学和图书目录学的研究；与绍特同岁的帕拉特对中国民俗与宗教非常感兴趣，文学方面的著述很少；绍特则是为数不多的从事语言文学研究及翻译的学者。绍特1819年进入基森大学攻读神学专业，后来慢慢将兴趣点转移到了以语言学和民族学为核心的东方研究，自学掌握了汉语、满语、波斯语等东亚和中亚语言；1826年在哈勒完成了教授资格论文《论中国语言的特点》(*De indole linguae sinicae*)；1838年起任柏林大学编外教授，后当选普鲁士皇家科学院院士。绍特的学术成就集中在文学、语言学和少数民族研究领域，他还从事翻译活动。1826年，绍特将《论语》直接从中文翻译为德语，并出版了《中国的智者孔夫子及其弟子们的著作：卷一〈论语〉》一书。① 1830年绍特移居柏林，接触到了普鲁士皇家图书馆丰富的汉语藏书，这批藏书极大地丰富了绍特的汉语知识，也开拓了他的学术视野。就是在这一时期他注意到了《水浒传》，并翻译了其中的两个片段，于1834年发表。绍特在汉学方面的另一成就就是在克拉普罗特的基础之上续写了普鲁士皇家图书馆的新版图书目录《御书房满汉书广录》(*Verzeichniss der Chinesischen und Mandschu — Tungusischen Bücher und Handschriten der Königlichen Bibliothek zu Berlin, eine Fortsetzung des im Jahre 1822 erschienenen Klaproth'schen Verzeichnisses*)，②其中收录了该馆1822—1840年间入藏的中国书籍。在积累了翻译实践和编写汉学书目的经验后，绍特于1854年撰写了德国第一部研究中国文学史的专著——《中国文学述稿》(*Entwurf einer Beschreibung der chinesischen Literatur*)。③

① Schott, Wilhelm: *Werke der tschinesischen Weisen Kung-Fu-Dsü und seiner Schüler. Erster Theil Lün-Yü.* Halle, in der Rengerschen Verlags-Buchhandlung, 1826.

② Schott, Wilhelm: *Verzeichniss der Chinesischen und Mandschu-Tungusischen Bücher und Handschriften der Königlichen Bibliothek zu Berlin: Eine Fortsetzung des im Jahre 1822 erschienenen Klaproth'schen Verzeichnisses.* Berlin 1840.

③ Schott, Wilhelm: *Entwurf einer beschreibung der chinesischen litteratur. Eine in der königl. Preuß. Akademie der wissenschaften am 7. februar 1850 gelesene abhandlung.* Berlin: Ferd. Dümmler's erlagsbuchhandlung, 1854.

在绍特的译文片段发表之前，克拉普罗特曾在为柏林皇家图书馆编纂的汉语、满语藏书书目中专门介绍过《水浒传》，并认为它和《三国演义》同属于“半历史小说”①。绍特在柏林期间显然看过这本书目，并在翻译中受到了克拉普罗特对《水浒传》评价的影响：从两个译文的副标题可以看出，绍特继承了克拉普罗特的看法，将《水浒传》定位为“历史小说”（Historischer Roman），在翻译时也强化了原文的历史文化背景，将年号、帝号、官职等悉数译出。其中对文中出现的官名均采用音译加意译的处理方法，套用德语词汇来处理翻译中的不对等现象，如将“宰相”译为“秘密的国家议员”[Dsai siang (geheimer Staatsrath)]。

绍特对翻译选题有自己独到的眼光。《水浒传》的楔子是建立在真实历史背景下的虚构故事，富含历史、宗教等文化信息，处理难度极大。在全译本出现前，除绍特外，德语区没有人翻译过这段文字，连库恩也出于节省篇幅，不翻译与西方文学样式不兼容的内容的原则舍弃了神话色彩浓厚的楔子。绍特对原文进行了压缩加工，提取主要信息，尝试以简明扼要的方式让译文读者了解历史小说中的真实背景。虽然受语言水平的限制，译文中出现了一些理解上的偏差，但绍特敢于尝试的勇气仍然值得肯定。

绍特译文最大的亮点在于楔子的结尾。在翻译完洪信面见宋真宗并获得赏赐后，他添加了一段议论性的文字作为尾声，跳出叙述人的身份，直接与读者对话，告知读者原作者的意图，避免了他们因不知章回小说多以神话故事引起下文的特点而产生困惑。

由于汉学专业人才匮乏，再加上以《水浒传》为代表的文学研究与翻译并没有引起汉学家的足够重视，在绍特译文问世后的70年间并没有其他译文出版，直到1905年，才出现了由德国作家兼编辑马克西米利安·克恩（Maximilian Kern，1877—1945）翻译出版的《鲁达上山始末记》（*Wie Lo-Ta unter die Rebellen kam*，

① Klaproth, Julius: *Verzeichniß der chinesischen und mandshuischen Bücher und Handschriften der Königlichen Bibliothek zu Berlin*. Paris: in der Königlichen Druckerei, 1822, S. 150.

亦译作《鲁达造反》)[1],里面附有译者所写的序言。该译本于1965年在莱比锡的菲利普·雷克拉姆·容出版社再版,除了将文中人物姓名的拼写改成了现代汉语拼音的形式(即将Lo-Ta改为Lu ta),并在副标题中加入了库恩译本的题目,想借助库恩译本的名气打开销路外,书后还附有东德汉学家维尔纳·贝廷(中文名白定元,Werner Bettin)于1964年春所作跋文,增加了学术气息。

克恩在20世纪初期主要从事青少年期刊的编辑和写作工作,曾与人合编青年杂志《好同伴》(*Der gute Kamerad*),同时也为青少年丛书《新宇宙》(*Das Neue Universum*)撰文。1905年起在斯图加特联合出版社(Union-Verlag)出版了一系列面向年轻人的异国情调浓郁的冒险小说,这批图书发行量大,深受读者欢迎,直到50年代仍经改编后再版。他存世的文学翻译作品只有《鲁达上山始末记》一部。从题目即可推断出,这个译本以鲁智深为主人公,只涉及与他有关的情节。克恩在翻译之前做足了调研功课,他看过巴赞的《水浒传》法语译文片段及对《水浒传》的评价,很可能也看过格罗贝(Wilhelm Grube,1855—1908)《中国文学史》中关于《水浒传》版本和主旨的介绍,并借鉴了他的观点,将《水浒传》归为"滑稽小说"。从克恩编辑出版的其他作品可以看出,他选题有两条基本原则:一是符合青少年的阅读兴趣,并适合他们阅读,最好是冒险小说;二是有异国风情,情节扣人心弦。《水浒传》恰好符合这两个条件,因此被克恩选为翻译出版的对象。

译文以七十回本为底本,共分为"在渭州""鲁达出家""他违背誓言""他以新逻辑战胜强盗""他以自己的方式传道""他成为菜园看管""他助友逃生"及"尾声"八章(108页),内容包括从第二回史进出走渭州起至第六回,及第七、八两回与鲁智深相关的段落,并在进入正题之前,补充了北宋徽宗时期的时代背景及故事发生地渭州的地理位置。为了不影响阅读的流畅性,德语译本中很少会出现脚注,一般会

---

① *Wie Lo-Ta unter die Rebellen kam: ein komischer Roman von Schi Nai Ngan* [*Shi, Naian*]. Aus dem Chines. übers. von Maximilian Kern. Leipzig: Reclam, 1904. 孙建成在《水浒传英译的语言与文化》(复旦大学出版社2008年版)一书中提出《鲁达上山始末记》是由意大利语转译而来,但对转译者和出版年代言焉不详(参见该书第57、58页),王丽娜则认为克恩的译本是由H.S.的英语译文《中国巨人历险记》转译而来(王丽娜:《〈水浒传〉在国外》,《古典文学知识》1998年第4期,第118—127页,此处引自第123页)。二者均未提供说法出处。笔者查阅克恩版本原文和序言,仅发现德语标题中注明从中文直接翻译,未找到转译的相关证据。H.S.的英语译文《中国巨人历险记》(*The Adventures of a Chinese Giant*)分四次刊登在1872—1873年香港出版的《中国评论》(*The China Review*)第一卷上,共46页、19章,也是以鲁智深为主人公,翻译内容相当于七十回本《水浒传》的第三至八回。

在正文中用阐译的方式说明。克恩打破了这一常规做法，在文中添加了个别注释，如将"东京"译为"东边的都城"(östliche Hauptstadt)，并在注释上列出了它的所指"开封"的拼音；在金翠莲提及镇关西"便使强媒硬保"，逼迫自己做妾时，译者专门通过脚注介绍了中国古代婚姻中的媒妁之言及一夫一妻多姬妾制度："在中国古代，所有婚约都需要通过媒人(Vermittler)缔结，至少形式上如此。中国男子可以娶多个女子，但只有第一位夫人可以做正妻，其他的作为妾，并经常履行侍女的职责"①。中西方传统文化存在巨大差异，在两种不同语言和文化间起桥梁作用的译者如果仅仅是忠实于原文的形式和内容，而不对有差异性的地方做相应的解释，不仅会降低读者的阅读质量，也会影响到中西方的文化交流，甚至造成不必要的误解。克恩用简短的语句解释德国读者所不熟悉的中国古代地名、民俗等信息正是出于这方面的考虑。

随后，另一位早期的中国文学翻译家汉斯·鲁德斯贝格(Hans Rudelsberger)于1914年出版了两卷本译文集《中国中篇小说集》(*Chinesische Novellen*)②，1924年再版，每卷各有一篇《水浒传》的译文片段。其中一篇题为《卖炊饼武大的不忠妇人的故事》(„Die Geschichte von der untreuen Frau des Kuchenbäckers Wu-ta")③，译自原文第二十三回，讲的是武松为兄长报仇，杀死与西门庆通奸、害死丈夫的潘金莲的故事，内容与绍特的译文重合，但翻译风格各有不同。第二个片段翻译了《水浒传》第四十三至四十五回的故事，分为三章，讲述了杨雄、潘巧云与和尚裴如海之间的感情纠葛。裴如海所在的寺院本名报恩寺，译者舍弃了这一名字的宗教意义，将寺院重新命名为"永远圣洁的寺院"(或简称"永圣寺")，并以此作为译文的题目——《在永远圣洁的寺院里》(„Im Kloster zur ewigen Reinheit")④。和尚与妇人在寺庙通奸，本违反了佛教戒律和道德伦理，译者却用"圣洁"一词来形容寺院，不

---

① *Wie Lo-Ta unter die Rebellen kam: ein komischer Roman von Schi Nai Ngan* [*Shi, Naian*]. Aus dem Chines. übers. von Maximilian Kern. Leipzig: Reclam, 1904, S. 10.

② *Chinesische Novellen*. aus dem Urtext übertragen von Hans Rudelsberger. Wien: Anton Schroll, 1924, S. 22—36.

③ „Die Geschichte von der untreuen Frau des Kuchenbäckers Wu-ta". in: *Chinesische Novellen*. aus dem Urtext übertragen von Hans Rudelsberger. Leipzig: Insel-Verlag 1914, S. 263—305.

④ „Im Kloster zur ewigen Reinheit". in: *Chinesische Novellen*. aus dem Urtext übertragen von Hans Rudelsberger. Wien: Anton Schroll, 1924, S. 22—36.

无讽刺之意。

下面以《在永远圣洁的寺院里》为例来分析鲁德斯贝格的翻译风格。这篇译文并不属于严格意义上的逐字逐句翻译，而是译者吸收原文精神后重新用德语讲述的结果，总体原则是以西方读者的文学观和审美观为标准，对原文从情节、叙述角度、人物关系等方面用“三一律”加以改造，具体有以下翻译特征：

1. 突出主要情节、主要人物及主要矛盾：译文以杨雄之妻潘巧云与和尚裴如海通奸败露被杀一事为主线，对主要情节几乎全文翻译，对次要情节予以简化，视情况将旁枝末节直接删除，如删除了石秀与杨雄相遇、结拜及石秀寄宿杨雄家中的前情，未说明杨雄、石秀杀人后被官府通缉、逼上梁山的后果，未交代裴如海和潘家之前的关系，删除了对法事等宗教仪式的描写，不为佛教知识添加注释说明等。在原文裴如海第一次到杨家做法事，与潘巧云接触的过程中，石秀作为旁观者目睹了全过程，并有丰富的心理活动，但译文完全删除了石秀的第三人称视角描述及他的内心独白，并将大段对话转化为间接叙述或直接删除，保证单一视角。译文中也没有提及裴如海出场前石秀与潘家因利益而生罅隙，只突出了情爱纠葛这一主要矛盾。

2. 叙述简洁明快：译者对原文顺序做了一定改动，使情节和地点非常集中。例如，原文的情节是随着地点的变换而展开的，出现了大街、杨雄家、寺院、官衙、山林等多个地点，流动性很强；而译文由于删除了部分内容，情节集中在杨雄家、寺院和山林三处，以对寺院的描写为开始。为了保证行文流畅，作者将杨雄的家设定在寺庙墙外，杨雄“蓟州押狱兼行刑刽子手”的身份也随之改为寺庙看守，并用几句极为简练的间接叙述交代了杨雄、潘巧云父女和石秀之间的关系。

上述处理方式有助于读者在短时间内掌握原文最核心的内容，但淡化了原文多条线索共同发展、多重矛盾交织的文学魅力，削弱了人物矛盾冲突的爆发力，也因为过度删节而让上下文衔接出现了问题，如删除潘巧云对裴如海的介绍导致译文缺乏对裴如海和潘家的关系的必要说明。裴如海出场时直呼潘父为“干爷”(Mein Vater)，读来有突兀之感。此外，没有将“认干亲”的风俗准确地翻译出来，这很容易引起读者误会，使读者对人物的关系产生困惑。

3. 强化异国情调：鲁德斯贝格主要用删节的方式简化故事情节，同时也根据自己对中国的了解，补充了一些富有中国文化特色的细节描写，用以吸引对中国文化感到好奇的普通读者。试举两例予以说明：

例1：译文一开始就对故事的主要发生场所——寺院进行了浓墨重彩的描写：

译文：In der Provinz Shantung - im Bezirke Kiang-hsi - erhob sich zur Zeit der Ching-Periode an den Ufern eines Flusses malerisch aufgebaut das buddhistische Kloster » Zur ewigen Reinheit «. Die schillernden Porzellandächer seiner schlanken Pagoden, seine Glockentürme und blauen Drachen überragten, sich den Abhang hinanrankend, die breiten weißen Mauern, die auf allen Seiten das Kloster umschlossen. Das Kloster lag inmitten üppiger Maulbeerbäume, blühender Magnolien in Orangengestrüppe und Drachenaugensträuchen. Seine Teiche waren bedeckt mit blühenden Nenuphar - rot wie die Lippen der schönen Frauen. Am Horizont umsäumten Wälder mit Bambus das entzückende Bild. ①

回译②：在山东省江西区的一条河边矗立着一座美轮美奂的古刹“永圣寺”，始建于秦(清)代。瓷砖铺成的屋顶光亮耀眼，钟楼和檐上的青龙高耸入云，寺庙倚山而建，四周环绕着宽敞的白色围墙。寺庙中桑树葱郁繁茂，遍植橘树和龙眼树丛，玉兰盛开。池中开满怒放的睡莲，红艳如美女的双唇。地平线上竹林簇拥，景色宜人。

这段对寺庙来历的介绍和景色描写在《水浒传》原文中并不存在，是译者利用

① „Im Kloster zur ewigen Reinheit“. in: *Chinesische Novellen*. aus dem Urtext übertragen von Hans Rudelsberger. Wien: Anton Schroll, 1924, S. 22—36, hier S. 22.

② “回译”(英语：back translation)一词虽未收录于《现代汉语词典》等权威汉语词典，但笔者搜索万方数据库、CNKI知识搜索等资料平台后发现，该词目前在英语翻译学界已经得到承认，国内已有大量研究“回译”的论文发表。Shuttleworth & Cowie 编写的《翻译研究词典》中的“back translation”词条(*Dictionary of translation studies*. Shanghai: Shanghai Foreign Language Education Press, pp. 14—15)指出：“回译是译文译回原文的过程”。国内专门研究“回译”的学者有冯庆华、李美、金惠康等人。冯庆华认为：“回译对译文的检验功效是其他方法无法企及的，因而回译在翻译实践中的重要地位也是不容怠慢的”(冯庆华：《实用翻译教程》，上海外语教育出版社 2002 年版，第 436 页)。因此，笔者在本研究中尝试采用这种表述。另：如无特殊说明，本书中回译文字均由笔者自译。

所知的中国传统文化意象与佛教元素——“青龙”“竹子”“玉兰”“睡莲”等，结合西方人对中国寺庙的想象，自行添加的。这段描写较为夸张，极力描绘了寺庙的金碧辉煌，营造出了佛门圣地雅致静谧、圣洁而神秘的氛围，引人入胜；又以美女的嘴唇比喻睡莲的红艳，不经意间透露出一丝香艳，为后文在佛门发生违背伦常的通奸事件埋下伏笔，前后形成巨大反差，易使人产生“金玉其外，败絮其中”的感觉。

例 2：译文对潘巧云的出场作了如下描述：

译文：In diesem Augenblicke war die Frau des Aufsehers Yang, von Kopf bis Fuß in tiefste Trauer gehüllt, auf den Stufen des oberen Stockwerkes erschienen und rief herunter: » Ehrwürdiger Vater, tausendfaches Glück zum Gruße. « Dann kam sie vollends herunter, faltete vor dem Bonzen beide Hände zum Gruße[①]

回译：这时，杨看守的妇人身穿重孝，出现在楼上的台阶处，向下说道：“师傅万福！”说着走下楼来，在和尚面前交叉双手问好。

这段潘巧云向和尚行礼的简短叙述是译者自行添加的，原文中只用“下楼来见和尚”一笔带过。“万福礼”在西方并没有与之对应的礼节，译者预测到普通读者对这一礼节不甚了解，但又不想放过这一体现中国特有习俗的机会，所以在译文中补充介绍了行礼的动作，满足读者的好奇心，也向读者传达了这样的观念：中国是一个等级森严、重视礼节的国家，中国人无论男女老少、亲朋好友，见面打招呼的礼仪是少不了的。

此外需要注意的是，鲁德斯贝格所选的两篇译文均与婚内出轨有关。除了《水浒传》外，鲁德斯贝格还翻译过《聊斋》节选、李渔（1611—1680）的《合影楼》（*Der Turm der verliebten Schemen*）和《夺锦楼》（*Die Geschichte von den Zwillingsschwester*，直译为《一对孪生姐妹》）、《元曲精赏》（*Altchinesische Liebes-Komodie*，直译为《中国古代爱情喜剧》）等文人撰写的民间故事，主题多与爱情相关。由此可

---

① „Im Kloster zur ewigen Reinheit “. in: *Chinesische Novellen*. aus dem Urtext übertragen von Hans Rudelsberger. Wien: Anton Schroll, 1924, S. 22-36, hier S. 23.

以推知，译者设定的读者群是普通大众，对译文的定位是通俗文学（Trivialliteratur）。选择婚外情作为翻译主题主要是为了迎合大众低俗的审美情趣和猎奇心理，供他们茶余饭后消遣娱乐，也间接地向读者展示了中国古代的婚姻爱情生活。只有放大文化差异，添加对中国民俗的描述和解释，增加异国情调，才能达到吸引读者，易于为广大读者接受的目的。

4. 出现了个别误译和曲解现象：如译者描述寺院来历时，将报恩寺更名为永圣寺，为突出寺庙的历史悠久，设定它始建于秦代；故事地点也由北宋的蓟州（今天津蓟县、河北三河一带）移至译者虚构的山东江西区，这些译者自行添加的历史时代和地名信息均有常识性错误。译者将对裴如海的称呼音译为"tsei-tu"，转换为现代汉语拼音为"zei du"或"zei tu"，原文中出现的裴如海的名字有"海阇黎""海公""裴如海"等，但这些名字都与译者所用的音译没有相近之处——其实这是原作者对裴如海的贬义称呼"贼秃"的音译。笔者推测，译者很可能不知道这个词的中文含义，只是看到在文中反复出现，就把它当成了裴如海的名号，直接音译，并没有解释其意义。

如果说上述误译现象仅仅是译者的中文水平不足而造成的，下面一处"误译"则体现了中德间的文化差异：

例 3：潘巧云在为亡夫做法事时的装扮为"不敢十分穿重孝，只是淡妆轻抹"①，而德语译文则是"von Kopf bis Fuß in tiefste Trauer gehüllt"②（从头到脚戴着重孝），与原文意义完全相反，既体现了中西方妇女在婚姻和社会中的不同地位，也体现了作者与译者的不同思维模式。

中国封建时代的女性是男性的附属品，受社会强加给她们的道德规范束缚。《水浒传》的时代背景设定在北宋末年，当时虽有"初嫁从亲，再嫁由身"的说法，允许处于社会底层的妇女（特别是妾侍）再嫁，但在婚姻生活中她们必须遵从"三从四德"③，以现任夫君为重。而在男女平等思想发展较早的西方，妇女在婚姻中受到的压迫相对较小，在婚姻问题上拥有一定发言权，丈夫也不会过于介意改嫁妻子的

---

① 施耐庵著，陈曦钟、侯忠义、普玉川辑校：《水浒传会评本》（上），北京大学出版社 1981 年版，第 732 页。

② „Im Kloster zur ewigen Reinheit". in: *Chinesische Novellen*. aus dem Urtext übertragen von Hans Rudelsberger. Wien: Anton Schroll, 1924, S. 22-36, hier S. 23.

③ "三从四德"中的"三从"是指：未嫁从父、既嫁从夫、夫死从子；"四德"是指：妇德、妇言、妇容、妇功。

前任丈夫。原文作者安排这一情节，表面上是因为在第二任丈夫家中为前夫做周年祭不合常理，潘巧云顾及现任丈夫的感受，所以不敢过分悲伤，还化了淡妆，实际上是寻找借口，便于和裴如海见面，并无心操办法事。原作的叙述表面合情合理，实际上字里行间充满了对人物的暗讽。译者按照常理在译文中做了改动，但他忽略了潘巧云已经改嫁的事实，中西方妇女的地位差异及西方简单的线性思维让译者很难意识到中国封建社会对改嫁妇女的约束以及原作者设置这一不合理情节的用心，只是简单地认为为亡人超度理应穿重孝。

5. 保持客观中立：《水浒传》原文除在开始介绍人物的姓名外，大多采用具有明显感情色彩的称呼来代替人物的本名，体现了作者的主观好恶和价值判断，而译文没有采用这种方法。除形容裴如海的"贼秃"一词疑被译者误当作名号而以音译的方式使用外，称呼潘巧云的"淫妇"一词均由"Die Frau des Yang"(杨的妻子)这一不带任何感情色彩的中性词汇代替。可以看出，译者试图只是客观陈述事实，而不充当道德批判者，将其中的是非曲直留给读者自行判断。

综观早期片段，不难发现它们具有以下几个共同特点：选材或是感情纠葛，或是冒险经历，都为了迎合普通读者的阅读趣味；舍弃原文多条线索共同发展的结构，删减人物数量，简化错综复杂的人物关系，只选取一人或一事作为翻译主线，符合西方小说单一主人公或单线索的叙事特点；篇幅短小，但情节完整，可独立成篇。

二、埃伦施泰因七十回本编译本

经过早期片段的铺垫后，奥地利表现主义诗人、剧作家阿尔伯特·埃伦施泰因(Albert Ehrenstein，1886—1950)于1927年出版了根据金圣叹评七十回本《水浒传》编译的《强盗与士兵——取自中国小说》(*Räuber und Soldaten. Roman frei nach dem Chinesischen*)。这是西方第一部七十回全书的节译本，杰弗里·邓洛普(Geoffrey Dunlop)曾将它转译成英文，分别由英国伦敦豪公司和美国纽约A·A.诺夫公司在1929年出版，是赛珍珠(Pearl Buck，1892—1973)的《水浒传》译本之前最重要的英语编译本。1931年，埃伦施泰因在《强盗与士兵》的基础上，改编创作了广播剧《正义的谋杀者》(*Mörder aus Gerechtigkeit*)，除了因体裁从小说变为广播剧所作的必要改动和个别细节变化外，两者的主要情节和核心思想并没有太大区别。由于对原文的改动过大，《正义的谋杀者》这个译本往往不被视为传统意义上的翻译，只是借用了原著精神和人物，重新讲另一个故事。

埃伦施泰因在 20 世纪 20 年代曾来过中国，随后对中国古典文学萌生了浓厚兴趣，有意识地编译了一批中国古代诗歌及小说。有趣的是，埃伦施泰因本人不懂中文，无法阅读《水浒传》原文，只能通过一个懂德文的中国留学生朋友的口述了解大意，再根据自己的理解，进行二度创作。① 埃伦施泰因不同于一般的中国文学翻译者，对他而言，传播异国文学与文化只是次要的翻译目的，他有自己的政治立场，并试图通过翻译、改编具有揭露黑暗现实、反抗腐败政府统治意义的文学作品来宣传自己的政治主张，唤醒民众的反抗意识，文学译作在此时成为达到政治目的的工具。而《水浒传》的主题与埃氏的政治理想不谋而合，故被他选为翻译对象。

《强盗与士兵》及《正义的谋杀者》共分为十一章，在体裁上完全摆脱了原文章回体小说的影响，以一个独立的名词作为各章的标题，将原文发生在鲁达、杨志、李逵等多个人物身上的故事情节集中于武松一人，塑造了一个出身于社会底层、饱受压迫、被迫走上反抗道路的人物形象。译者对故事内容进行了重新整合，改变了人物关系，综合使用归化、异化等翻译策略，还自行创作了带有政治意图的诗歌，使译文从形式到内容再到具体的翻译细节都体现出了译者本人的政治倾向与价值判断。

二、库恩一百二十回本编译本

直到库恩于 1934 年出版了《梁山泊的强盗》(*Die Räuber vom Liang Schan Moor*)，德语世界才有了第一部以一百二十回《水浒传》为底本的编译本。译者库恩对中国传统文化和《水浒传》故事的历史背景都有较为深入的了解，他在译文篇幅受到限制的情况下，采取编译和自由转述的方式，提炼主要情节，综合运用归化、异化等手法，成功地传达了原书的精彩之处。其译文在西方多次再版，有较大影响。

除了出版译文全书外，库恩还将部分章节以片段的形式发表，计有五篇。其中有三篇于 1933—1934 年刊登在了法兰克福出版的《中国学刊》(*Sinica*)杂志上，分

① 卫茂平、马佳欣、郑霞：《异域的召唤——德国作家与中国文化》，宁夏人民出版社 2002 年版，第 235 页。

别是《黄泥岗的袭击》(*Der Überfall am Gelbschmallgrat*)[①],选取吴用等人智取生辰纲的故事;《断头沟事件》(*Die Falle am Henkergraben*)[②],译自第十八回晁盖等人与官兵在水上作战的经过;《宋江加入梁山起义军》(*Sung kommt unter die Liang-Schan-Rebellen*)[③],讲述的是宋江吟反诗、劫法场,最终落草为寇的经历。另有一篇《神奇的偷盗》(*Ein Meisterdiebstahl*)[④],描写了时迁到开封盗取徐宁的祖传宝甲的相关内容,还有一篇译文节选了戴宗使用神行术戏弄李逵的情节。[⑤]

二战结束后,库恩又与在南德认识的学生劳瓦尔特(Ricarda Rauwald)合作,以自己的编译本为基础,在故事完整、内容不变、保留精华、风格依旧的前提下,适当去除一些暴力、色情片段,改编出了适宜青年人阅读的普及本,并于1955年通过卡尔・于贝罗伊特出版社在维也纳和海德堡发行。[⑥]

四、赫茨菲尔德七十回本全译本

1968年,民主德国女汉学家约翰娜・赫茨菲尔德(Johanna Herzfeldt,1886—1977)出版了两卷本《水浒传》译文[⑦],这是德语国家迄今为止唯一的《水浒传》全译本。

由于同属社会主义阵营,民主德国自中华人民共和国成立起,就对中国怀有浓厚的兴趣。在文学方面,他们曾出版过一本意识形态浓厚的、以译文形式介绍中国

---

① Kuhn, Franz (übers.): „Der Überfall am Gelbschmallgrat", aus dem Schui hu dschuan. in: *Sinica 8* (1933), S. 145—157.

② Kuhn, Franz (übers.): „Die Falle im Henkergraben", aus dem chinesischen Roman *Schui hu dschuan*. in: *Sinica 9* (1934), S. 198—202.

③ Kuhn, Franz (übers.): „Sung kommt unter die Liang-Schan-Rebellen", eine Episode aus dem „Schui hu dschuan". in: *Sinica 9* (1934), S. 32—45.

④ Kuhn, Franz (übers.): „Ein Meisterdiebstahl", aus dem chinesischen Abenteuerroman *Die Räuber vom Liang Schan Moor*. in: *Das Inselschiff*, 15. Jg., Heft 4, Leipzig: 1934, S. 235—244.

⑤ Kuhn, Franz (übers.): „Geisterläufer, Zauberpferde und Ochsenbraten, was die alten Chinesen sich im15. Jahrhundert erzählten (Episode aus dem altchinesischen Roman „Die Räuber vom Liang Schan Moor"). in: Fränkische Landeszeitung, 24. -2. 1954, 1 S.

⑥ Kuhn, Franz / Rauwald, Ricarda (bearb.): *Die Räuber vom Liang Schan Moor*. Aus d. Chines., für die Jug. Wien und Heidelberg: Ueberreuter, 1955.

⑦ Herzfeldt, Johanna (übers.) / Shi, Nai'an / Luo, Guanzhong: *Die Räuber vom Liangschan*. 2 Bände. Leipzig: Insel Verlag, 1968.

文学的小册子[①],库恩的《水浒传》译文第1章也被选入其中。政府还专门组织相关学者重新翻译、引进有关中国的书籍,[②]赫茨菲尔德就是参与人之一。她是前东德为数不多的自由译者,早年曾担任过私立学校教员及外国科学家的私人翻译兼助手。库恩的《水浒传》译本出版当年,她开始在柏林和汉堡的东方语言学院学习日语和汉语,并在战争中学以致用——于日本驻柏林使馆从事新闻翻译、撰写工作。战后,赫茨菲尔德成为自由职业者,以翻译东亚文学作品为主业,也在柏林洪堡大学东亚学院授课。1953年她加入民主德国的德意志作家联盟(翻译处),开始了长达二十余年的中国文学翻译生涯。赫茨菲尔德对文学翻译工作充满热情与自信,她曾向作家联盟和出版社提交了一份庞大的翻译计划,并投入了相当的精力来实现部分设想。[③] 20世纪60年代起,民主德国与中国关系日趋紧张,政府下令减少对现当代中国文学作品的翻译,但对古典文学作品的译介却持鼓励态度。赫茨菲尔德利用这一时机翻译了多部古代文学作品,其中就包括《水浒传》。巧合的是,《水浒传》全译本出版于1968年,正值学生运动时期,以揭露社会的黑暗腐朽、歌颂起义为主旨的《水浒传》译文出版得颇为应时。

赫茨菲尔德也是一位高产的译者,与库恩着重翻译古典文学、较少涉及现代文学不同,赫茨菲尔德的翻译作品中既有《西游记》、唐传奇、古代寓言等传统文学作品,也有为数不少的现当代名家名作,如茅盾的短篇小说集、鲁迅的《朝花夕拾》、巴金的《家》,以及体现时代精神的吴运铎的《把一切献给党》等。[④] 二人的翻译手法也截然不同,从《水浒传》的翻译来看,全译本的标题参考了库恩译本,在它的基础上略有改动,名为《梁山的强盗》(*Die Räuber vom Liangschan*);全译本以七十回本为底本,共计1343页,篇幅几乎是库恩译本的1.5倍,内容也更为全面,从楔子一直翻译到第七十回"梁山泊英雄排座位",除了极个别的漏译外,其余内容均悉数译

---

① Görsch, Horst: *China erzählt: Ein Einblick in die chinesische Literatur*. Berlin: Volk und Wissen Volkseigener Verlag, 1953.

② 〔德〕尹虹:《对民主德国中国文学翻译的回顾》,李雪涛译,载〔德〕马汉茂等主编:《德国汉学——历史、发展、人物与视角》,大象出版社2005年版,第605—626页。

③ 〔德〕尹虹:《对民主德国中国文学翻译的回顾》,李雪涛译,载〔德〕马汉茂等主编:《德国汉学——历史、发展、人物与视角》,大象出版社2005年版,第605—626页,此处引自第620—621页。

④ 〔德〕尹虹:《对民主德国中国文学翻译的回顾》,李雪涛译,载〔德〕马汉茂等主编:《德国汉学——历史、发展、人物与视角》,大象出版社2005年版,第610—614页。

出。赫茨菲尔德的译文更倾向于根据原文逐字逐句翻译，以按照字面意义直译为主要策略，个别地方甚至不顾德语的语言习惯，生造出一些读者不易理解的表达，这降低了作品的可读性和美学价值。她的译文很少被学者拿来做专门研究，更多的是文献价值和翻译对照研究价值。[①] 受冷战时期时代背景、意识形态以及译本本身等因素的影响，赫茨菲尔德的《水浒传》全译本无论在传播广度还是受欢迎程度上都远远不及库恩版本，但全译本的诞生弥补了库恩版受制于篇幅只翻译了原文三分之一的内容，且收尾仓促的缺憾，保证了《水浒传》故事的连续性，使德语读者有机会通过母语，而不是只能借助沙博理（Sidney Shapiro，1915 年生）等人的英文译本，来一窥《水浒传》的全貌。

第二节　接受史

关于《水浒传》进入欧洲人视野的情况，德国波鸿大学硕士伊莱娜·达姆在其硕士论文中提出“欧洲人最早于 19 世纪末期知道这部最受欢迎的冒险和英雄小说的存在”[②]。这种说法并不准确。实际上，最晚在 19 世纪初期，《水浒传》已经被人带回欧洲，并被收藏在几个大型的图书馆中。依据之一就是 1822 出版的《柏林皇家图书馆汉、满图书、手稿目录》（*Verzeichniß der chinesischen und mandshuischen Bücher und Handschriften der Königlichen Bibliothek zu Berlin*）中已经收录有《水浒传》两个不同的中文版本，[③]之前的俄罗斯圣彼得堡科学院图书馆书目中也有相关记载[④]。此后，《水浒传》在用德语撰写或翻译为德语的中国（或东亚、世界）文学史和文学词典中频频出现。参与编写文学史和文学词典的人员以专业的汉学

① 如达姆的硕士论文《翻译批评的模式：以〈水浒传〉为例》对比分析了《水浒传》的英、德语译本（共四个），以赫茨菲尔德的译文作为研究的唯一一个德语译本。全译本还入选《大中华文库》，作为《汉德对照〈水浒传〉》的德语译本，于 2010 年在岳麓书社出版。

② Damm，Irene：*Modell einer Übersetzungskritik am Beispiel des klassischen chinesischen Romans „Am Ufer des Flusses“ (Shuihu zhuan)*. Bochum：Brockmeyer，1984，hier S. 1.

③ Klaproth，Julius：*Verzeichniß der chinesischen und mandshuischen Bücher und Handschriften der Königlichen Bibliothek zu Berlin*. Paris：in der Königlichen Druckerei，1822，S. 168.

④ Walravens，Hartmut：„Wu sung，der Held und seines Bruders Rächer. Die vergessene erste europäitsche Übersetzung aus dem chinesischen Räuber-Roman Shui-hu chuan“. in：*NOAG* 159－160 (1996)，S. 189－218. hier S. 191.

家为主,个别世界文学史的作者并不懂汉语,也未接受过汉学的专业训练,但为了满足民众渴望了解中国文化的需要,他们将中国文学史列为专章,依靠二手文献,介绍《水浒传》等代表作。关于《水浒传》的介绍性文字伴随着德国汉学的确立、壮大,呈现出一条清晰可见的发展轨迹。本章将沿着文学史和文学辞典这两条主线,梳理《水浒传》在德语国家的接受史。鉴于19世纪德语文学史材料有限,且克拉普罗特的《柏林皇家图书馆汉、满图书、手稿目录》直接影响了绍特的《中国文学述稿》,笔者也将其纳入了考察的范围。

一、德语文学史中的《水浒传》

19世纪以来,德国汉学从大学里隶属于东方学的分支,逐步发展为独立的学科,研究领域也扩大到语言、哲学、宗教、文学等多个方面,一直被忽视的文学研究与文学翻译逐渐引起了汉学家们的注意,学术地位慢慢上升。汉学界将中国文学列为研究对象后,必然会为其书写发展史,以汉学家为主体的文学爱好者以撰写文学史为契机,从西方的文化立场及审美观念出发,以"他者"的视角对《水浒传》进行了跨文化解读,展现出不同文化背景下对《水浒传》的独特阐释。此外,以《水浒传》为代表的小说在用德语撰写的中国、东亚及世界文学史中的排序、所占比重也间接反映了汉学界对纯文学的重视程度。近二百年来,有十几本德语文学史或文学史性质的书籍在梳理中国文学脉络时,或多或少地留下了与《水浒传》直接或间接相关的文字,通过它们可以了解《水浒传》在德国学术界的认知和接受情况。笔者将按时代顺序,分四个时期对这些史书进行介绍及分析。

(一)发轫期(1800—1900年)

19世纪初期,德国东方学家、汉学家克拉普罗特受命统计柏林普鲁士皇家图书馆所收藏的汉语、满语书籍和手稿,统计结果以图书目录的形式于1822年出版。这本目录将克拉普罗特试制的汉字字型投入实践,[①]采用了西文(以德语和拉丁语为主)、中文、满文和维吾尔文混排的形式,分为"历史与地理著述""词典及语法书籍""哲学与道学著作""长篇小说""自然史及医药学作品""医学别裁""耶稣会士在

---

① 张西平主编:《西方汉学十六讲》,外语教学与研究出版社2011年版,第153页。

中国出版的书籍”“佚书及残篇”等八部分，并对每本图书做了简要介绍，重要的专有名词后附有汉字或满文。其中在第四部分“长篇小说”里列出专门条目，第一次向德语读者提及《水浒传》：

> 水浒传
>
> 水边的故事
>
> 也是一本半历史小说[笔者注：相对于前文提及的《三国志》(实为《三国演义》)而言]，25 卷，现藏版本由元代罗贯中撰写。它讲述了中国宋代 1058 年起扰乱社会秩序的强盗和叛乱者的故事。故事的主人公叫宋江，一位皇家统帅，为团伙的招安做出了最大贡献。他一生享有盛名，在最后时刻被赐饮毒酒身亡。这部著名的长篇小说的版本和前文提到的《三国志》的版本一样，每页页首均配有插图，并由同一位出版商[①]在 1686 年出版。
>
> 《三国志》在中国是老人和成熟稳重的人的读物，而这本著名的强盗小说更受年轻人青睐。至少在中国有这样一句俗语：
>
> “老不念水浒，小不念三国。”
>
> 除该版本外，图书馆还藏有本小说的另一个版本。[②]

作为《水浒传》的首个德语记录，克拉普罗特的这本图书目录并不是简单地罗列书籍外部信息，而是仿效了中国古代书目提要的格式，深入到文本内部，对《水浒传》的作者、主要情节、主人公、版本形态、在中国的接受情况一一作了介绍。克拉普罗特已经认识到《水浒传》与《三国演义》中有一些人和事在历史上确有存在或有原型，但大部分人物和故事情节都是虚构的，故只能称为“半历史小说”，还引用俗语，谈到了《水浒传》与《三国演义》在中国不同的读者定位。引人注意的是，他将

① 此处所指的是前文《三国志》的出版商，原文汉字作“李卓”，疑为“李卓吾(即李贽)”之误。

② Klaproth, Julius: *Verzeichniß der chinesischen und mandshuischen Bücher und Handschriften der Königlichen Bibliothek zu Berlin*. Paris: in der Königlichen Druckerei, 1822, S. 150. 方维规在《世界第一部中国文学史的“蓝本”：两部中国书籍〈索引〉》(载耿幼壮、杨慧林主编：《世界汉学》第 12 卷，中国人民大学出版社 2013 年版，第 126—134 页)中也曾将这段文字译为中文，可参见该文第 130 页。

《水浒传》按西方小说的题材分类,归为"强盗小说"(Räuberroman)。这一说法得到了后世汉学家和翻译家的认同,后人在翻译和评价《水浒传》时大多沿用这一说法,特别是库恩在翻译《水浒传》时也有意识地以"强盗小说"为标准,对原文进行形式和内容上的改编。

遗憾的是,这本记录了《水浒传》欧洲藏本的最早的书目之一未提及这两个版本的回数以及由何人、何时、通过何种途径从中国购入,并带去欧洲。前任柏林国家图书馆东亚部主任魏汉茂教授根据图书卡片提出,这两个版本并非20世纪德国学者翻译《水浒传》时大多采用的七十回本,而是罕见的一百一十四回本。虽历经战乱,这两个版本的《水浒传》至今仍完好地保存在柏林国家图书馆中。①

"文学史"是从西方传入中国的概念,最早的中国文学史也是由外国人,而非中国人撰写的。关于中国文学史最早的西方作者,学界说法不尽一致。早期学者普遍认为翟理斯(Herbert Allen Giles,1845—1935)的英文本《中国文学史》(A History of Chinese Literature)②是第一部中国文学史,③郭延礼则否认了这种说法,他指出原俄国汉学家瓦西里·巴甫洛维奇·瓦西里耶夫(Василий Павлович Васильев,1818—1900)的《中国文学史纲要》(*Очерки Истории Китайской Литературы*)④更早。⑤ 实际上在迄今所发现的文献资料中,绍特于1854年出版的《中国文学述稿》论时间更早,就著作性质而言,已体现了早期中国文学史的系统与规范,可算为中国文学史的开山之作。⑥ 绍特在书中仅用了一小段话来介绍《水浒传》:

---

① Walravens, Hartmut: „Wu sung, der Held und seines Bruders Rächer. Die vergessene erste europäische Übersetzung aus dem chinesischen Räuber-Roman Shui-hu chuan". in: *NOAG* 159—160 (1996), S. 189—218, hier S. 192. 关于两个《水浒传》版本的详细信息及卡片参见193—194页。

② Giles, Herbert Allen: *A History of Chinese Literature*. London: William Heinemann / New York: D. Appleton and Company, 1901.

③ 如郑振铎:《插图本中国文学史》上,中国社会科学出版社2009年版,第1页。

④ Васильев, Василий Павлович: *Очерк Истории Китайской Литературы*. из всеобщей истории литературы, издаваемой Ф. Коршем и К. Л. Пиккером. СПб: тип. М. М. Стасюлевича, 1880.

⑤ 郭延礼:《19世纪末20世纪初东西洋〈中国文学史〉的撰写》,《中华读书报》2001年9月19日第22版。

⑥ 方维规:《世界第一部中国文学史的"蓝本":两部中国书籍〈索引〉》,载耿幼壮、杨慧林主编:《世界汉学》第12卷,中国人民大学出版社2013年版,第126—134页,此处引自第127页。

“两部在中国最受追捧的作品——《三国志》和《水浒传》均创作于元代。巴赞先生在《元代》(《亚洲学报》,第16、17期)一文中对《水浒传》作了详尽分析,并翻译了一大段文字。”①

耐人寻味的是,尽管绍特是欧洲翻译《水浒传》的第一人,他却不愿在书中花时间介绍《水浒传》及其他纯文学,只是建议读者参考其他汉学家的论述:

我本来很想就这一项(纯文学)多谈一些,但由于时间限制,我只能写得很简短。……巴赞在《元代》(《亚洲学报》,第16、17期)一文中有关于元代的历史小说和杂剧的详尽而引人入胜的介绍。②

相较于史书和儒家经典,《中国文学述稿》中关于纯文学的内容并不算多,且排序偏后。绍特在之前编纂的《御书房满汉书广录》中将“纯文学”分为“诗歌作品”(Lyrische Poesie)、“小说化的故事、小说及剧本”(Romanisirte Geschichte, Romane und Bühnenstücke)、“美文艺术”(Schöne Redekünste)③三类,《中国文学述稿》沿用了这一体例和顺序。在提及小说时,绍特说:

以我之见,中国小说可以分为三类:历史小说、志怪小说和市情小说。

历史小说以经过文学润色的散文体,在虚构的情境下讲述国家历史中的有趣阶段。与小说相同,每一回前有韵文,暗示全回内容,还经常附有插图。我认为这种题材是中国小说中历史最悠久的,因为它对作家的

---

① Schott, Wilhelm: *Entwurf einer beschreibung der chinesischen litteratur. Eine in der königl. Preuß. Akademie der wissenschaften am 7. februar 1850 gelesene abhandlung*. Berlin: Ferd. Dümmler's Verlagsbuchhandlung, 1854, S. 117.

② Schott, Wilhelm: *Entwurf einer beschreibung der chinesischen litteratur. Eine in der königl. Preuß. Akademie der wissenschaften am 7. februar 1850 gelesene abhandlung*. Berlin: Ferd. Dümmler's Verlagsbuchhandlung, 1854, S. 114.

③ 此处“Schöne Redekünste”的中文翻译参考方维规:《世界第一部中国文学史的“蓝本”:两部中国书籍〈索引〉》,载耿幼壮、杨慧林主编:《世界汉学》第12卷,中国人民大学出版社2013年版,第126—134页,此处引自第129页。

虚构能力的要求比其他题材要低得多。①

德语中的“Literatur”既可指“文学”，也可指“文献”，《中国文学述稿》题目中的“Litteratur”(旧正字法写法)一词显然是取了后者“文献”之意，泛指一切文字作品。文中亦有“Schöne Litteratur”一节，用来指代“纯文学”，以示区别。这部著作与其说是一部文学史的雏形，更像是一部按照中国古代图书分类法整理的德国藏中国书目，原因之一在于绍特的这部文学史是在克拉普罗特及他本人为柏林皇家图书馆编制的中国藏书目录的基础上写就的，编排方式与之相近。而书目和文学史中“重经史，轻小说”的现象也说明，早期德国人撰写的中国文学史本质上虽未脱离西方文学史的编纂方法与模式，但在一定程度上受到了中国传统文学观念的影响。中国古代有若干种图书分类法，其中以经、史、子、集来划分的“四部分类法”影响最大，这种分类法的排序代表着不同体裁文学作品的地位：经、史类地位最高，小说虽可归入子部小说家类，但并不包括章回小说。中国古代不重视小说的传统由来已久，早在东汉时，史学家班固(32—92)在《汉书·艺文志诸子略序》中就提出了“九流十家”的说法。“十家”指的是东周时期诸子百家中最具代表性的十家，即儒家、道家、阴阳家、法家、名家、墨家、纵横家、杂家、农家、小说家，当中“可观者九家”，记录民间街谈巷语，集结成文的小说家排在最末，且不入流，地位低下。鲁迅在《中国小说史略》中也曾专门论述过小说在中国文学中的地位。② 克拉普罗特和绍特给书目分类时，虽受个人的学术兴趣影响，更多地还是参照四部分类法，以年代为序，收录广义上的文学作品，对狭义文学作品的主体，如小说、戏剧等纯文学体裁多是一笔带过，从章节编排上也能明显看出对小说的轻视。

19 世纪只有一部书目索引和一部文学史涉及《水浒传》及中国小说，文学研究的滞后不但受到中国传统观念影响，也与 19 世纪德国汉学的发展情况密切相关。正如德国汉学家傅海波(Herbert Franke，1914—2011)所说：“汉学在欧洲学院里作为一门学科在 19 世纪特别像一个小孩。它来得很晚并且被其姐妹学科印度学

---

① Schott，Wilhelm：*Entwurf einer beschreibung der chinesischen litteratur. Eine in der königl. Preuß. Akademie der wissenschaften am 7. februar 1850 gelesene abhandlung*. Berlin：Ferd. Dümmler's Verlagsbuchhandlung，1854，S. 117.

② 鲁迅：《中国小说史略》，上海古籍出版社 2006 年版，第 1—9 页。

和犹太学超过。”[①]这种情况随着1871年德国统一，1887年以培养精通东方语言的实用型翻译人才为目的的东方语言学校成立而开始好转。

（二）发展期（1900—1945年）

1909年，汉堡殖民学院汉学系成立，东方语言学校早期的高材生福兰阁（Otto Franke，1862—1946）被委任为第一位讲座教授，这标志着德国汉学开始进入专业化发展阶段。随着汉学从东方学中独立出来，20世纪上半叶的学者除了研究具体问题外，还开展综合研究，为哲学、宗教、文学等领域撰写学科史，贡献了一批大部头的通史类著作。《水浒传》在这一时期出现了两个德语编译本，并在多部史书中被提及。

1902年，汉学家兼满学家格罗贝（Wilhelm Grube，1855—1908）出版了《中国文学史》（*Geschichte der chinesischen Literatur*）[②]，在第十章，即最后一章“戏剧与散文”中对《水浒传》做了简要概述。[③] 除了沿袭前人对《水浒传》产生于元代，讲述强盗团伙冒险经历的说法外，格罗贝还提出了自己的新观点：之前的学者根据柏林皇家图书馆所藏的《水浒传》的信息，普遍认为它的作者是罗贯中，而格罗贝第一次强调了施耐庵的著作权，还认为《水浒传》“某些诙谐（humoristisch）的情节让人联想到我们古老的流浪汉小说”。

格罗贝的研究成就主要在哲学领域，他会关注中国文学，并翻译过《封神演义》等作品，很可能是受了自己的老师——汉学家瓦西里耶夫的影响。瓦西里耶夫著有《中国文学史纲要》一书，出版于1880年。这部文学史最大的特色在于花费大量笔墨介绍当时的学者普遍不重视的纯文学作品，如《红楼梦》《水浒传》《金瓶梅》等，并附有详尽的评论。格罗贝在其影响下，也尝试撰写中国文学史，但最终未摆脱汉学界轻视小说的传统，在按年代顺序详细介绍完从儒家经典到现代文学的各类后，才回头蜻蜓点水般地提及叙事文学。

除了汉学界撰写的《中国文学史》外，几本《世界文学史》中也出现了《水浒传》

① 〔德〕傅海波：《欧洲汉学简评》，胡志宏译，《国际汉学》第7辑，大象出版社2002年版，第80—93页，此处引自第83页。

② Grube, Wilhelm: *Geschichte der chinesischen Literatur*. Leipzig: C. F. Amelangs Verlag, 1902.

③ Grube, Wilhelm: *Geschichte der chinesischen Literatur*. Leipzig: C. F. Amelangs Verlag, 1902, S. 418.

或其他中国小说的身影。格罗贝的《中国文学史》问世的同年，文学史专家鲍姆格特纳(Alexander Baumgartner，1841—1910)出版了一本《世界文学史》(*Geschichte der Weltliteratur*)，[①]在介绍完《三国演义》后顺带对《水浒传》做了评介，并附上了法国汉学家巴赞所译鲁智深故事的德语翻译。鲍姆格特纳没有受过专业的汉学学术训练，只能引用二手材料来论述中国文学，他对《水浒传》的认识基本来自对巴赞相关评论的翻译与整合。书中关于《水浒传》的信息明显比格罗贝的描述丰富，作者注意到了《水浒传》篇幅长、包罗万象，100 多个人物、140 个不同的情节相互交织；他指出内容是历史与虚构的结合体，很难明确区分；肯定了文本反映社会现实、描绘社会文化画卷的历史意义，还高度赞扬了《水浒传》对白生动、情节清新、人物传神、冒险故事扣人心弦的特点，认为它"是中国文学最引人注目的作品之一"[②]。奇怪的是，鲍姆格特纳对《水浒传》的定位是"中国第一部滑稽小说(der erste komischer Roman)"，但没有解释原因，让人费解。

德国诗人、文学评论家卡尔·布瑟(Carl Busse，1872—1918)在其 1910 年出版的《世界文学史》(*Geschichte der Weltliteratur*)[③]中将中国文学列为第一部分"远东文学"的第一章。布瑟没有拘泥于汉学界形成的定论，而是带着明显的"他者"视角色彩来审视中国文学，如他对中国文学中没有西方文学意义上的史诗感到奇怪，还发现小说和戏剧因与儒家思想不相容而受到排斥，只能在民间发展。书中未提到《水浒传》，而是列出了欧洲人更喜欢阅读的短篇小说和故事集，如《今古奇观》《聊斋志异》等。[④] 由此看来，长度是中国长篇小说海外传播的限制因素之一，库恩翻译中国文学作品时受到出版社对篇幅的严格限制也是有一定道理的。

同时期的另一部《外语世界文学史》(*Geschichte der fremdsprachigen Weltliteratur*)[⑤]对中国小说的介绍尚不足一页，更像是一张书单。书中仅提到《水

---

① Baumgartner，Alexander：*Geschichte der Weltliteratur*. Band 2：*Die Literaturen Indiens und Ostasiens*. Freiburg im Breslau：Herder，1902.

② Baumgartner，Alexander：*Geschichte der Weltliteratur*. Band 2：*Die Literaturen Indiens und Ostasiens*. Freiburg im Breslau：Herder，1902，S. 530.

③ Busse，Carl：*Geschichte der Weltliteratur*. Bielefeld und Leipzig：Verlag von Verhagen & Klarsing，1910.

④ Busse，Carl：*Geschichte der Weltliteratur*. Bielefeld und Leipzig：Verlag von Verhagen & Klarsing，1910，S. 18－19.

⑤ Wiegler，Paul：*Geschichte der fremdsprachigen Weltliteratur*. 4. Auf. ，Berlin：Ullstein，1926.

浒传》的名字，认为它属于“民间故事”和“强盗小说”。① 这本文学史在德国比较受欢迎，首版出版于1910年，到1926年时已出到第4版。巧合的是，作者保罗·维格勒（Paul Wiegler，1878—1949）论及的几乎所有小说，包括唯一提到名字的现代中文作品——茅盾的《子夜》（也是库恩为数不多的现代文学译作之一）都被列入了库恩的翻译清单，而且库恩最初也将《水浒传》定位为“民间故事” 和“强盗小说”。② 可惜笔者未在当前掌握的资料中发现库恩在选择翻译对象时参考过维格勒的推荐的证据。

上述几部世界文学史的作者将中国文学置于世界文学的大环境中进行评介，由于不谙汉语，缺乏一手资料，他们对中国文学的了解并不深入；但有时，没有受过汉学训练反而让他们能抛开成见，从自身立场出发，发出不同于汉学界主流观点的声音。

1922年，一生致力于中德文化传播的卫礼贤（Richard Wilhelm，1873—1930）出版了《中国文学》（*Die chinesische Literatur*）③一书，书中体现出了借鉴中国史料及学术成果、以文学传播文化的文化交流意识。在介绍《水浒传》之前，卫礼贤首先论述了章回小说与说书艺术的联系，解释了“回”的含义，并将“且听下回分解”翻译成了德语，这是之前的学者很少涉及的问题。卫礼贤还概述了《水浒传》由《宣和遗事》中的一段记载经说书艺人集体创作，到由一文人托名“施耐庵”定稿的成书过程，他将《水浒传》在民间长盛不衰的原因归为“敢于反抗政府的不公与压迫”④。卫礼贤的观点从今天来看并没有什么新鲜之处，但放在当时的学术背景下却有相当重要的意义。长久以来，中国小说不仅不受外国学者关注，还是中国学者的弃儿，《水浒传》虽然流传广泛，但真正从事相关研究的人寥寥无几。直到1920年，胡适（1891—1962）写出了《〈水浒传〉考证》，并和陈独秀（1879—1942）的《水浒新叙》同时刊于用新式标点排印出版的《水浒传》七十回本中。这部著作以现代的“文学”观点来看待《水浒传》，把长期被湮没歪曲了的《水浒传》的文学价值展示了出来，是较早的一批“水学”研究成果。卫礼贤对《水浒传》的评价显然受到了中国学者学说

---

① Wiegler，Paul：*Geschichte der fremdsprachigen Weltliteratur*. 4. Auf.，Berlin：Ullstein，1926，S. 530.

② Brief von Franz Kuhn an Anton Kippenberg am 13 01. 1933，in：Goethe- und Schiller-Archiv，Insel Verlag，Schriftwechsel，Kuhn，Franz，1933 (Signatur：50/ 150).

③ Wilhelm，Richard：*Die chinesische Literatur*. Wildpark-Potsdam：Akademische Verlagsgesellschaft Athenaion M. B. H.，1926.

④ Wilhelm，Richard：*Die chinesische Literatur*. Wildpark-Potsdam：Akademische Verlagsgesellschaft Athenaion M. B. H.，1926，S. 183.

的影响,至少他有意识地了解了中国小说的历史和文学特征,而这个问题未能引起之前德国汉学家的足够重视。据范劲考证,卫礼贤的这本文学史中关于小说的内容很多是从胡适 1926 年 10 月在法兰克福的演讲稿《中国的小说》中吸纳而来的,[①]这样做及时地向德国读者传递了来自中国学术界的最新的观点。最后需要指出的是,卫礼贤将《水浒传》的题目译为"淮河的结拜兄弟"(Eidbrüder vom Flusse Huai)。一千多年来中国的地貌特征改变非常大,但历史上的梁山泊从未进入淮河流域,此处的"淮河"很有可能是"黄河"的误译。如果非要说梁山好汉与淮河有什么关联的话,那就是《宋史》中将梁山起义军的头目宋江称为"淮南盗",此名因其祖籍在安徽淮安府淮河南岸得来,而且书中还有"淮南盗宋江等犯淮阳军"的文字记载。[②] 卫礼贤对《水浒传》历史背景的介绍多于文本本身,他还提到了《宣和遗事》,说明他有可能看过史料或借鉴了胡适的学说,"淮南""淮阳"等与淮河有关的地理名词给他留下了深刻印象,所以就将"淮河"错当成小说情节的发生地,直接翻译成了德语。由于卫礼贤是汉学界的权威人物,这一译名被之后的几位《中国文学史》作者沿用。

这一时期用德语撰写的中国文学史都是广义上的"中国文献史",作者们虽意识到了中国自古以来小说地位低下的事实,但在编排上仍然受到这一学术传统的影响,重视经学、史学典籍,所以小说所占的比重非常有限。从对《水浒传》的介绍和评价可以看出,这一阶段德国学者在有意识地吸收中国或西方学者的学术成果,对小说本身的认识越来越全面,但总体上还没有形成自己独立的学术观点。到 1922 年为止,《水浒传》在德国只有几个片段译文,这在一定程度上限制了德语读者对它的认知。

(三)恢复期(1945—1980 年)

纳粹执政时期,德国汉学遭到了毁灭性的打击,一批优秀的汉学家流亡海外,世界级汉学专业期刊《泰东》(*Asia Major*)被迫停刊,图书资源毁于战火。二战前,埃伦施泰因和库恩分别推出了《水浒传》的编译本,但直到战后,汉学界对译本的反

① 范劲:《二十世纪二三十年代德国汉学对胡适的接受》,《文艺理论研究》2006 年第 5 期,第 93—107 页,此处引自第 97 页。

② 《宋史・本纪第二十二・徽宗四》,涉及宋江的全文为"淮南盗宋江等犯淮阳军,遣将讨捕,又犯京东、河北,入楚、海州界,命知州张叔夜招降之"。

馈才逐渐呈现在文学史中。二战刚结束时，德国汉学在极其艰难的环境中惨淡经营，至1950年才有慢慢复苏的迹象，到80年代就出现了“中国热”。[①]

面对汉学界亟待重建，汉学人才与资料奇缺的窘境，德国学者一面翻译、借鉴日本等国对《水浒传》等中国小说的研究成果，一面培养新人才，著书立说，对《水浒传》做普及性介绍。1945年，圣言会传教士、汉学家范佛（亦译丰浮露、法菲尔，Eugen Feifel，1902—1999）将日本学者长泽规矩也的《支那学术文艺史》翻译成了德语，并在北平天主教辅仁大学出版社出版。[②] 日本对《水浒传》的翻译与研究由来已久，长泽规矩也更是在第十章“明代文学”（„Die Literatur der Ming-Zeit“）中专门拿出一节来介绍《水浒传》。作者充分发挥深厚的文献功底，对《水浒传》的版本、成书过程作了详尽考据，还提到了郑振铎关于《水浒传》的研究成果。就小说本身的文学价值而言，没有太大建树，只是提到了原作者的悲剧美学意识，书中指出“读者有这样一种印象，作者似乎在刻意安排英雄们死亡，以便于描写死亡的悲壮美”[③]。需要强调的是，书中对《水浒传》的情节梗概依据的是一百二十回本，库恩的译本虽自称参考过1933年版《一百二十回的水浒》[④]，实际上只翻译到第五十七回“众虎同心归水泊”，“惜墨如金”地对后面的内容作了高度提炼，合并为“尾声”，所以五十七回后的内容对大部分没有看过中文原文的德国读者而言是新鲜的，这也是这本书的贡献之一。该译作虽然学术水平不高，但为当时图书资料奇缺的德国汉学界提供了重要的参考资料。在汉学家顾彬（Wolfgang Kubin，1945年生）看来，这本书有意义的地方就在于作家、作品后标注了汉字，汉学界人士可以将其视为文学史词典。[⑤]

战后初期的几本世界文学史性质的著述，如阿道夫·施佩曼（Adolf Spemann）的《世界文学比较年表》（*Vergleichende Zeittafel der Weltliteratur*）[⑥]、马丁·博德默尔

---

① 张国刚：《德国的汉学研究》，中华书局1994年版，第82、112页。

② Feifel，Eugen：*Geschichte der chinesischen Literatur und ihrer gedanklichen Grundlage. Nach Nagasawa Kikuya Shina Gakujutsu Bungeishi*. Peking：The Catholic University，1945.

③ Feifel，Eugen：*Geschichte der chinesischen Literatur und ihrer gedanklichen Grundlage. Nach Nagasawa Kikuya Shina Gakujutsu Bungeishi*. Peking：The Catholic University，1945，S. 294.

④ 施耐庵集撰，罗贯中纂修：《一百二十回的水浒》，商务印书馆1932年版。

⑤ 李雪涛：《日耳曼学术谱系中的汉学——德国汉学之研究》，外语教学与研究出版社2008年版，第193页。

⑥ Spemann，Adolf：*Vergleichende Zeittafel der Weltliteratur. Vom Mittelalter bis zur Neuzeit (1150－1939)*. Stuttgart：Engelhorn Verlag Adolf Spemann，1951.

(Martin Bodmar, 1899—1971)的《世界文学图书集成》(*Eine Bibliothek der Weltliteratur*)[①]等,突出了日本文学在东亚文学中的主导地位,并没有把中国列为研究对象,直到非汉学专业出身的埃尔文·拉斯(Erwin Laaths)于1953年出版《世界文学史》(*Geschichte der Weltliteratur*)[②],中国文学及《水浒传》才重新回归。这本书在德国非常受欢迎,短短30年间出版了6次,笔者依据的是1986年的第六版。拉斯对《水浒传》这部"流浪汉小说"(Schelmannroman)[③]的论述出现在书的第197—198页,他的评价深受库恩译本,特别是译后记的影响。《水浒传》自出现在德语版中国(或世界)文学史中起,学者对标题的翻译大多采用音译加意译的组合形式,叫法并不统一;库恩把《水浒传》译本定名为《梁山泊的强盗》(*Die Räuber vom Liang Schan Moor*),后世基本都采纳了这一通译。拉斯就是较早使用这个译名的学者之一,对标题字面意的翻译也与库恩译后记中的解释——"水边的故事"(Wasserufergeschichte)完全相同。他还论证了作者施耐庵的自身经历、政治倾向、对内心与精神解放的追求与作品主旨和现实主义风格间的关系。而除库恩外,鲜有学者提过施耐庵的身世。可以推断,库恩对《水浒传》的认识很可能是拉斯的观点的源头。

德国学者在介绍中国小说时,往往喜欢分类举例说明。1951年出版的《17—19世纪的中国中篇小说》(*Die Chinesische Novelle des 17.-19. Jahrhunderts*)[④]也不例外,作者艾伯华(Wolfram Eberhard, 1909—1989)在文中主要论述了中篇小说,但也涉及了长篇小说的分类:

> 中国长篇小说可以分为五类:一、最多的是历史小说,经典代表作是《三国演义》;二、侠盗小说,代表作是《水浒传》;三、艳情小说,以《金瓶梅》为代表;四、社会小说(如《红楼梦》),也被称为心理小说,这类小说数量极少;五、神话讽刺小说,最有名的作品为《西游记》和《封神演义》,这类小说

---

① Bodmer, Martin: *Eine Bibliothek der Weltliteratur*. Zürich: Atlantis Verlag, 1947.

② Laaths, Erwin: *Geschichte der Weltliteratur*. München, Zürich: Droemersche Verlag Anst. Knaur, 1953.

③ Laaths, Erwin: *Geschichte der Weltliteratur*. München, Zürich: Droemersche Verlag Anst. Knaur, 1953, S. 197—198.

④ Eberhard, Wolfram: *Die Chinesische Novelle des 17.-19. Jahrhunderts. Eine soziologische Untersuchung*. Hrsg. mit Unterstützungdes China-Instituts, Bern. Ascona 〈Schweiz〉: Artibus Asiae, 1948.

也很多，但往往缺乏讽刺意味。[①]

作者把《水浒传》视为“Gentlemann-Banditen-Roman”，这种说法既是对中文“侠盗”的翻译，也容易让人联想到西方强盗小说（Räuberroman）中常见的主人公设定——“高尚的强盗”（Edler Räuber）。

艾伯华还出版过一本史书——《中国历史：从开始到现在》（*Geschichte Chinas von den Anfängen bis zur Gegenwart*）[②]，这本书的显著特点是：在借鉴中国学术观点的基础上，更多地用西方思维模式来解读中国历史。作者套用欧洲史的概念来划分大的历史时期，以朝代为依据划分小的章节，每章涉及政治、经济、文化等方面，文学史的概述一般在偏后位置，《水浒传》被归入“明代的文学与形象艺术”（„Literatur und bildende Kunst“）一节。艾伯华的主要观点有：一、明代小说的语言已开始由文言向通俗的白话转变，《水浒传》就是代表作之一；二、《水浒传》在中国非常受欢迎；三、《水浒传》中的人物作为新兴的中层阶级（Neugentry）登上舞台，侠盗身份只是表象。[③] 用西方社会的阶层划分来决定梁山好汉的身份归属，这是艾伯华的创新点；他还认为《水浒传》由 Wang Tao-k'un 在 1550 年左右创作而成，历来德国学者对《水浒传》作者的争论都集中在罗贯中和施耐庵二人之间。除克拉普罗特据当时德国藏《水浒传》提供的信息主张为罗贯中作外，基本都认为《水浒传》是施耐庵所作，艾伯华此处所说的 Wang Tao-k'un 当指明代文学家汪道昆（1525—1593）。据沈德符《野获编》载，汪道昆托名天都外臣撰《水浒传序》，艾伯华很可能漏看了“序”字，将《水浒传》的著作权交给了汪道昆，引出了这个“美丽的误会”。

在这一时期，德语的中国及世界文学史或是由他国著作翻译而来，或是由非专门从事长篇小说研究的汉学家、史学家所写，对《水浒传》的基本认识以沿袭前人观点为主。值得注意的是，库恩的译作已开始影响文学史中对《水浒传》的论述；由于

---

① Eberhard, Wolfram: *Die Chinesische Novelle des 17.-19. Jahrhunderts. Eine soziologische Untersuchung*. Hrsg. mit Unterstützungdes China-Instituts, Bern. Ascona 〈Schweiz〉: Artibus Asiae, 1948, S. 120.

② Eberhard, Wolfram: *Geschichte Chinas von den Anfängen bis zur Gegenwart*. Stuttgart: Alferd Kröner Verlag, 1971.

③ Eberhard, Wolfram: *Geschichte Chinas von den Anfängen bis zur Gegenwart*. Stuttgart: Alferd Kröner Verlag, 1971, S. 310－311.

中德间学术交流受政治环境阻碍，个别学者不再过分依赖中国"水学"研究的观点，而是从西方视角出发，提出自己独特的观点。

(四)融合期(1980 年至今)

进入 20 世纪 80 年代，中德两国在社会、经济、文化等各个领域的交流日益频繁，汉学研究也越来越活跃。1984 年，汉学家、翻译家德博(Günther Debon，1921—2005)主编了一本德语国家学者论中、日、韩三国文学的文集——《东亚文学》(*Ostasiatische Literaturen*)[①]，其中收录的中国文学专家毕鲁直(Lutz Bieg)的文章《古代中国小说的产生》(*Die Entstehung der großen Romane des Alten China*)[②]谈到了《水浒传》。文章中论及《水浒传》的文字对文学本身着墨不多，只是肯定了库恩对传播《水浒传》的功绩。此外，本文与时政结合紧密，还提到了毛泽东对《水浒传》的喜爱。作者认为 1975 年中国出版不同回数的各类《水浒传》是出于政治而非文学原因，文章还涉及了《水浒传》的政治作用，[③]凸显了时代特色。

之后，施寒微(Helwig Schmidt-Glintzer，1948 年生)于 1990 年出版了一部《中国文学史》(*Geschichte der chinesischen Literatur. Von den Anfängen bis zur Gegenwart*)[④]。这部长达 686 页的文学史在德国汉学界享有很高的声誉，是多所大学汉学系的必读书目之一。书中对中国文学的认知突破了经、史、子、集无所不包的"杂文学"[⑤]意义，"从《诗经》《楚辞》一直讲到 80 年代的朦胧诗，吸收了中外学者的许多研究成果，可以说是德语中迄今最详尽的一部介绍中国文学史的综合性

---

① Debon, Günther (Hrsg.): *Ostasiatische Literaturen*. Neues Handbuch der Literaturwissenschaft Bd. 23. Wiesbaden: Aula, 1984.

② Bieg, Lutz: „Die Entstehung der großen Romane des Alten China". in: Debon, Günther (Hrsg.): *Ostasiatische Literaturen*. Neues Handbuch der Literaturwissenschaft Bd. 23. Wiesbaden: Aula, 1984, S. 127—142.

③ Bieg, Lutz: „Die Entstehung der großen Romane des Alten China". in: Debon, Günther (Hrsg.): *Ostasiatische Literaturen*. Neues Handbuch der Literaturwissenschaft Bd. 23. Wiesbaden: Aula, 1984, hier S. 134.

④ Schmidt-Glintzer, Helwig: *Geschichte der chinesischen Literatur. Von den Anfängen bis zur Gegenwart*. Bern, München, Wien: Scherz, 1990.

⑤ "杂文学"的提法见方维规：《世界第一部中国文学史的"蓝本"：两部中国书籍〈索引〉》，载耿幼壮、杨慧林主编：《世界汉学》第 12 卷，中国人民大学出版社 2013 年版，第 126—134 页，此处引自第 127 页。

著作"[①]。施寒微抓住中国文学在不同朝代文体发展不平衡的特点,着重介绍了历朝历代的代表性文体,如论及明代的小说,《水浒传》作为明代"四大奇书"[②]之一也在其列。这部文学史首先指出《水浒传》在德国为人所知是库恩翻译的功劳后,将《水浒传》与《三国演义》同归于历史小说,也指出了二者不同:《水浒传》的情节近乎完全虚构,语言也比《三国演义》更口语化。该著作简化了《水浒传》复杂的版本体系,着重介绍了德语译本参照的七十回本和一百二十回本,同时,引用丰富的中国史料,说明了《水浒传》的历史背景与成书过程。以往的学者多只关注《水浒传》本身,施寒微则提到了《水浒传》对后世文学的影响,并列举实例说明《水浒传》取材于历史,却未描述史实,着眼于冒险及军事活动的特点直接影响了《说岳全传》《水浒后传》的创作。

2002年,德国汉学家顾彬联合司马涛(Thomas Zimmer)、莫芝宜佳(Monika Motsch,1942年生)、卜松山(Karl-Heinz Pohl,1945年生)、陶德文(Rolf Trauzettel,1930年生)、毕鲁直等德国最活跃的一批中国文学专家编撰了一套十卷本的《中国文学史》(*Geschichte der chinesischen Literatur*)[③],这不仅是德语区,也是西方迄今为止卷帙最为浩繁的一部文学史。这套文学史并不是常规的文学编年史,称其为文体分类史更为恰当。它突破了年代的界限,每卷讲述中国文学的一个重要文体,如诗歌、长篇小说、戏曲、散文等。无论是分卷还是梳理每个文学大类内部的发展,依文学特征分类的思想贯穿始终。在这部文学史中,司马涛以"强盗的武器——《水浒传》及其续集"为题介绍了《水浒传》及其续书,[④]这一专门评介《水浒传》的部分的篇幅之长、内容之充实,在用德语撰写的中国文学史中非常罕见。该文资料翔实,旁征博引,充分借鉴了夏志清(1921—2013)、余凯思(Klaus Mühlhahn,1963年生)、蒲安迪(Andrew H. Plaks,1945年生)等多国学者的《水浒传》研究心得,除了引用库恩和赫茨菲尔德的译文对情节做必要的普及性介绍外,重点就《水浒传》的文本及外部环境等方面做了全方位、多视角的分析,还探讨了很多德国学者没有过

① 张国刚:《德国的汉学研究》,中华书局1994年版,第124页。

② "四大奇书"指《三国演义》《水浒传》《西游记》和《金瓶梅》。

③ Kubin, Wolfgang (Hrsg.): *Geschichte der chinesischen Literatur*. München: K. G. Saur, 2002—2012. 其中6卷的中文版已由华东师范大学出版社出版。

④ Zimmer, Thomas: *Der chinesische Roman der ausgehenden Kaiserzeit*. 2 Bände. Kubin, Wolfgang (Hrsg.): *Geschichte der chinesischen Literatur*. Band 2. München: K. G. Saur, 2002. 中文版为〔德〕司马涛:《中国皇朝末期的长篇小说》,顾士渊等译,华东师范大学出版社2012年版。

多关注的问题，如《水浒传》的线型结构、楔子的作用、施耐庵的墓碑等，是德语世界《水浒传》专题研究的集大成之作。

随着全球化和互联网技术的发展，跨越国界共享学术资源已不再是一个遥不可及的梦想，德国学者现在可以非常便捷地接触到《水浒传》等中国古代文学研究的前沿成果，对《水浒传》的分析越来越全面、深入。从文学史中的描述来看，德国学者依靠中文史料、参照中国学者的研究方法和研究重点而得出的结论趋同，“他者”的视角体现得并不明显。

二、德语文学辞典中的《水浒传》

专业的文学辞典一般由文学方面的专家撰写，语句精炼，内容全面，体现了一国某一时期文学领域的科研水平及学术动态。要想了解一部文学作品在域外的接受情况，除了文学史中的相关著述外，也可以查阅作品名与作家在外文文学辞典及百科全书中的收录情况。笔者搜集到了一批20世纪50年代至今的德语文学辞典和百科全书，其中的“《水浒传》”“施耐庵”“罗贯中”“金圣叹”等词条从不同的角度解读了《水浒传》。借由对相关条目的分析，可以得到德语国家对《水浒传》的大致印象。

1956年，德国出版社协会联盟（Union Deutsche Verlagsgesellschaft）出版了《世界文学小辞典》（修订版）（*Das kleine Lexikon der Weltliteratur. 2. erweiterte Aufl.*）[①]，收录了各国文学作品、作家、文学术语、思潮等词条。这本辞典对中国古代经典文学作品的收录比较齐全，如较早传入西方的《好逑传》《今古奇观》，影响较大的《红楼梦》《金瓶梅》《水浒传》等都有专门词条，一般同时收录作者和作品，但以作品名为主条目。奇怪的是，这本世界文学辞典并非汉学专业辞典，中文作品名却使用了汉语发音的德式拼音，而非通常所用的德语译名。该辞典的“水浒传”（*Schui hu tschuan*）词条认为这“是一部以宋江（？—1124）起义这一历史事件为原型的中国冒险小说，中国北方的民间文学，作者为施耐庵”[②]，并依据一百二十回本，围绕主人公宋江展开情节介绍，认为第一百回“陈观宋江同奏捷”才是全

① Pongs, Hermann (Hrsg.): *Das kleine Lexikon der Weltliteratur*. 2. erweiterte Aufl.. Stuttgart: Union Deutsche Verlagsgesellschaft, 1956.

② Pongs, Hermann (Hrsg.): *Das kleine Lexikon der Weltliteratur*. 2. erweiterte Aufl.. Stuttgart: Union Deutsche Verlagsgesellschaft, 1956, S. 1293.

文的高潮。词条撰写人并不了解《水浒传》多个人物依次登场、命运环环相扣的线型结构，而是从西方小说单一主人公的模式出发，未能理解宋江作为主角竟然“到第三十四回才出场”①。

从词条行文和末尾列出的参考书目来看，该词条对《水浒传》的认识建立在库恩译本和卫礼贤的《中国文学史》的基础上，且不局限于这两本书：书名（含音译和意译）、主人公宋江的绰号“及时雨”采用了库恩的翻译，对《水浒传》长盛不衰的归因则继承了卫礼贤的观点；但库恩对第五十七至一百二十回只作了概述，卫礼贤提过《水浒传》最初有一百回本，后经金圣叹删为七十回本，且未提具体情节，②词条的编纂人一般都是该领域的专家，很可能看过原文或有其他消息来源。

20 世纪 60 年代在原东德地区魏玛出版的《世界文学辞典》(*Lexikon der Weltliteratur*)③是一本以作者为关键词的专业辞典，书中“施耐庵”(Shi Naian)词条说：

> 施耐庵，1296(?)东都—1370(?)，中国古代文学最著名的长篇小说之一《水浒传》[德译本：库恩：《梁山泊的强盗》(*Die Räuber vom Liang Schan Moor*)，1957 年，节译本]的作者，他应该是和罗贯中一样做过出版商，并在艺术风格上受其影响。施耐庵在小说中总结了 12 世纪初众多农民起义的历史，以现实主义手法描绘了起义军的正义斗争，无意中展现了他们失败的历史必然性。各人物的情节设置有自己的特点。这部作品对叙事文学影响深远，其中出现了大量涉及个别人物和情节的水浒戏。小说的主要场景和军事战略直至近代仍是许多农民起义的典范。
>
> 版本：明代；北京 1954 年版。④

民主德国对中国文学始终抱有浓厚兴趣，即使在前苏联与中国交恶时期，仍未

① 该作者的说法有误，以其依据的一百二十回本，宋江第一次出场应是在第十八回。

② Wilhelm, Richard: *Die chinesische Literatur*. Wildpark-Potsdam: Akademische Verlagsgesellschaft Athenaion M. B. H., 1926, S. 183.

③ Steiner, Gerhard (Hrsg.): *Lexikon der Weltliteratur*. Weimar: Volks-Verlag, 1963.

④ Steiner, Gerhard (Hrsg.): *Lexikon der Weltliteratur*. Weimar: Volks-Verlag, 1963, S. 631.

停止对古典文学的译介。词条中专门提到了中国1954年出版的《水浒传》。[①] 他们编纂的《世界文学辞典》里自然有中国作家、作品的一席之地。同时期西德人仍然使用德式拼音拼写汉字，而这本辞典中的中国作家姓名使用的是汉语拼音。词条对施耐庵和《水浒传》的叙述有从中文翻译而来（至少是借鉴了当时中国对《水浒传》的主流评价）的痕迹，打上了鲜明的意识形态烙印，毕竟将宋江、方腊等人起义的性质定为“农民起义”的说法很少见诸西德人笔下。

1975年，斯图加特出版了一本《世界文学辞典》(*Lexikon der Weltliteratur*)[②]，前波恩大学汉学系主任陶德文撰写了《水浒传》的条目，[③]并以库恩译本的德语标题作为词条名。陶德文早年的兴趣在中国历史，特别是蒙元史上，后转向哲学、文学、文化人类学等多个领域。他1964年在慕尼黑大学获得博士学位的论文就是关于北宋佞臣蔡京(1046/7—1126)的，[④]不过研究的是真实的历史人物，而非《水浒传》里的人物形象。该词条涉及《水浒传》的产生、在中国的传播、语言风格、艺术特色、思想基础等几个方面，信息与时俱进，较早地提及了赫茨菲尔德的全译本。熟知相关的历史背景也为分析《水浒传》的产生和在中国的流传提供了便利。陶德文指出，《水浒传》产生于元末，在明代深受民间欢迎，这与元代民族矛盾激化、汉人反抗异族统治的背景有关。陶德文非常注意措辞，没有对著作权的归属下定论，而是说“作者可能是施耐庵”，坦言“关于这部作品的作者和版本史还有很多未解之谜，这里能确定的是，施耐庵撰写的原始版本随后被一再改写和扩充”，[⑤]体现了德国学者严谨治学的特点。全文的亮点有二：第一，将宋江等人类比为强盗小说中的典型人物罗宾汉及其同伙，有助于德语读者理解和认同；第二，创见性地从宗教和哲学角度关注小说中的儒、道思想。

1982年出版的《外语作家》(*Fremdsprachige Schriftsteller*)[⑥]中再次出现了施耐庵的名字，书中第600页和第601页对施耐庵及《水浒传》作了介绍，内容与上文提到

---

① 指的应是郑振铎、王利器校注，人民文学出版社1954年出版的《水浒全传》。

② von Wilpert, Gero (Hrsg.): *Lexikon der Weltliteratur*. Stuttgart: Alfred Kröner Verlag, 1975.

③ von Wilpert, Gero (Hrsg.): *Lexikon der Weltliteratur*. Stuttgart: Alfred Kröner Verlag, S. 914－915.

④ Rolf, Trauzettel: *Tsai Ching (1046－1126) als Typus des illegitimen Ministers*, 1964.

⑤ Rolf, Trauzettel: *Tsai Ching (1046－1126) als Typus des illegitimen Ministers*, 1964, S. 914.

⑥ Steiner, Gerhard (Hrsg.): *Fremdsprachige Schriftsteller*. 4. durchgesehene Aufl.. BI Taschenlexikon. Leipzig: VEB Bibliographisches Institut, 1982.

的《世界文学辞典》接近。与其他辞典不同的是，中国作者的名字后加注了国际音标。

在德国被视为文学权威辞典的《金德勒新文学辞典》(*Kindlers Neues Literatur-Lexikon*)[①]于1988—1998年间推出了22卷新版，以作家姓名作为主词条，在作家词条下介绍一部代表作。该辞典收录了曹雪芹、冯梦龙、罗贯中等中国古典小说作者，奇怪的是并没有收录施耐庵、金圣叹等与《水浒传》相关的人物，列举的罗贯中的代表作也并非文学史中经常和《水浒传》共同出现的《三国演义》，而是文学史中出现频率不高的《平妖传》，体现了选词者个人的文学价值判断。

之前提到的《水浒传》词条在世界文学或综合类文学辞典中都有出现，汉学家只是受邀编写与中国文学相关的条目。2004年，一部专门介绍中国文学的辞书——《中国文学辞典》(*Lexikon der chinesischen Literatur*)[②]问世，主编为汉学家吕福克(Volker Klöpsch，1948年生)和专门从事中国文学研究的梅薏华(Eva Müller)，另有柯马丁(Martin Kern)、毕鲁直等专家参与编写词条，提供专业指导意见。这本面向汉学研究人员和中国文学爱好者的专业辞典较之综合类辞典，体例更完善，学术性更强，一般同时收录作者和作品词条。就《水浒传》而言，不仅收录有书名，还有评者金人瑞(字圣叹，1608—1661)的专门条目。至于没有为作者施耐庵单独编条，在"罗贯中"词条中也未过多交代《水浒传》的作者归属，很可能是因为史料和考古发现的奇缺，施耐庵的身份、身世记载非常模糊，材料不足以支撑一个词条。更重要的是，中国学术界也仍对他的基本信息存在较大分歧。有部分学者认为"施耐庵"只是托名，实际并不存在，[③]故只能存疑。

"《水浒传》"词条由梅薏华编写，着重介绍了成书过程、版本演变、文体特征、人物形象、语言特色、对续书和《金瓶梅》的影响等信息，篇末详细列出了《水浒传》的英语、法语、德语译本及部分西文研究文章。编者对金圣叹评点版评价很高，认为它是"文学成就最高、受众最广的版本"[④]，并对比了《水浒传》与历史演义小说的区

---

① Jens, Walter (Hrsg.): *Kindlers Neues Literatur-Lexikon*. 22 Bände. 1988—1998.

② Klöpsch, Volker/ Motsch, Monika (Hrsg.): *Lexikon der chinesischen Literatur*. München: C. H. Beck, 2004.

③ 早就有德国学者接受了这一观点，如卫礼贤，见 Wilhelm, Richard: *Die chinesische Literatur*. Wildpark-Potsdam: Akademische Verlagsgesellschaft Athenaion M. B. H., 1926, S. 183.

④ Klöpsch, Volker/ Motsch, Monika (Hrsg.): *Lexikon der chinesischen Literatur*. München: C. H. Beck, 2004, S. 279.

别，详细论述了《水浒传》由口头文学到文人加工的形成过程，提到了其他德语文学辞典很少涉及的“忠”“义”思想，同时还结合女性主义视角概括了《水浒传》中的妇女观。梅薏华曾于20世纪70年代在北京大学中文系留学，并旁听过游国恩、王力、魏建功等学者的课程，回国后开始从事关于中国文学的研究，90年代起转向女性文学方向，译介了张洁等中国女作家的作品。从对《水浒传》的评价可以看出，梅薏华的研究深受中国文学界影响，总体认识与中国“水学”界的共识无二，但也根据自己的学术兴趣涉及了未引起其他学者注意的方面。

2006年版《梅茨勒世界文学辞典》(*Metzler Lexikon Weltliteratur*)[①]是笔者所能找到的最新的与中国有关的德语文学辞典，从中可以发现德国学界对中国文学的较新认识。撰写条目的是维尔茨堡大学东亚文化史教授安如峦(Roland Altenburger，1964年生)。该辞典用了较长篇幅从多个角度介绍《水浒传》，词条中既有对前人观点的继承，如肯定库恩译名对《水浒传》在德语国家传播的贡献，认为《水浒传》的语言受到口头文学的影响，是现代汉语的基础等；也有德国学者很少涉及的方面，如揭示了书中的宿命论倾向，特别指出作者价值观的矛盾：一方面塑造了一个充满杀戮与死亡的强权世界，一方面又谨守“忠”“义”等儒家伦理道德。在词条的最后，作者还将《水浒传》置于东亚文学环境中，指出了它在中国和日本的普及性。[②] 可能是出于突出时效性和国际化的考虑，这本用德语编纂的文学辞典罕见地没有在篇末列举《水浒传》的德语译本，只以距离辞典写作年代最近的登特-杨父子(J. und A. Dent-Young)合译的五卷本英语译本《梁山好汉》(*The Marshes of Mount Liang*)[③]为参考。

20世纪50年代至今，德语文学辞典中对《水浒传》的评价越来越多地受到中国的影响，东德学者较早地引入了新中国成立初期对《水浒传》“农民起义”性质的定论，改革开放后，西德学者也加强了与中国的学术交流，对《水浒传》的评价由语言和文本本身扩展到思想、版本等多个层面，还与个人的研究兴趣相结合。在德语学者介绍《水浒传》时，库恩的译本和译名引用率较高，始终在发挥着影响，但他译后记中关于《水浒传》本身的认识已经过时，很少被人提起。

---

① Ruckaberle, Axel (Hrsg.): *Metzler Lexikon Weltliteratur*. Stuttgart, Weimar: J. B. Metzler, 2006.

② Ruckaberle, Axel (Hrsg.): *Metzler Lexikon Weltliteratur*. Stuttgart, Weimar: J. B. Metzler, 2006, S. 132.

③ *The Marshes of Mount Liang*. 5 Bde. Übers. J und A. Dent-Young. Hongkong: 1994—2002.

第三章　译者库恩生平与译文接受环境

库恩翻译大量的中国文学作品、向德国读者推介中国文化，都与其所处的时代有着密切的联系。他编译的《水浒传》不仅是一部优秀的文学作品，也体现了作者本人的文学、文化理想。在介绍译作前，有必要了解库恩从事《水浒传》翻译时的时代背景、当时德国社会与文坛中的中国形象，以及他的生平。

第一节　《水浒传》库恩译本成书时代背景介绍

从库恩开始从事中国古典文学翻译至翻译《水浒传》为止，德国正处于第一次世界大战和第二次世界大战的间隙，一战的惨败让德国失去了包括中国青岛在内的所有海外殖民地，也让其承受了战败所带来的屈辱与惩罚。虽然魏玛共和国时期，德国经济有了一定增长，进入“黄金的二十年代”，但1929—1933年全球范围内的资本主义经济危机严重冲击了市民阶层自工业革命以来建立的对资本主义生产方式的自豪感，对战争感到厌倦和失望的德国人对西方价值观和文化产生了怀疑，希望远离大城市的喧嚣，回到简朴的田园生活中。每当西方人在信仰上产生危机时，他们就会不由自主地向东方求救，这时，长期处于农耕社会、具有悠久文化传统的中国再次进入了德国人的视野。[①]

这一时期，德语国家民众获取与中国相关的信息、感知中国文化主要有以下几个途径：

1. 记者、传教士等人发表的新闻、游记、日记、书信等。

战地记者、士兵、传教士、探险家、科考队员、外交官、商人等特殊职业者是当时为数不多的可以亲自踏上中国土地的人，他们根据自己在中国生活、工作的经历所发表的各类文章是德国民众获得中国信息的第一手资料。

2. 翻译家翻译的中国思想及文学作品。

早在16世纪耶稣会传教士来到中国不久，就有传教士将“四书五经”翻译为拉丁语或法语带回欧洲，德国也出现了这些中国典籍的德语译本。20世纪上半叶，德国传教士卫礼贤更是系统地将中国哲学经典，如《易经》《道德经》等，翻译成了宗教气息浓厚的德语，译本深受德国读者喜爱，为中国文学和文化在德国的传播奠定了思想基础。

库恩从事文学翻译活动初期，中国文学刚进入德国大众视野不久，虽然德国国内流行着“中国热”，对中国文学作品有阅读需求，但翻译人才严重不足，文学译本或是章节选译，或是节译，缺乏相对系统而完整的译本，且有部分译文是从法语、英语等其他语种转译而来。德国翻译界迫切需要精通中德双语的翻译人才，要求能够将中国文学经典从中文直接翻译成德语，且文笔优美，易于接受。

3. 个别对中国感兴趣的德语国家作家的文学作品。

这一时期，一部分对中国感兴趣的作家的作品里也频频出现中国元素或中国主题，如德布伦（Alfred Doeblin，1878—1957）的《王伦三跳》（*Die drei Sprünge des Wang-lun*，1915）等，客观上为中国文化的普及提供了便利。

德国游记及纯文学作品中的中国形象的特点可以概括为以下几点：[②]

1. 现代德语文坛对待中国的态度为厚古薄今。

---

① Leutner，Mechthild/ Yü-Dembski，Dagmar：*Exotik und Wirklichkeit-China in Reisebeschreibungen vom 17. Jahrhundert bis zur Gegenwart*. München：Minerva-Publ.，1990. S. 53.

② 笔者依据卫茂平、马佳欣、郑霞：《异域的召唤——德国作家与中国文化》，宁夏人民出版社 2002 年版，第 77 — 100 页和 Leutner，Mechthild/Yü-Dembski，Dagmar：*Exotik und Wirklichkeit-China in Reisebeschreibungen vom 17. Jahrhundert bis zur Gegenwart*. München：Minerva-Publ.，1990. S. 53－77 相关内容总结而成。

作者和读者都对客观性有强烈追求，要求原创作品采用纪实风格，翻译作品也要首选以现实为基础的文学作品，以便真实再现中国的风土人情和原始恬静的农耕生活，初衷是了解真实的中国。然而，他们从书本世界里认识到的中国与现实景象却是大相径庭，现实的中国无法满足他们救赎西方的愿望。对乌托邦的渴望必然导致他们宁愿关注古代中国，用想象建构起一个非我的神话，以便从中找寻自己所需要的一切。只有少数左翼表现主义作家对德国现实不满，为了实现其政治主张而关注中国的社会现实，还有记者等人出于职业需要，必须真实记录在中国的所见所闻。可见，尽管二三十年代的中国发生了深刻的变化，但德国社会主流群体对中国的兴趣却没有随中国现实而发生改变。

2. 除了施宾格勒[①]等个别人外，作家、译者和读者仍抱持着偏重文化优势论和欧洲中心论的心理来看待中国，尤其是亲自踏上中国土地的记者、传教士等人，他们亲眼目睹了二三十年代中国战火纷飞、满目疮痍的景象，而在自己的游记中真实地记录了贫穷、肮脏的中国社会现实。当时，德国在中国建立的殖民统治随着一战的战败而结束，但仍有人不愿接受这个现实，坚持只有西方的政治和文化制度才能解救中国，并在目睹了中国的现状后更坚定了这种想法。

第二节　译者库恩简介

中国历来有“文如其人”“人如其文”的说法，[②]一个人的写作风格可以反映他的性情、为人处世的方式、原则、世界观等，生活经历也会对文学创作和翻译活动施加影响。库恩的一生与中国文学翻译紧密相连，他在不同时期的经历在一定程度上决定了其翻译选题、策略及译文质量。详细了解库恩的生平与翻译活动可以为后文分析文本奠定基础。

一、库恩的生平

库恩于 1884 年 3 月 10 日出生在德国萨克森州弗兰肯贝格市(Frankenberg)，

① 施宾格勒(1880－1936)，德国哲学家，在著作《西方的没落》中提出了历史文化的轮回观和多元论。

② 出自北宋文人苏轼(1037－1101)《答张文潜书》：“其为人深不愿人知之，其文如其为人。”

该市位于卡尔·马克思城[Karl-Marx-Stadt,后更名为Chemnitz(开姆尼茨)]东北大约10公里处。库恩家族世代从事烘焙业和纺织业,也曾出过多位学者和高级官员,如印度学家、东方学家弗朗茨·菲利克斯·库恩(Franz Felix Kuhn,1812—1881)及他的儿子印度学家恩斯特·库恩(Ernst Kuhn,1846—1920),还有库恩的父亲——曾任弗兰肯贝格市市长、市议员和德累斯顿(Dresden)市救济局局长的马克斯·理查德·库恩(Max Richard Kuhn)。库恩在11个兄弟姐妹中排行倒数第三。由于家中孩子众多,生活并不富裕,但一家人相处融洽,感情很好。库恩刚开始翻译中国小说时生活非常窘困,正是他的长兄坚信他必然会获得成功,伸出援手,帮助他渡过了难关。家人的支持也是库恩终生坚持文学翻译的重要动力。库恩在1934年出版《水浒传》时曾专门致辞"献给我的兄长马克斯(Max)",以示感谢。[①]

库恩在学生时代即表现出了良好的文学创作和翻译天赋。八年级时他曾作为高年级学生代表在毕业典礼上向全体毕业生致辞,内容是自己创作的一首诗。这是他第一次从事文学创作。他还在自己的中学毕业典礼上用希腊语发表演说。在兴趣的驱使下,他将希腊悲剧作家埃斯库罗斯(Äschylos,约前525至前456)的剧作《波斯人》(*Perser*)翻译成了德语。早年对文学的浓厚兴趣和创作、翻译实践也为库恩日后的翻译工作打下了基础。

1903年,库恩考入莱比锡大学攻读法律,业余时间参加了托马斯教堂合唱团。就读了三个学期后,库恩转学去了柏林国王大学(Königliche Universität zu Berlin,今柏林洪堡大学的前身)。这时,日俄战争(1904—1905年)在中国爆发了。受家族中的东方学研究传统及本人对日俄战争的关注的影响,库恩将目光投向了中国及汉学,有了初步的就业意向。他在1937年3月31日的简历中回顾这段经历时写道:"日俄战争唤起了我对远东的兴趣……我打算到中国献身于翻译和领事工作。"[②]为了实现这一梦想,库恩参加了柏林国王大学东方语言学院(Seminar für Orientalische Sprachen)的汉语语言班,经过两年的学习,于1906年取得语言班毕

① Kuhn,Hatto:*Dr. Franz Kuhn (1884 — 1961). Lebensbeschreibung und Bibliographie seiner Werke*. Unter Mitarbeit von Martin Gimm. Wiesbaden:Franz Steiner Verlag,1980,S. 16 und 61.

② Kuhn,Hatto:*Dr. Franz Kuhn (1884 — 1961). Lebensbeschreibung und Bibliographie seiner Werke*. Unter Mitarbeit von Martin Gimm. Wiesbaden:Franz Steiner Verlag,1980,S. 9.

业证书。

1907 年，库恩返回莱比锡，于翌年完成学业，获得法学博士学位，并通过国家考试，获得律师执业资格。他的博士论文《乐曲保护的对象——以 1901 年 6 月 19 日〈文学与音乐作品版权法〉第 2 条第 13 款为依据》获得了"优"(cum laude)的成绩，出版后不久即被用于德累斯顿地方高级法院二审判决案件中。[①] 1909 年 8 月，库恩在担任德累斯顿市老城区地方法院见习公务员期间，收到了德国总理转交给法院院长的通知，委任他担任德国驻华公使的口译见习生，为期十年。同年 10 月，库恩经过长途跋涉来到北京就职，在中国工作了三年，期间曾兼任哈尔滨使领馆副领事。

库恩在中国的工作经历直接影响了他的人生历程。首先，他逐渐意识到自己的性格并不适合从事外交工作。来中国途中结识的荷兰乘客自由自在的生活方式给他留下了深刻印象，他开始向往不受拘束的自由生活。来到中国的前两年，库恩在给亲人、朋友的信件中只有寥寥数语提及工作内容，对于自己丰富而自由的业余生活及社交活动则是不厌其烦地详加叙述。德国驻华使馆的二等翻译曾写了一首小诗来形容此时库恩的生活状态：

骑马，跳舞，溜冰，
大快朵颐，享受生活，
当你看到一朵玫瑰时，
说吧，我会让它向我致意。[②]

库恩认为，除了应该将"大快朵颐"改为"工作"外，其余的都是自己真实生活的写照，表现了自己的勤奋和工作的繁忙。几年之后，库恩逐渐对程序化的外交工作感到厌倦，他在哈尔滨使领馆的上司认为他的工作态度远不如初期积极，甚至出现

① Kuhn, Hatto: *Dr. Franz Kuhn (1884 – 1961). Lebensbeschreibung und Bibliographie seiner Werke.* Unter Mitarbeit von Martin Gimm. Wiesbaden: Franz Steiner Verlag, 1980, S. 10.

② Kuhn, Hatto: *Dr. Franz Kuhn (1884 – 1961). Lebensbeschreibung und Bibliographie seiner Werke.* Unter Mitarbeit von Martin Gimm. Wiesbaden: Franz Steiner Verlag, 1980, S. 136.

了懈怠、敷衍的倾向。① 可以推知，库恩内心对于是否应该继续坚持这份工作也产生了动摇。其次，库恩来中国前只学过两年中文，语言水平非常有限，更遑论系统了解中国文化了。早期的东方语言学院专门培养精通外语的外交官和商人，库恩在两年的中文学习中学到的是实用性强的书面语，只够阅读和起草外交公文、读懂中文报纸。② 随着工作难度的加大，这样的中文水平并不足以应付日常工作需要。库恩在哈尔滨使领馆的上司也在库恩的工作报告中批评过他"除了会中文之外，并没有带来任何处理实务的经验。……最近翻译完了一篇较长的中文起草的合约，看起来很一般。当然，维斯勒（Weseler）博士现在确定的翻译错误也可能是不够认真造成的"③。在中国生活的几年让库恩认识到了强化语言水平，进一步了解中国文学与文化的重要性，他曾在日记中写道：

> 看到中国这个国家和中国人是件很美好的事情，但这对于和中国人进行思想上的交流是远远不够的。在中国的外国人不了解中国五千年的历史和文化史，不了解中国的礼仪风俗，不了解三种崇高的学问——儒学、道教和佛教。他们连商店招牌和菜单都看不懂，更不要说用中文书写的报纸、信件和文章了。他们像盲人和聋子一样在中国漫游，却很自豪地宣扬自己是多年的"中国居民"。中国的书面语是思想交流的壁垒，正是它让中国与外国隔绝。④

考虑到自己并不适合外交工作，更为了系统学习中国文化，与中国人进行精神上的交流，库恩毅然放弃了稳定的公职和法律专业，于 1913 年回到柏林，师从中国宗教、哲学、政治研究专家高延（又作哥罗特，J. J. M. de Groot，1854—1921）学习汉

① „Qualifikation des Dolmetscheraspiranten Dr. Kuhn ", in: PPA, Personalunterlagen zu dem Franz Walter Kuhn (Signatur: 8268).

② Kuhn, Hatto: *Dr. Franz Kuhn (1884 — 1961). Lebensbeschreibung und Bibliographie seiner Werke*. Unter Mitarbeit von Martin Gimm. Wiesbaden: Franz Steiner Verlag, 1980, S. 9.

③ „Qualifikation des Dolmetscheraspiranten Dr. Kuhn ", in: PPA, Personalunterlagen zu dem Franz Walter Kuhn (Signatur: 8268).

④ Kuhn, Hatto: *Dr. Franz Kuhn (1884 — 1961). Lebensbeschreibung und Bibliographie seiner Werke*. Unter Mitarbeit von Martin Gimm. Wiesbaden: Franz Steiner Verlag, 1980. S. 9—10.

学。在长达十二个学期的专业学习中，库恩的中文语言水平得以精进，他可以在没有中国老师帮助的情况下独立阅读文言文。同时，他沿着高延的学术方向研究中国政治，并有相关成果问世，如1914年发表了一篇关于东汉政论家崔寔（约103至约170）的代表作《政论》的论文[①]，1917年发表了题为《中国皇帝关于朱熹的九条诫命》（*Die neuen Gebote des chinesischen Kaisers nach Chu hi*，1917）的论文[②]，并得到了导师的认可。库恩本可以成为一名中国政治问题专家，但是当他在一个同学家的书架上偶然发现了由法语译本转译为德语的《卖油郎独占花魁》（法语：*Le vendeur d'huile qui seul possède la Reine de beauté*，德语：*Ölhausierer und Blumenkönigin*），顿时豁然开朗：中国小说是一种不仅能激发对中国的兴趣，也能带来美学享受的文学样式，适合在西方读者群中传播，并容易获得成功。它展现了精彩的生活画面，读起来非但不无聊，反而有趣，甚至扣人心弦。[③] 于是库恩下定决心，与其和其他汉学家一样，绞尽脑汁，写成一篇专业的学术论文或布满注释和评论的著作，不如转而翻译中国小说。他的首个文学翻译作品就是直接从中文翻译成德文的《卖油郎独占花魁》。[④] 在当时的德国汉学界，研究中国历史、哲学、宗教等是汉学的正统，而文学翻译是不入流的，高延很反感库恩"叛经背道"的行为，将他开除。但库恩并没有放弃，在以后的几十年里一直以自由译者的身份坚持从事中国古典文学的翻译活动。

库恩从事翻译活动的前几年并非是一帆风顺的。他先选择翻译了70则名人轶事，很快在报纸和杂志的娱乐版或文艺副刊上发表。这类文体篇幅短小、难度较低，而且发表成功率高，收到的稿酬虽不多，但可解燃眉之急。然后他又尝试翻译

① „Das Dschong Lun [Cheng-lun 政论] des Tschui Schi [Ts'ui Shih 崔寔]." Eine konfuzianische Rechtfertigung der Diktatur aus der Han-Zeit (2. Jahrh. n. Chr.) von Dr. Franz Kuhn in Berlin. in: *Abhandlungen der Königlich Preussiscehn Akademie der Wissenschaften*, Jahrgang 1914, Philosophisch-historische Klasse, Nr. 4, Berlin 1914, S. 1—27.

② Kuhn, Franz: „Die neuen Gebote des chinesischen Kaisers nach Chu hi". in: *Mitteilungen des Seminars für Orientalische Sprachen an der Friedrich-Wilhelms Universität zu Berlin*, Jahrgang XX, Abteilung I, Berlin 1917, S. 115—141.

③ Kuhn, Hatto: *Dr. Franz Kuhn (1884 — 1961). Lebensbeschreibung und Bibliographie seiner Werke.* Unter Mitarbeit von Martin Gimm. Wiesbaden: Franz Steiner Verlag, 1980, S. 13.

④ 据库恩的侄子哈托·库恩考证，这部译作于1919年首次出版，但首版现已无存，只能在其他作品集中看到译作的全貌。s. Kuhn, Hatto: *Dr. Franz Kuhn (1884 — 1961). Lebensbeschreibung und Bibliographie seiner Werke.* Unter Mitarbeit von Martin Gimm. Wiesbaden: Franz Steiner Verlag, 1980, S. 14.

中篇小说，遇到了不小的困难，“每隔两个字就会遇到不认识的字，要查阅厚重的字典，(翻译时)几乎要睡着”[①]。他凭借坚韧不拔的毅力记住了几千个汉字，多年后中文书成了库恩在火车上和临睡前不可缺少的阅读书目。此外，由于没有稳定的收入来源，他不得不面对经济上的压力，靠典当衣服度日，有时甚至要向女佣借钱，或靠亲友接济。即使生活窘迫，困难重重，库恩并没有气馁，终于在1923年出版了第一本政治、历史类译文集《中国的治国智慧》(*Chinesische Staatsweisheit*, 1923)，这坚定了他在翻译的道路上继续奋斗的决心。

1925年是库恩翻译生涯中具有转折意义的一年，这一年，德国知名的出版社之一——莱比锡岛屿出版社(Insel Verlag)的负责人安东·基彭贝格(Anton Kippenberg, 1874—1950)发现了库恩，并委托他翻译一系列的中国文学作品。有了出版社的支持，成为签约译者的库恩不用再为生计发愁，开始全身心地投入到对中国文学的译介中。与岛屿出版社合作的十几年是库恩翻译生涯的高产时期，他翻译的主要作品有《好逑传》[*Eisherz und Edeljaspis: oder die Geschichte einer glücklichen Gattenwahl* (*Hao-ch' iu chuan*), 1926]、《二度梅》(*Die Rache des jungen Meh*, 1927)、《金瓶梅》(*King Ping Meh*, 1930)、《红楼梦》(*Der Traum der roten Kammer*, 1932)、《水浒传》(*Die Räuber vom Liang Schan Moor*, 1934)、《玉蜻蜓》(*Die Jadelibelle*, 1936)、《子夜》(*Schanghai im Zwielicht*, 1938)、《月娘与银瓶》(*Mondfrau und Silbervase*, 1939)、《三国演义》(*Die Drei Reiche*, 1940)等。[②] 1932年，库恩因所翻译的《金瓶梅》取得巨大成功而获得“萨克森州文学奖”，即“莱辛奖”。

纳粹当政及二战期间，库恩经常发文表达自己对政治的拒绝和反感，完全不顾可能带来的风险。在与岛屿出版社的合作日趋紧张的同时，他的翻译活动也因纳粹当局的阻挠和战争的影响，几乎陷入停滞。纳粹上台后推行强硬的文化政策，对出版业实施严格的管制，对出版物内容严加审查，[③]库恩战前最成功的翻译作品

① Kuhn, Hatto: *Dr. Franz Kuhn (1884－1961). Lebensbeschreibung und Bibliographieseiner Werke*. Unter Mitarbeit von Martin Gimm. Wiesbaden: Franz Steiner Verlag, 1980, S. 15.

② Kuhn, Hatto: *Dr. Franz Kuhn (1884 － 1961). Lebensbeschreibung und Bibliographie seiner Werke*. Unter Mitarbeit von Martin Gimm. Wiesbaden: Franz Steiner Verlag, 1980, S. 41－108.

③ Brief von Franz Kuhn an Anton Kippenberg am 31. 12. 1933, in: Goethe- und Schiller-Archiv, Insel Verlag, Schriftwechsel, Kuhn, Franz, 1933 (Signatur: 50/ 150).

《金瓶梅》因涉嫌色情内容被纳粹当局查禁，1942 年与丹麦出版社协商出版《金瓶梅》丹麦文转译本的计划也因此被迫中断。《金瓶梅》直到 1944 年方解禁，得以继续在德国出版。二战开始后，3000 本新出版的《红楼梦》在德国被销毁，《金瓶梅》英译本在英、美两国的版税在伦敦被当做敌军的财产没收，630 本译本在战火中化为灰烬；雪上加霜的是，虽然库恩本人幸运地在三次空袭中保住了性命，可是他的日记、部分信件、大量翻译手稿、出版的作品样本以及几千册藏书全部毁于战火。仅在 1943 年 11 月莱比锡的一次空袭中，他就损失了 4000 册书籍和 7000 册在岛屿出版社出版的译本样本——那是他当时全部的藏书——以至于几个月后岛屿出版社因存放《水浒传》刻本的库房遭受火灾，无法重新出版《水浒传》，只能向译者求助时，库恩手头竟然没有任何底本，他不得不询问曾资助过自己的席勒基金会(Schiller-Stiftung)是否还留有早先寄过去的样本。[①] 种种困难对于依靠翻译稿酬维持生计的库恩来说无疑是灭顶之灾，但尽管翻译出版活动被迫中止，库恩仍在利用有限的资源搜集中文图书，为战后继续翻译工作做准备。

二战结束后，库恩移居位于德国的弗赖堡(Freiburg)，与当地的一群大学生结下了深厚的友谊。他非常信任他们中的一员——劳瓦尔特，并委托她压缩自己的《水浒传》译本，做成一部适宜青少年阅读的现代插图故事出版。1952 年起，库恩结束了近十年的艰难生活，全面恢复系统的翻译工作。他后期与多家南德和瑞士的出版社保持合作关系，如瑞士苏黎世的马内斯出版社(Manesser Verlag)和天平出版社(Verlag Die Waage)等。在长篇小说方面，库恩翻译出版了三部中国古典小说：《儿女英雄传》(*Die schwarze Reiterin*，1954)，其翻译生涯中唯一一部全译本——《隔帘花影》(*Blumenschatten hinter dem Vorhang*，1956)，以及广受欢迎、但却让他官司缠身的《肉蒲团》(*Jou pu tuan*，1959)。此外，库恩还发表了《今古奇观》和李渔的《十二楼》中的部分故事，并将 1946—1950 年间零散发表在报刊上的轶事和笑话集结成册出版，命名为《佛笑》(*Und Buddha lacht*，1950)。库恩战前的其他译作此时也纷纷解禁再版，并被改编成舞台剧、广播剧等多种形式，广为流传。他还在报纸上发表了多篇文章，或改编广播剧剧本，或撰写文学评论。这一切都让

① Brief von Franz Kuhn an L. Lilienfein 1944, in: Goethe- und Schiller-Archiv, Schiller-Stiftung, Schriftwechsel, Kuhn, Franz (Signatur: 134/ 139, 12).

库恩声名大噪。据德国汉学家、翻译家高立希回忆，在 20 世纪五六十年代的民主德国，经常有人在报纸上刊登启事“求中国小说”，指的就是库恩翻译的《金瓶梅》等作品，[①]其受欢迎程度可见一斑。

除了从事翻译和写作外，库恩也因知名度的提高参加了各种社会活动。1952 年，联邦德国总统特奥多尔·豪斯(Theodor Heuss，1884—1963)授予库恩“德国大十字勋章”(Das Verdienstkreuz des Verdienstordens der Bundesrepublik Deutschland)，以表彰他在翻译中国文学、推广中国文化方面所作出的巨大贡献。值得一提的是，库恩很有可能是全德国第一位获此殊荣的汉学家，除他之外，只有汉学家、蒙满学家海尼士(Erich Haenisch，1880—1966)在 1965 年获得了这一表彰。之后，库恩多次应邀到瑞士发表演说。1955 年，为表彰库恩的贡献，联邦德国外交部文化处和斯图加特文化局联合出资让他做一次环球旅行，为期 5 个月。库恩在旅行途中结识了美国、澳大利亚等国的多位汉学家，在各地图书馆查找中文古籍，特别是有木刻版画的插图本，并购买了一批图书，以备日后翻译之需。但最终，库恩由于去世前两年刚完成《肉蒲团》的翻译，去世时《飞燕外传》尚未完工，实际上无暇顾及这批书。在多伦多，他还接受了当地电视台大约 15 分钟的采访，完成了人生中唯一一次出镜。库恩即使在难得的闲暇之余也没有停止翻译工作，《隔帘花影》就是在夏威夷译完并寄回德国的。他还在加州大学的图书馆找到了《隔帘花影》的一个罕见版本，并打算将其中的 32 幅版画用在德语译本中。这个版本在他去世后由岛屿出版社于 1975 年出版。[②] 遗憾的是，由于时代原因，库恩此行并未能再次踏上曾工作、生活过的中国内地的土地，只在香港停留了四周。

1959 年，库恩完成了其生前最后一部译作《肉蒲团》。尽管出版商在出版前就意识到了所冒的风险，也向专家征求过意见，最终还是没能避免译本因涉嫌传播色情内容而被查禁的结果。解禁后，这个译本在读者中反响良好，被转译成了六国文

---

① 出自高立希教授在 2013 年 6 月 8 日于德国格尔梅尔斯海姆举行的“第二届格尔梅尔斯海姆研讨会：翻译与文学——作为发现者的译者”(Zweites Germersheimer Symposium: Übersetzen und Literatur-Übersetzer als Entdecker)会议上的即席发言。

② Kuhn, Hatto: *Dr. Franz Kuhn (1884 – 1961). Lebensbeschreibung und Bibliographie seiner Werke.* Unter Mitarbeit von Martin Gimm. Wiesbaden: Franz Steiner Verlag, 1980, S. 33.

字，甚至在香港出版了压缩后的中文回译本。[1]

1961 年 1 月 22 日，77 岁的库恩在于弗赖堡一家电影院看电影时去世。库恩一生穷困潦倒，没有妻子儿女，也没有房子和汽车，遗物只有他自己随身带的几件衣服、一台电唱机、一些唱片，还有他写作用的打字机，以及一些藏书和信函。[2] 纵观库恩曲折的一生，他是一个勇于追求梦想、坚持信念、特立独行的人，他本可以在完成法律和汉学学业后成为一名出色的律师或汉学教授，有体面的工作和美满的家庭，但出于对自由生活的向往和对中国文学的热爱，库恩毅然走上了中国文学翻译这条前途未卜、荆棘遍布的道路。他淡泊名利，任凭战乱、生活窘迫等各种困难接二连三地袭来，他从不后悔脱离了正常的学术轨道，依靠坚韧不拔的毅力将自己的追求坚持到底。繁重的翻译工作是库恩一生的生活重心，但在埋首工作之余，他也是一个热爱并懂得享受生活的人，闲暇时经常参与骑马等体育活动，也热爱音乐。曾资助过库恩的大哥马克斯·库恩是一位音乐学博士，受家族氛围影响，库恩也是一名音乐爱好者。他大学期间参加了合唱团，所写的法学博士论文与音乐版权法有关，在战乱中和朋友聚会时仍不忘即兴演奏一曲，苦中作乐。如果说中学时代开始的诗歌创作和翻译实践体现了他良好的文学天赋，高雅的生活情趣和艺术修养则让他在选择翻译对象时兼顾文学性与艺术性，译文更富有文采。库恩以中国文学作品的翻译工作为终生事业，为中国文化在世界的传播奋斗多年，他的名字将永载中德文化交流史册。

二、库恩的文学翻译活动

库恩的文学翻译活动从他于 1919 年发表《卖油郎独占花魁》起，到 1961 年去世前仍在翻译《飞燕外传》为止。他的翻译生涯大致可分为三个阶段：

第一阶段（1919—1925 年）：这六年为库恩初入翻译领域的摸索时期。在被“伯乐”发掘之前，库恩从事翻译既是为了谋生，但更多的是出于自己的兴趣。由于

---

① 兰兹古恩译，促刀新人回译：《肉蒲团》，娱乐出版社 1968 年版。s. Kuhn，Hatto：*Dr. Franz Kuhn（1884－1961）. Lebensbeschreibung und Bibliographie seiner Werke*. Unter Mitarbeit von Martin Gimm. Wiesbaden：Franz Steiner Verlag，1980，S. 35.

② Kuhn，Hatto：*Dr. Franz Kuhn（1884－1961）. Lebensbeschreibung und Bibliographieseiner Werke*. Unter Mitarbeit von Martin Gimm. Wiesbaden：Franz Steiner Verlag，1980，S. 37.

没有赞助人的制约，译者的自主选择性很强，具体表现在：翻译内容完全由译者决定；选择的翻译对象主题分散，对翻译选题没有明确规划，而是循序渐进地尝试了多种可能性。这一时期译作的共同特点是：篇幅短小，内容简单，不需要复杂的翻译技巧，且收效快。值得注意的是，库恩此时并未将纯文学作品列为主要的翻译内容，发表的译作也没有完全脱离自己的汉学研究范围，以历史、政治类题材为主。

第二阶段（1925—1940 年）：与岛屿出版社合作的十五年是库恩翻译生涯的高产期和高峰期。找到固定的翻译赞助人之后，库恩的翻译选题变得有明确的规划和倾向性。作为岛屿出版社"中国小说系列"主体的译作多是既有较高的文学价值和美学价值，又能迎合西方读者阅读喜好的纯文学作品，以古典长篇小说为主。为了挑战自我，库恩也翻译了现代小说《子夜》（*Schanghai im Zwielicht*，1938）、《歇浦潮》（*Fräulein Tschang*，1931）和田汉（1898—1968）的话剧剧本《黄花岗》（*Der gelbe Blumenhügel*，1928），证明自己同样能胜任现代文学的翻译工作。其译著除了体裁多样化外，在题材上也力求多变，有《好逑传》《二度梅》等才子佳人小说，《金瓶梅》和《红楼梦》等世情小说，也有《水浒传》这样"吹来了乡间野外的新鲜空气"[①]的民间故事。翻译选题经过精心策划是译者和赞助人综合多方面考虑的结果，如选择《好逑传》作为试水之作，一方面是因为《好逑传》是第一部被译成西文的中国古典长篇小说，自 1761 年英译本出版后，先后被转译为法语、德语等多种语言，在知识分子和普通读者中都有不错的口碑；才子佳人大团圆的模式和中式婚恋民俗也是西方读者很感兴趣的内容，[②]读者基础良好，不必担心读者因排斥陌生题材而拒绝购书；另一方面，大文豪歌德读过《好逑传》后对它赞不绝口，甚至引发了对"世界文学"（Weltliteratur）的思考。赞助人基彭贝格不懂中文，对于冒险推出中国小说系列是否会获得成功，他心里并没有十足的把握；但他是歌德收藏家与研究者，集毕生之力搜集与歌德有关的一切文献和文物。库恩向基彭贝格提议推出经歌德肯定的中国文学作品的译本，既是投其所好，还可以通过将新出的译本加入基彭贝格的个人收藏增加宣传噱头，一举多得。

库恩在与岛屿出版社合作稳定后成为全职的中国文学翻译。他之前在翻译的

---

① Kuhn，Franz：„Nachwort“，in：*Die Räuber vom Liang Schan Moor*. Leipzig：Insel Verlag，1975，S. 862.

② 〔德〕赫尔曼·黑塞：《〈冰心和中玉〉或〈圆满的选婿故事〉》，收于〔德〕赫尔曼·黑塞著，〔德〕乎克·米谢尔斯编选：《黑塞之中国》，谢莹莹译，人民文学出版社 2011 年版，第 145 页。

同时，仍发表研究中国政治、历史的学术论文，而1935年之后完全停止了汉学研究工作，全身心地投入中国文学作品的译介中。在这段翻译的黄金期里，库恩在实践中根据读者反馈和出版社的要求，不断探索翻译技巧，积累翻译经验，形成了自己独特的翻译风格，他几乎一生都在使用这时形成的翻译模式。

第三阶段（1940—1961年）：这一阶段库恩经历了战时的低潮和战后的再度辉煌。受战争影响，他很难出版长篇译作，只能在报刊上发表零散的短篇故事和轶事，直到战后才恢复了正常的翻译工作。此时的库恩已经功成名就，无须顾虑生活的压力，完全出于对中国文学的热爱而从事翻译工作。后期的出版社给了库恩更多的自由，从选题到翻译都没有过多干涉。这一阶段库恩所选作品的文学地位和美学价值不如战前，更多体现的是译者个人的倾向及对读者群阅读喜好的把握。

纵观库恩一生的文学翻译活动，可以总结出以下几个特点：①

（一）翻译时间长，数量多，种类广

库恩在40多年的时间里共翻译了中国长篇小说13部，中短篇小说50余部，还有名人轶事、小说集若干，翻译体裁以明清话本小说为主，兼有唐传奇、现代话剧剧本、戏曲、历史小说等。②

（二）事先了解原文背景及汉学研究动向

库恩在翻译之前会充分利用有限的资源开展调研，调研的结果会以译后记的方式呈现给读者。每一篇精心撰写的译后记更像是一篇专业的中国文学研究论文。译后记的内容一般包括选题原因、原文创作的时代背景与在中国的流传概况、原作者生平、题目释义（特别是在译文题目与原文不同时）、选用的底本说明等，还会视情况交代自己的翻译理念和策略。由于客观条件的限制，库恩无法与中国文学研究专家直接对话，但他会通过其他渠道弥补这一不足，如查阅工具书，阅读、借

① 以下部分内容见张欣：《库恩所译中国小说及其对中德文化交流的贡献——以〈水浒传〉为中心》，载沈国威、李雪涛、金良宣主编：《东亚与世界第一辑：语言、历史、思想、文学的环流》，社会科学文献出版社2013年版，第29—39页，此处引自第30—33页，有一定改动和补充。

② 相关数据根据 Kuhn, Hatto: *Dr. Franz Kuhn (1884 — 1961). Lebensbeschreibung und Bibliographie seiner Werke*. Unter Mitarbeit von Martin Gimm. Wiesbaden: Franz Steiner Verlag, 1980, S. 41—108 总结而成。

鉴能搜集到的汉学专著和各类中、西文的汉学期刊上关于中国文学研究与翻译的成果，选择古代和现代的多个版本用作参照的底本等。现代版本多附有专家撰写的序和跋，如胡适为商务印书馆《一百二十回的水浒》[①]所写的序《〈水浒传〉新考》就是当时中国水浒版本研究的最新成果。在翻译《红楼梦》时，选用的底本——王希廉评本和王姚合评本的评语也影响了库恩在翻译中的取舍，成为他把握总体结构、文本衔接、细节处理的重要依据。[②]

（三）以编译为基本原则

谢天振教授将编译定义为"译者为了理清原著的情节线索，以简洁明快的形式介绍原著，而对原著做了大幅度的改动，如删除与主要情节线索关系不大的语句、段落，乃至篇章，根据原文编写、改写句子，甚至有时还会出于某种需要添写、改动故事情节"[③]的翻译手法，可以说是节译加改写。

编译是贯穿库恩整个翻译生涯的基本翻译原则，除《隔帘花影》外，其余作品均非全译本。早期的赞助人基彭贝格对这一原则的制定起了关键作用，他出于商业利益的考虑，为库恩制定了从交稿时间、交稿数量、稿酬，乃至手稿排版格式都有严格要求的翻译合同，而库恩这一阶段翻译的都是《金瓶梅》《红楼梦》《水浒传》这样的大部头，为了达到出版社的要求，只能编译。删节和改写并不是随意而为，而是体现了译者和赞助人的审美观念和意志。值得一提的是，译者库恩也为读者设想，在删节的基础上对原文做出必要改动，以保证情节连贯，合乎逻辑。[④]

---

① 《一百二十回的水浒》，商务印书馆1929年版。1929年上海商务印书馆据明万历四十二年（1614）袁无涯刊出《像评点忠义水浒全书》排印，去插图，增胡适《水浒传新考》、《水浒版本源流沿革考》，题《一百二十回的水浒》，改订为四册，列入《万有文库》丛书，1932年据1929年纸型重印，改订为二册，列入《国学基本丛书》（引自黄俶成：《20世纪〈水浒〉版本的研究》，《文史知识》，2001年04期，第114－120页，此处引自第113－114页）。库恩所依据的底本是1932年（译后记中误作1933年）版。

② 王金波：《清代评点派红学对〈红楼梦〉德语译本的影响》，《红楼梦学刊》2009年第2辑，第124－146页，此处引自第143页。

③ 谢天振：《译介学导论》，北京大学出版社2007年版，第79－80页。

④ Kuhn，Hatto：*Dr. Franz Kuhn (1884－1961). Lebensbeschreibung und Bibliographieseiner Werke*. Unter Mitarbeit von Martin Gimm. Wiesbaden：Franz Steiner Verlag，1980，S. 23.

(四)翻译手法多样

库恩在多年的翻译实践中形成了相对固定的翻译套路,但他并不是一个故步自封、墨守成规的人,他喜欢根据语境灵活采用不同的翻译策略,来表达相同或类似的含义。《金瓶梅》《红楼梦》和《水浒传》是库恩在同一时期相继完成的译作,但无论是宏观上对文本结构的调整,还是微观上对某一个文化专项,乃至一个词的推敲,都很难看到重复之处,译者总是在尝试不同的处理手法。仅是表示夜间时间的"更"一词,在库恩不同的译作中就出现了多种表达方式。[①] 同时,他的译作还在保留原语文化与贴近译入语文化,即异化和归化之间保持了较好的平衡,既不妨碍译入语读者理解,又能一窥中国文化的奥妙。

(五)译者文学素养高,译文语言优美流畅,译本图文并茂,易吸引读者

作为一名文学翻译家,译者不仅要准确地传递出原文的含义,更要纯熟地运用母语中的文学用语,为译文增色。库恩的作品之所以在德语国家,乃至整个欧洲都有很大影响,与其出色的双语能力,特别是出众的德语能力是分不开的。他可以根据不同情境在德语中找到符合原文语境的词汇,在日常口语与书面文字之间轻松转换,在内容上做出适当的增删、更改,而并不影响阅读,甚至有时比原文更加简洁流畅。

库恩的译作不仅在内容上坚持可读性,在形式上也是图文并茂,赏心悦目。几乎每一部译作都配有来自中国的木刻版画插图,而这些插图都是译者本人从在欧洲、中国香港等地搜罗到的原文版本中精心选取的。《红楼梦》的插图来自 2 个版本,[②]《隔帘花影》的插图则是库恩在环球旅行期间在所到之处的图书馆里发现的。[③] 插入木版画不仅可以帮助欧洲读者从本质上理解遥远的历史事件,也给对中国艺术感兴趣的读者带来了享受。部分译作还在扉页上添加了中文题名,《红楼

---

① 如将"三更"译作„tief in der Nacht, um die Stunde des dritten Trommelschlags"(Kuhn, Franz: *Der Traum der roten Kammer*. Leipzig: Insel Verlag, 1948, S. 13—14.)、"um die dritte Nachtwache"(Kuhn, Franz: *Die Räuber vom Liang Schan Moor*. Leipzig: Insel Verlag, 1975, S. 166.)等。

② Kuhn, Franz: „Begleitwort". in: *Der Traum der roten Kammer*. Leipzig: Insel Verlag, 1948, S. 775.

③ Kuhn, Hatto: *Dr. Franz Kuhn (1884 — 1961). Lebensbeschreibung und Bibliographie seiner Werke*. Unter Mitarbeit von Martin Gimm. Wiesbaden: Franz Steiner Verlag, 1980, S. 33.

梦》译后记和《水浒传》正文中直接出现了汉字，这加强了中国文字给译文读者带来的神秘感。

（六）面向德语国家普通读者，在德语国家乃至整个欧洲影响较大

库恩自己设定的译文目标群体（Zielgruppe）并非专业的汉学家，而是对中国文化有兴趣、却并无深入了解的普通读者，所以他舍弃了逐字逐句、充满注释的翻译方式，而选择了"逐字翻译、艺术转述和自由加工"①相结合的翻译策略，并获得了成功。目前德国对中国文学的译介主要集中于现当代文学，而库恩的《红楼梦》《水浒传》等译作在2008年还能再版，也说明这个译本有相当的市场和阅读价值。库恩的译文还被改编成了其他形式（如广播剧、电影等），增加了传播途径。

此外，库恩的作品还被转译成多国文字，在欧洲的影响力很大。如他的《红楼梦》译本被转译为英文、法文、荷兰文、匈牙利文，《水浒传》译本也有荷兰语、意大利语等转译本，根据库恩德译本转译的法语版《金瓶梅》甚至超过了由中文直接翻译成法语的其他版本，在法国极为畅销。② 当时一些国家并没有培养出能独立翻译中国文学的汉学家，只能靠库恩译本的转译本来了解中国文学，所以库恩对中国文学及文化在欧洲的传播、普及作出了一定贡献。

第三节　库恩对《水浒传》的认识及所做的翻译准备

库恩的翻译活动并非只是单纯的文字转换，他会事先作调研，在充分了解翻译对象和相关背景的基础上开始翻译，这些认识也会让他的翻译具有一定的倾向性。由于库恩没有留下专门论述中国文学作品和相关翻译理论的文章，只能通过解读他撰写的译后记、与基彭贝格间的通信、对前人译作的书评等文献，间接了解他对翻译对象的认识和翻译之前所做的准备。

---

① Kuhn，Franz：„Nachwort"，in：*Die Räuber vom Liang Schan Moor*. Leipzig：Insel Verlag，1975，S. 858.

② 黎诗薇：《中国古典长篇小说在法国的翻译与传播——以"四大奇书"与〈红楼梦〉为例》，《"中国古代文化经典在海外的传播及影响研究——以二十世纪为中心"国际学术研讨会论文集（上）》，第146—152页，此处引自第150页。

《水浒传》译后记[1]可视为一篇高水平的“水学”研究论文，共分为“书名”“作者”等九个部分。相较于其他译后记的内容，《水浒传》包含更多真实的历史和地理背景信息，所以库恩调研时使用了更多的中文工具书和参考资料，并将调研结果写入了译后记。他还积极借鉴了中国学术界关于《水浒传》研究的最新成果，比如胡适发现的一百二十回本、鲁迅的《中国小说史略》对《水浒传》的评价等。在系统了解了影响《水浒传》原文写作的内、外部因素后，再结合自己对中国文化的了解进行翻译。

译后记的中文翻译参见附录 2。

一、对原文内容及主旨的把握

库恩在《红楼梦》译本于 1932 年甫一出版后，即着手选择新的文本，最终在汉学家海尼士的启发下，[2]选定《水浒传》为翻译对象，并向基彭贝格提供了一份审读报告。在报告中，库恩根据自己对七十回本的前二十回的阅读感受，得出了对《水浒传》的见解：

> 这部小说不仅引人入胜、扣人心弦，叙述方式也很吸引人。它生动的情节、惊险的故事，与我们之前翻译的小说略拖沓、包罗万象的描述有本质区别。正如我之前写过的，故事与《金瓶梅》发生在同一时期，我们又会接触到部分已经熟悉的人物。故事素材源自历经几个世纪的民间口头流传，后经一位大师之手补缀成文。故事讲述的是一系列冒险事件，人物最终都聚集到了位于山东西北部山区沼泽地带的一处神秘的强盗据点。那里是一群有实力的强盗的聚集地，他们向衰败的王朝统治和腐朽的政府宣战，并成功地组织了反抗。小说描绘的是团伙主要成员的心路历程，他们奇妙的命运如同珍珠项链般环环相扣。小说详细介绍了强盗团伙的组织、他们奇特的风俗习惯、他们的活动和行为，以及有趣的地理背景。这

---

① Kuhn, Franz: „Nachwort“, in: *Die Räuber vom Liang Schan Moor*. Leipzig: Insel Verlag, 1975, S. 855—862.

② Kuhn, Franz: „Nachwort“, in: *Die Räuber vom Liang Schan Moor*. Leipzig: Insel Verlag, 1975, S. 862.

> 部小说充满了强盗美学和丰富多彩的冒险经历，我的印象是，这部小说很可能会在美国引起特别共鸣，因为它是一部中式的西部牛仔小说。这部小说的文风和《金瓶梅》一样充满民间色彩，两部作品同样来自民间流传。值得注意的是书中鲜明的讽刺，也不乏色情内容，这部书和《金瓶梅》在康熙时期被列为禁书。[①]

库恩对《水浒传》的初步印象可以概括为几个方面：一、故事梗概：强盗聚集在山东地区，反抗政府；二、文学特点：情节生动、刺激，人物命运环环相扣，与之前翻译的《金瓶梅》等世情小说在叙事和内容上都有明显区别，更能激起读者的好奇心；三、与畅销译作《金瓶梅》间的联系：时代和流传途径相同，人物有重复，内容上有关联性；四、与美国的西部牛仔小说的相似性：暗指译本存在推出英语转译本扩大知名度和影响的可能性。

在翻译完鲁智深部分后，库恩深化了自己对《水浒传》原文真实反映宋代生活的特点及与《金瓶梅》间的联系的认识，更加坚定了自己翻译的决心，甚至在和赞助人的通信中嘲笑之前的汉学界同仁竟然“忽视了最为肥沃的牧场”[②]。除了通读文本内容外，库恩也从其他调研材料中得到了对《水浒传》的作者及其写作意图的新认识。库恩搜集到的七十回本中附有一篇作者的自序，这个署名为“东都施耐庵”的序言后来被学者考证是金圣叹假托作者之名的伪作，但库恩当时并不了解这一情况，而是把它当成了了解作者生平的重要材料，并强调作者在序言中故意说自己与朋友不谈政治是故弄玄虚，《水浒传》中隐含的政治意图正是作者及其朋友的政治理念。[③]

翻译工作基本结束时，库恩的视野也从《水浒传》文本本身扩大到了他翻译过的其他作品。他在译后记中将《水浒传》与之前翻译的《金瓶梅》和《红楼梦》并称为“中国古典小说中三部伟大的著作”[④]，还对它们做了比较，从中领会到了《水浒传》

---

① Brief von Franz Kuhn an Anton Kippenberg am 13 01. 1933, in: Goethe- und Schiller-Archiv, Insel Verlag, Schriftwechsel, Kuhn, Franz, 1933 (Signatur: 50/ 150).

② Brief von Franz Kuhn an Anton Kippenberg am 27. 04. 1933, in: Goethe- und Schiller-Archiv, Insel Verlag, Schriftwechsel, Kuhn, Franz, 1933 (Signatur: 50/ 150).

③ Kuhn, Franz: „Nachwort“, in: *Die Räuber vom Liang Schan Moor*. Leipzig: Insel Verlag, 1975, S. 855.

④ Kuhn, Franz: „Nachwort“, in: *Die Räuber vom Liang Schan Moor*. Leipzig: Insel Verlag, 1975, S. 862.

与另两部著作在社会环境、人物设置、语言风格上均有本质不同:《水浒传》中人物的活动范围脱离了封闭的家庭生活,扩展到了更为广阔的自然环境,角色也由家庭妇女转向西方小说主人公的雏形——史诗中的男子和英雄形象;相较于另两部小说语言上的精雕细琢,《水浒传》的语言更加朴实和口语化。

以上评论都没有脱离文学本身,但在库恩眼中,《水浒传》并不仅仅是一部文学作品,其中蕴含的文化信息更可以看作了解中国的一个渠道。除了文学特色外,库恩进一步肯定了《水浒传》的学术价值,认为它"不仅是中国北方的一部民间故事,还是民俗学家、历史研究人员、汉学家、军事理论家、语文学家、中国政治家的丰富宝藏"①。

综上所述,库恩对《水浒传》的认识是一个逐步深化的过程,从小说本身、与其他小说比较到文本之外的文化因素。第一遍通读原文时,他更多地着眼于文本本身及市场开发,主要考虑作品的文学性、选材的新颖性和读者的阅读趣味;在翻译过程中,发现了原作者的政治倾向对作品主题的影响,总结出《水浒传》与之前文本的本质区别;最终,认识到文学作品可以充当文化与学术交流的中介——除了能让普通民众了解中国文化外,对研究中国古代社会、政治和军事的学者也具有参考价值。

二、对中国最新"水学"研究成果的了解

1980 年 6 月 18 日,张国光先生在武汉师范学院做关于《水浒传》研究的学术演讲时,第一次明确提出了"水学",或曰"水浒学"这一概念。② 现代学术意义上的"水学"指的是从《水浒传》文本中衍生出来的相关研究,核心研究领域包含《水浒传》素材的产生与演变始末、著作权归属及作者研究、不同版本间的演化过程三大方面。对脱胎自《水浒传》的续作、仿作的研究,金圣叹、李贽等点评人的文学批评分析,民间水浒文化研究等其他内容虽位列"水学"研究范畴,但地位较为次要。③

---

① Kuhn, Franz: „Rezension über All Men Are Brothers von Pearl Sydenstricker Buck. ". in: *Sinica* 11, 1936, S. 58—60, hier S. 60.

② 喻学才:《"水浒学"源流考》,《湖北大学学报·哲学社会科学版》2009 年 5 月第 36 卷第 3 期,第 35—39 页,此处引自第 35 页。

③ 张扬:《胡适与古典小说研究》,博士论文,山东师范大学,2012 年,第 80 页。

五四运动之后，中国的知识分子提倡引入西方的文学理论和学术理念，用科学的方法来研究《水浒传》，这使得“水学”研究向前跨进了一大步。当时，学者针对《水浒传》的版本、作者，金圣叹评点的作用等都发表了前人未想到的创见，彼此间自由而友好地讨论争议，学术氛围活跃。从事新式《水浒传》研究的学者主要有胡适(1891—1962)、鲁迅(1881—1936)、郑振铎(1898—1958)、俞平伯(1900—1990)、李玄伯(1895—1974)等，其中著述多、水平高、成就大的首推胡适和鲁迅。作为中国现代学术的开创者，胡适也是中国古典小说研究的宗师级人物，开启了用先进科学、中西结合的学术理念和方法进行小说研究的先河。他以考据学、实证主义为研究方法，发表了《〈水浒传〉考证》、《〈水浒传〉后考》、《〈水浒传〉新考》(又名《百二十回本〈忠义水浒传〉序》)、《〈水浒续集两种〉序》等一系列文章，研究几乎全面覆盖了后世总结的“水学”的主要研究领域。他在《水浒传》专题研究上的功绩主要有：首先发现、收集并推介七十回本之外的其他古本；以现存版本、历史文献、民间传说及以其他形式存在的“水浒”故事为依据，推断《水浒传》成书的演变过程；指出金圣叹点评的历史局限性等。鲁迅是民国时期另一位较早关注中国古典小说的学者，他在理清中国小说演变史的同时，兼及《水浒传》的研究工作。在《中国小说史略》中的《元明传来之讲史下》一节、《中国小说的历史的变迁》，以及书信、序跋和其他文章中都能找到他与胡适等人就《水浒传》的版本、作者、成书过程等问题的讨论心得。

从译后记来看，库恩对中国水浒研究成果的了解很有限，基本来自胡适为翻译底本之一——《一百二十回的水浒》所写的序《〈水浒传〉新考》。由于胡适在文中屡次提及鲁迅对他的学说的修正和补充，库恩在译后记中也将鲁迅放在了与胡适并列的位置，肯定了二人在《水浒传》研究上的领导地位，但据笔者目前掌握的材料，尚无法判断他是否看过鲁迅的著述。

库恩对胡适学说的借鉴主要体现在版本学方面。1920 年(民国九年)以前，中国市面上通行的《水浒传》是经金圣叹腰斩过的七十回本，胡适于 1920 年发表《〈水浒传〉考证》后开始搜求《水浒传》的各个版本，并在《〈水浒传〉新考》中提到了当时已知的六个版本和自己搜求、收藏的过程。库恩也知道诸如一百回本等其他版本的存在，但他绕开了复杂的版本问题，结合自己搜集到的四个原本，将《水浒传》的版本体系简化为两部分：一个是金圣叹评的七十回本，另一个是“胡适于20年代发现”[①]的一百二十回本。库恩在这里并没有提到柏林图书馆的两个一百一十四回的《水浒传》版本，并非他不知道，而是寻找未果。据他本人交代，他曾向柏林图书馆、大学及汉学系图书馆、卫礼贤所建的法兰克福中国学院(China Institut)等德国当时重要的汉学机构咨询插图本《水浒传》，但柏林图书馆当时的回复是“没有这样的版本”[②]。

库恩认为一百二十回本《水浒传》是由胡适发现的，所以将之称为“胡适版”，强调了胡适对这个所谓的“新版本”的发现之功，但实际上这个版本并非最早由胡适发现。据胡适回忆，他是从日本学者青木正儿(1887—1964)那里得知日本京都府立图书馆藏有一部一百二十回本《忠义水浒传》的明刻本，当时他并没有见到原文，而是由青木正儿抄录下回目和序例，再寄给他。胡适于1923年(民国十二年)左右才找到了一部一百二十回本《忠义水浒全书》，还有一个同版刻本被涵芬楼收藏，后来商务印书馆排版刻印，并请胡适作序[③]，这就是库恩所看到的《一百二十回的水浒》。可见，胡适并不是一百二十回本的首位发现者，但他的考证文章引发了学界对《水浒传》版本问题的关注，这对一百二十回本的收集、流传和研究确实起了推动作用。

虽然库恩翻译《水浒传》主要采用的是七十回本，但他在译后记和对赛珍珠译本的书评[④]中两次提及一百二十回本与七十回本的区别，且对前者更为推崇。他认为二者的区别体现在内容和叙事手法上：在内容上，七十回本并不完整，也不像是一个小说的结尾，一百二十回本则很好地解决了这个问题，讲述了宋江等人的最终结局；在叙事手法上，“胡适版与其他版本的区别在于，在众多出现人物描写、情景描写和事件经过的地方，通过韵文和装饰为简单的叙述打底，增强了叙事性”[⑤]。

---

① Kuhn, Franz: „Nachwort“, in: *Die Räuber vom Liang Schan Moor*. Leipzig: Insel Verlag, 1975, S. 856.

② Brief von Franz Kuhn an Anton Kippenberg am 23. 06. 1934, in: Goethe- und Schiller-Archiv, Insel Verlag, Schriftwechsel, Kuhn, Franz, 1934 (Signatur: 50/ 151).

③ 胡适：《百二十回本忠义水浒传序集》，《胡适文存三集 3》，亚东图书馆1924年版，第607—657页，此处引自第608—609页。

④ Kuhn, Franz: „Rezension über All Men Are Brothers von Pearl Sydenstricker Buck.“. in: *Sinica* 11, 1936, S. 58—60.

⑤ Kuhn, Franz: „Nachwort“, in: *Die Räuber vom Liang Schan Moor*. Leipzig: Insel Verlag, 1975, S. 856—857.

由此可以看出，库恩非常重视小说的文学性，特别是情节完整和叙事流畅，这不仅是他对于原文的要求，也是翻译时力求达到的目标。

库恩会关注胡适及其学说并非偶然。20世纪二三十年代，德国汉学界与中国国学界的交流非常密切，刚刚从东方学中独立出来的德国汉学界很重视借鉴对象国中国的研究成果。胡适当时深受西方学术传统的影响，致力于将西式学术体系与研究方法引入中国学术圈，间接地创造了利于中西方交流的学术环境，加之其国学大师的身份，在德国汉学家中享有盛名。他于1932年被柏林的普鲁士科学院选为通讯院士，成为首位获此殊荣的中国学者。其学说得到了叶乃度（Eduard Erkes，1891—1958）、福兰阁（Otto Franke，1862—1946）等多位重量级学者的普遍认可和引用，被他们视为支持自己的观点的有力依据，并被奉为圭臬。笔者在本章第二节第二部分中曾提过，库恩自从事中国文学翻译起至1935年并没有中止过学术研究，他不仅经常阅读《泰东》《中国学刊》等德国汉学期刊，还时不时地在这些刊物上发表研究性论文、译作和书评。也就是说，他虽然表面上离开了学术圈，但仍有渠道获得汉学研究的第一手资料和前沿信息，他对胡适这样的大家不可能完全没有耳闻。据笔者掌握的资料，库恩接触到胡适的学说最晚始于1931—1932年翻译《红楼梦》期间，他知道胡适当选普鲁士院士、在文学研究领域是红学专家，还看过胡适的《红楼梦考证》，对其学术功底深为折服。库恩在自己的《红楼梦》译本的译后记中专门提到胡适对曹雪芹家世的考证，[①]《红楼梦》和《水浒传》的译本出版后，他还请求出版社给远在中国的胡适寄一本样本，希望能引起这位中国学者的重视。[②] 从《水浒传》译后记中的文字也能看出库恩对胡适的学说的推崇之情。另外，以库恩对学问精益求精的性格，特意选择胡适推荐的一百二十回本作为《水浒传》翻译依据的底本，既是为了在学术上有保障，也可以让自己的译文更加专业。

三、对前人译本的评价

库恩一直有关注他人译作，并做点评的习惯。基巴特兄弟（Otto Kibat，Arthur

① Kuhn，Franz：„Nachwort“，in：*Der Traum der roten Kammer*. Leipzig：Insel Verlag，1948，S. 777.

② Brief von Franz Kuhn an Anton Kippenberg am 27. 08. 1932，in：Goethe- und Schiller-Archiv，Insel Verlag，Schriftwechsel，Kuhn，Franz，1932 (Signatur：50/ 149). und Brief von Insel Verlag an Franz Kuhn am 21. 12. 1934，in：Goethe- und Schiller-Archiv，Insel Verlag，Schriftwechsel，Kuhn，Franz，1934 (Signatur：50/ 151).

Kibat)发表《金瓶梅》首个德语节译本[1]后，库恩在《泰东》期刊上撰文[2]，直接指出了其中的十处“错误”，即他认为译者理解不到位、翻译得不恰当的地方，还附上了自己的译文作为修改意见。他建议基巴特说，只有接受过几个学期专业的汉学学术训练，才能胜任中国小说的翻译工作，不至于犯一些常识性错误。[3] 批评可以说非常尖锐，否定意见较多，固然有说服出版商、宣传自己的版本的考虑，但库恩的意见并不是恶意诋毁，而是站在个人立场，以自己的翻译理念为标准，有理有据地反驳或指正。另外，评价其他译本也是一个总结经验教训的学习机会，前人译本的翻译手法和侧重点也对库恩有所启发。

《水浒传》库恩译本问世之前，德语世界已经出现了几个片段和反响不错的埃伦施泰因译本，埃氏的《强盗与士兵》还被转译成英文，在英美有一定影响。就在《水浒传》刚进入选题阶段时，美国女作家赛珍珠(Pearl Sydenstricker Buck，1892—1973)又出版了在英语世界影响甚广的七十回译本《四海之内皆兄弟》(*All Men Are Brothers*)[4]。库恩在认真阅读前人译作的基础上，在期刊上发表书评，就几个重要的译本阐发了自己的见解。

据档案显示，库恩本来在《水浒传》译后记初稿中对埃伦施泰因和赛珍珠的译本做了详尽而尖锐的点评，因遭到了赞助人基彭贝格的强烈反对，认为不应该对别人的译本做过多评论，库恩只得将这一部分完全删除，修改成了最终出版的版本。[5] 由于这个初稿今已不存，只能通过库恩所写的书评及信件来分析他对前人译作的评价。

在库恩之前，只有埃伦施泰因的两部《水浒传》译作相对完整，在德语和英语世界有一定影响。库恩在翻译的同时也关注着中国文学翻译界的动态，并在向基彭贝格递交审读报告时顺便就埃伦施泰因其人做了评价：

---

① *Djin Ping Meh*. Unter weitgehender Mitwirkung von Artur Kibat. Aus dem ungekürzten chinesischen Urtext übersetzt und mit Erläuterungen versehen von Otto Kibat. 2 Bände. Gotha: Engelhard-Reyher, 1928—1932.

② Kuhn, Franz: „Bücherbesprechung über Djin Ping Meh“. in: *Asia Major*, Volumen V, S. 278—279.

③ Kuhn, Franz: „Bücherbesprechung über Djin Ping Meh“. in: *Asia Major*, Volumen V, hier S. 279.

④ Buck, Pearl S, *All Men Are Brothers*, New York: The John Day Company, and London: Methuen & Co Ltd, 1933.

⑤ Brief von Insel Verlag an Franz Kuhn am 04. 10. 1934, in: Goethe- und Schiller-Archiv, Insel Verlag, Schriftwechsel, Kuhn, Franz, 1934 (Signatur: 50/ 151).

> 关于埃伦施泰因在《柏林日报》上的评论，您可以一笑置之。这个偏激的业余爱好者和外行根本不能独立地阅读一页中文原文，他现在的确是一个可以无视的自以为是的家伙，不应该再充当中国文学大师，让人看笑话。[①]

此外，库恩在选题阶段就通读了埃伦施泰因的译文《强盗与士兵》及《正义的谋杀者》，在递交审读报告一个月后给赞助人的信中对埃氏译作提出了自己的看法：

> 我逐字逐句地阅读过原文。我确定：埃伦施泰因的拙劣译文是彻头彻尾的造假。他把几个不同人物的情节简单地集中在一个人身上，随意地让这个人成了唯一的主人公，错误地将不属于他的情节安排到他身上，对情节矛盾之处完全保持沉默。……他的译文只讲述了原文的一段情节，而大部分内容已经通过我们的《金瓶梅》译本为人所知。我不会在我的译文里再现这段内容，还有大量值得挖掘的素材可以用于讲述新故事。埃伦施泰因自己不懂中文，他的翻译是从一个懂德语的中国人那里听说，自己靠二手材料加工而成的。他把最好、最有趣的部分全部省略了。[②]

上述两段引文反映出，库恩并不欣赏埃伦施泰因的译文，对埃伦施泰因的翻译水平也提出了质疑。他通过比照原文和译文，发现了埃伦施泰因译文的最大问题：对原文内容改动过大，把发生在若干个人物身上的情节都堆积到了一个人(即武松)身上，情节重复，矛盾百出，完全不合逻辑。结合二人的翻译实践来看，埃氏完全另起炉灶，借《水浒传》的外壳重新讲另一个故事，而库恩是强烈反对这种翻译方法的。库恩的译文相对于逐字逐句翻译的全译本，对原文是有一定改动的，但他的改编是在尊重原文的基础之上进行的，并不是没有任何限制的即兴创作，对主要情

---

① Brief von Franz Kuhn an Anton Kippenberg am 13. 01. 1933, in: Goethe- und Schiller-Archiv, Insel Verlag, Schriftwechsel, Kuhn, Franz, 1933 (Signatur: 50/ 150).

② Brief von Franz Kuhn an Anton Kippenberg am 09. 02. 1933, in: Goethe- und Schiller-Archiv, Insel Verlag, Schriftwechsel, Kuhn, Franz, 1933 (Signatur: 50/ 150).

节和关键段落几乎都是逐字翻译，避免遗漏重要信息。

库恩点评别人的译本时一般不会泛泛而谈，而是结合例证有的放矢。笔者在所见资料中找不到任何库恩分析埃伦施泰因译文中具体实例的文章，也暂无充分证据证明库恩曾经写过此类文章，可见埃氏译本在库恩心中的地位极低，他很可能认为这个译本不能称之为翻译，完全不值一提。

另外，库恩对埃伦施泰因嗤之以鼻的重要原因就是埃氏不懂中文。他非常反感埃伦施泰因在没有基本的汉语知识的情况下从事所谓的“翻译工作”，认为他不够专业，不能准确地传递文本中蕴含的文化信息。

埃伦施泰因译完《水浒传》后曾经向岛屿出版社投过稿，但被基彭贝格拒绝了，①这说明他的翻译模式并不能得到出版商的认可。库恩吸取了埃伦施泰因的教训，在《水浒传》审读报告中开门见山地提出自己“着手翻译这部作品时可以对作品的知识性和文学性负责”②，从专业的角度强调了自己的语言优势和文学天赋，说服出版商考虑出版自己的译文，也从侧面表明了自己对中文语言水平和文学创作能力的重视。

埃伦施泰因还为库恩处理材料提供了依据。当时库恩只看了七十回本不到一半的内容，不可能形成完整的翻译思路，不过在通读过埃伦施泰因的译本后，他初步确立了自己对情节进行删节的一个标准：埃伦施泰因和自己都已经翻译过的武松、潘金莲等人的故事情节不会再次出现在《水浒传》译文中，而是应该将精力放在处理新材料、翻译新内容上。

1933 年赛珍珠出版了《水浒传》的第一个七十回本英语全译本《四海之内皆兄弟》。本来接连推出同一部作品的两个译本对后出版的译本的销路就必然会有影响，英译本作者赛珍珠之前还获得了诺贝尔文学奖，有一定的国际知名度，再加上英语的通用性和国际地位，对德语译本的影响很可能是致命的。得知赛珍珠译本出版后，库恩第一时间通知了赞助人基彭贝格，③一边关注着赛珍珠译本在德国文

① Brief von Franz Kuhn an Anton Kippenberg am 09. 02. 1933, in: Goethe- und Schiller-Archiv, Insel Verlag, Schriftwechsel, Kuhn, Franz, 1933 (Signatur: 50/ 150).

② Brief von Franz Kuhn an Anton Kippenberg am 13. 01. 1933, in: Goethe- und Schiller-Archiv, Insel Verlag, Schriftwechsel, Kuhn, Franz, 1933 (Signatur: 50/ 150).

③ Brief von Franz Kuhn an Anton Kippenberg am 14. 11. 1933, in: Goethe- und Schiller-Archiv, Insel Verlag, Schriftwechsel, Kuhn, Franz, 1933 (Signatur: 50/ 150).

坛引起的反响，一边给基彭贝格寄去了一则刊登在1933年12月31日《法兰克福报》(*Frankfurter Zeitung*)文学版上的书评。[①] 当时库恩已经开始翻译《水浒传》，不可能中断，他必须找到能说服出版商的理由，让翻译工作继续下去。最有效的办法就是研究竞争对手的译作，取长补短。库恩买了一本赛珍珠译本，以最快的速度通读了全文，对这个英语译本的翻译技巧和出版策划作出了相对负面的评价：

> 太贵，内容太多，《圣经》样式，镶金边，一个完全不可能的结局，过多错误，整体上无技巧可言，在我们的环境下并不具备市场竞争力。这个译本不过就放在那里，因为赛珍珠的名望才引起别人注意。[②]

我们在这里不讨论库恩对出版策划的意见，只分析他对翻译的看法。相较于完全不懂中文的埃伦施泰因，赛珍珠从小在中国长大，对语言和文化较为了解，但库恩还是指出其中的错误过多。可以看出，库恩是一个注重细节和质量的人，他心中理想的译本应该是尽可能少犯基本错误，又要有翻译和文学技巧的，而不是平铺直叙，机械地传递语言层面的意义。同时，作为一名签约译者，他还同意针对译文的目标群体规划篇幅，把译文读者的需求放在首位。赛珍珠的译文除了极个别的几处漏译和删除了结局的"卢俊义惊梦"外，几乎将七十回本的内容完全译出，库恩所看到的1933年伦敦梅图恩出版社(Methuen and Co. Ltd)版长达1279页。库恩与出版商基彭贝格将目标读者定位为普通读者，如果将原文繁杂的内容悉数译出，读者势必难以接受。除了有翻译合同对译文篇幅的束缚外，库恩通过阅读赛珍珠的全译本，应该也能意识到全译并不现实，所以他有意识地加大了对次要情节和次要人物的删节和压缩，只集中精力翻译主要情节。

在对结局的处理上，库恩与赛珍珠的意见也不相同。库恩这里所说的"一个完全不可能的结局"指的是赛珍珠删除了七十回本最后一回"梁山泊英雄惊恶梦"约

---

① Brief von Franz Kuhn an Anton Kippenberg am 31. 12. 1933, in: Goethe- und Schiller-Archiv, Insel Verlag, Schriftwechsel, Kuhn, Franz, 1933 (Signatur: 50/ 150).

② Brief von Franz Kuhn an Anton Kippenberg am 31. 12. 1933, in: Goethe- und Schiller-Archiv, Insel Verlag, Schriftwechsel, Kuhn, Franz, 1933 (Signatur: 50/ 150).

800 字的内容，使译文结于“当日众人歃血饮酒，大醉而散”[①]处，[②]这显然不是一个合理的结局。据相关学者考证，赛珍珠当时拥有所有已知的《水浒传》版本，但她认为七十回后招安的内容“丧失了前文的神采及活力”[③]，出于保证文本思想上的一致性和贯彻政治意图的需要，她舍弃了其他版本，只选用了七十回本。而库恩除了以七十回本为最重要的底本外，还参考了胡适刚“发现”不久，商务印书馆用新标点排版的《一百二十回的水浒》，更在意情节的完整和文学性。库恩对金圣叹版以噩梦作为结局的处理并不满意，也不认可赛珍珠在一个并不适合用作结局的地方终止了翻译的做法，于是选择概述一百二十回本的结局来收尾，不仅交代清楚了人物的最终命运，还运用了赛珍珠虽拥有、但没有使用的新材料，给读者带来了全新的内容。

以上是库恩对赛珍珠译文的初步印象，在他的《水浒传》出版后，他又专门为赛版译文写了书评，并发表在了 1936 年的《中国学刊》(*Sinica*)期刊上。[④] 相比于对埃伦施泰因的嘲讽和轻视，库恩评论赛珍珠的口气温和了很多，他首先肯定了赛珍珠及其两位中国助手的勤奋，随后提出了自己的批评意见。

库恩对赛珍珠翻译的批评主要针对她并非专业汉学家出身，所以译文中存在不少语言和历史错误，以及在库恩看来理解不准确的地方。第一个争议是对书名的翻译，库恩认为赛珍珠引用《论语》中的名句“四海之内，皆兄弟也”[⑤]作为题目，且翻译为“All Men are Brothers”(回译为：所有男人都是兄弟)误导了读者。赛珍珠自言是自己想到《论语》中的这句话，以为非常符合《水浒传》的主题，所以定为了题目；实际上库恩发现这句话在原文中至少出现了两次，但他认为，从上下文来看，赛珍珠的理解“所有勇敢的人都是兄弟”扩大了所指的范围，值得商榷，“梁山泊勇敢的斗士们不会将与他们在英雄观念上相对立的人当作‘兄弟’来赞许”[⑥]。

---

① 施耐庵著，陈曦钟、侯忠义、普玉川辑校：《水浒传会评本》(上)，北京大学出版社 1981 年版，第 1271 页。

② 唐艳芳：《赛珍珠〈水浒传〉翻译研究：后殖民理论的视角》，复旦大学出版社 2010 年版，第 53 页。

③ 唐艳芳：《赛珍珠〈水浒传〉翻译研究：后殖民理论的视角》，复旦大学出版社 2010 年版，第 119—120 页。

④ Kuhn, Franz: „Rezension über All Men Are Brothers von Pearl Sydenstricker Buck. “. in: *Sinica* 11, 1936, S. 58—60.

⑤ 出自《论语·颜渊》：“君子敬而无失，与人恭而有礼，四海之内，皆兄弟也。”

⑥ Kuhn, Franz: „Rezension über All Men Are Brothers von Pearl Sydenstricker Buck. “. in: *Sinica* 11, 1936, S. 58—60, hier S. 59.

随后，库恩指出了赛珍珠所犯的各类错误，主要集中在历史和地理方面，如在序言中将《水浒传》的背景——宋徽宗统治时期（1100—1126 年）错误地归到 13 世纪；将梁山泊“方圆八百里”翻译成“两百多英里”；他认为原文写杨雄等三人不到一日从苏州（实为蓟州）赶到郓州是艺术夸张的手法，赛珍珠照原文直译是不正确的；[①]赛珍珠不知道战国时期的军事理论家孙武，将他翻译成了两个人；拼音方案受到了方言的影响，将“牛二”翻译成“Liu the Second”等。由于赛珍珠的翻译相对严谨，库恩列举的大多是无伤大雅的小问题，但库恩还是认为这样会误导非专业人员。

除了文化背景中的错误，库恩还批评了赛珍珠的翻译策略和语言：追求全译的完整性，但情节重复，涉及面太广，加重了读者的负担；语言重复，同一个词语只有一种翻译套路；滥用“and”，读起来不像是地道的日耳曼语系文学。他对赛版译文总体的评价是：在专业人员看来不够严谨，在外行看来缺乏文采。[②]

不难看出，赛珍珠与库恩在翻译理念上是完全不同的，赛珍珠追求译文的完整，库恩强调根据目标群体的阅读习惯采用编译；赛珍珠在语言表达上缺少变化，而库恩对同一个词汇会采用多种表达方式，在文学性上更下功夫。库恩也认为自己和赛珍珠的版本都不是《水浒传》译本的定论，他十分期盼严谨且学术性强的全译本的诞生。[③]

库恩通过阅读埃伦施泰因和赛珍珠的《水浒传》译文看到了二者的优势与不足，这一阅读过程也是他思考、完善《水浒传》的翻译理念和具体策略的过程。他对埃伦施泰因的批判与借鉴体现在宏观上的删节原则和翻译重心的设置上，他摒弃了埃氏完全不尊重原文，过度删节、改编的做法，删除了二人都已翻译过的《金瓶梅》与《水浒传》互有重复的部分，将精力放在了处理新人物、新剧情上；对赛珍珠译本的细致分析则给予了库恩版本选择、题名、文学手法等多方面的启发，他根据文

① 此处应是库恩自己误将蓟州（今天津、河北一带）看成了苏州（“蓟”与“苏”的繁体字“蘇”字形极为接近）而导致的错误。他还在《红楼梦》译后记中将南京的别称“金陵”翻译成了“金色的陵墓”，以为是北京郊外的陵区，尽管他后来对这一说法做了修正，但可见他并非非常了解中国地理。

② Kuhn, Franz: „Rezension über All Men Are Brothers von Pearl Sydenstricker Buck. “. in: *Sinica* 11, 1936, S. 58—60, hier S. 59—60.

③ Kuhn, Franz: „Rezension über All Men Are Brothers von Pearl Sydenstricker Buck. “. in: *Sinica* 11, 1936, S. 58—60, hier S. 60.

学性和学术权威性选定版本，以新内容和新结局制胜。由于认为赛珍珠对“四海之内，皆兄弟也”的理解有本质性错误，库恩没有借鉴影响力更大的英语版本译名，而是另辟蹊径；赛氏全译本冗长的文本也让库恩认识到编译的必要性，更坚定了他采取突出主要情节与人物、删减次要情节与人物的策略的意志。通过对赛珍珠的批判也不难发现库恩对译文语言的美学追求和对专业知识准确度的严格要求。

四、其他调研工作及前期准备

关于译者的翻译能力与素养，在与岛屿出版社共同出版了至少四部口碑与质量都属上乘的作品后，库恩的中文知识储备和德语表达已足以应对复杂的长篇小说翻译，“处理中文原文比刚开始翻译《金瓶梅》时容易”[①]，在对翻译技巧和读者阅读心理的把握上也趋向于熟练。他对接受翻译任务充满了信心，“着手翻译这部作品时可以对作品的学术性和文学性负责”[②]。

从上一部分中库恩对赛珍珠的批评来看，他认为即使是面对非专业人员，也要采取很严谨的态度，不能犯常识性错误。《水浒传》不同于《红楼梦》和《金瓶梅》等完全虚构的文学作品，它取材自宋江三十六人起义的真实历史事件。库恩在着手翻译《水浒传》之前，还针对《水浒传》特殊的历史背景查阅了大量文献资料，如《宋史》《通鉴纲目》《东都事略》等文献中对宋江其人其事的记载、《辞源》中的“梁山”词条、华东总参谋部地图中梁山的地理位置、《水浒传》被查禁情况等。[③]

图文并茂是库恩译本的一个显著特点，《水浒传》译文中的插图是译者专门从科隆东亚艺术博物馆所藏的1734年（清雍正十二年）的10册插图本、波恩大学东亚研究中心图书馆所藏的上海商务印书馆版1册装插图本及上海广益书局1912年（民国元年）版二函16册《足本绘图第五才子书水浒传》三个版本中精心选取的，[④]译者还撰写了德文说明置于译文相应处。库恩认为，“在今天难以复制的古

---

① Brief von Franz Kuhn an Anton Kippenberg am 27. 01. 1933, in: Goethe- und Schiller-Archiv, Insel Verlag, Schriftwechsel, Kuhn, Franz, 1933 (Signatur: 50/ 150).

② Brief von Franz Kuhn an Anton Kippenberg am 13 01. 1933, in: Goethe- und Schiller-Archiv, Insel Verlag, Schriftwechsel, Kuhn, Franz, 1933 (Signatur: 50/ 150).

③ Kuhn, Franz: „Nachwort“, in: *Die Räuber vom Liang Schan Moor*. Leipzig: Insel Verlag, 1975, S. 858—862.

④ Kuhn, Franz: „Nachwort“, in: *Die Räuber vom Liang Schan Moor*. Leipzig: Insel Verlag, 1975, S. 857.

老的木刻艺术可以帮助欧洲读者从本质上理解遥远的历史事件，当然也会成为取悦中国艺术爱好者的一条途径”①。

由上可知，库恩充分利用自己所能获得的各类材料来做翻译调研，对文本文学特点的总结主要是通读后的个人观点，对作者施耐庵的生平的了解来自金圣叹假托作者之名所写的自序；他在胡适学说的基础上简化、归纳了《水浒传》的版本及流传情况，通过史料、工具书和胡适文中的部分引文了解了原文依托的历史背景；他还搜集古本《水浒传》中的版画，使译文图文并茂，便于读者理解；他参考借鉴前人译作，并加以点评。受资料不足的限制，库恩对《水浒传》的个别认识并不准确，但瑕不掩瑜。他在调研中撰写的文字，如对前人译作的评价也体现了他的翻译理念，特别是对《水浒传》版本的选择、宏观翻译策略、翻译内容的取舍和重心设置、文学手法的运用等方面的看法。通过分析《水浒传》库恩译文，不难发现库恩发表的意见在译文中都有所体现。

① Kuhn, Franz: „Nachwort“, in: *Die Räuber vom Liang Schan Moor*. Leipzig: Insel Verlag, 1975, S. 857.

第四章　从宏观角度来看《水浒传》库恩译本的翻译

赖斯(Katharina Reiß,1923 年生)在《翻译批评的可能性与限制》(*Möglichkeit und Grenzen der Übersetzungskritik*,1971)一书中指出:"在全面评价一部译作之前,必须从各种角度对其进行考察。换言之,批评首先要从观察译本再现的文本类型开始,这对有效验的译作来讲具有极其重要的意义,然后再考虑对翻译过程具有根本意义的语言因素和非语言因素。客观而恰当的评价必须考虑每个译本的文本类型、语言因素,以及影响原文语言形式的非语言因素的特征"[①]。虽然本书的重点不在于评价译作的优劣,但这种从文本的形式到内容,从语言到非语言因素全面考察译作的方法非常值得借鉴。

本章所说的"宏观角度"是指从文本整体,特别是文本类型出发,来探究库恩对《水浒传》的结构进行的改编,从而找出库恩的总体翻译策略,而不是对具体到某个字、词或文化现象的翻译实例进行剖析。从宏观来看,库恩对《水浒传》采取了编译的处理手法。所谓编译,是指译者为了理清原著的情节线索,以简洁明快的形式介绍原著,而对原著作大幅度的改动,如删除与主要情节线索关系不大的语句、段落,乃至篇章,根据原文编写、改写句子,甚至有时还会出于某种需要添写、改动故事情节。[②] 编译与节译的区别在于:节译是仅就篇幅而言,编译是在节译的基础上对文

① Reiß,Katharina:*Möglichkeit und Grenzen der Übersetzungskritik*. München:Max Hueber,1971,S. 23—24.

② 谢天振:《译介学导论》,北京大学出版社 2007 年版,第 79—80 页。

本进行加工、改写，需要运用适当的翻译策略。

当汉学家着手文学翻译，特别是采用编译进行创造性劳动时，他会受到文化传统、社会大环境、个人教育背景等因素的影响，依据自己对中国文学与文化的认识和对意义重点的理解，通过“去脉络化”（de-contextualization）与“再脉络化”（re-contextualization）的转换过程，[①]将原生于中国的文学概念与文化观念移植到西方世界，“放置在自己文化发展的脉络（context）之中，成为构成自己的文化乃至政治主体性的材料”[②]，在不同的语境与文化氛围中赋予其新的含义，从而使文学文本获得新的生命。库恩从宏观上对《水浒传》进行的改编主要体现在对原著的形式和内容所作的改动。

第一节　对原著形式上的改编

就形式而言，中西方小说无论从整体上，还是个别实例上[例如同属于绿林文学的《水浒传》与《罗宾汉》（*Robin Hood*）]进行比较，都存在客观差异及个别相似之处。即使在中国小说作品内部，《水浒传》与库恩之前翻译过的《金瓶梅》《红楼梦》等作品在题材、叙事结构上也是既有区别，又有联系的。从库恩个人的翻译实践出发，他既有长期形成的、相对固定的翻译套路，又不会一味重复，视情况在每部译作中采用新手法，适当地做一些改动。这一切都决定了他在对《水浒传》的形式进行改编时，处理手法表现出多样化。

《水浒传》在形式上的本质是中式古典长篇小说，它有自己独特的体裁，即章回体小说，在叙事角度上采用全知视角和第三人称叙述，人物对白丰富，书名的侧重点也与西方对应体裁的标题有所不同。下面就从这三个方面进行分析。

---

① “去脉络化”（de-contextualization）与“再脉络化”（re-contextualization）的概念援引自黄俊杰（1946年生）教授关于东亚文化圈内部文化迁移的相关论述，具体参见黄俊杰：《从中日比较思想史的视野论经典诠释的“脉络性转换”问题》，《台大历史学报》2004年12月第34期，第381－402页。

② 李雪涛：《汉学与阐释学——“异端的权利”与汉学研究的“去脉络化”和“再脉络化”》，《中华读书报》2013年5月8日，第18版。

一、对体裁的改编

《水浒传》继承了中国古代长篇小说的传统，采用了章回体①这种中国文学特有的形式。由于起源和传播媒介不同，语言和文学样式也存在差异，这种形式与西方长篇小说的结构并不相容，库恩在翻译时，以译文读者的阅读习惯为导向，结合自己的翻译经验与意图，在形式上突破了原文的限制，从回目和体现叙事视角的说书艺人用语两方面对章回体体裁做了大幅度修改，将其完全改造成了西方读者认可的长篇小说结构，仅在个别地方适当保留了原文章回体的形式特点。

（一）对回目的改造

在章回体小说中，每回前有两句简洁的文字用于概括本回的故事内容，被称为“回目”，性质和作用相当于西方小说的标题。汉语语音借助各种声调来区分语意，讲求形式上的韵律美，以对偶句形式出现的回目也对平仄有严格的要求，一组回目相当于一副对联，要求两个分句的句型结构完全一致，每个分句拥有相同的字数，分句间对应词的词性也应相同或相似。这样的标题语言精练，读来朗朗上口，体现了中文对称的美学效果。西方小说的章节标题多数只是用数字简单地标注，有的用短语概括本章大意，以完整的句子作为标题的情况虽有，但并不普遍，标题在遣词造句上远没有章回体的回目考究。在保持意义的前提下，从印欧语系语言中找到与对偶句和平仄完全对应的形式亦非易事。这是中西小说章节标题的不同之处。

库恩翻译《好逑传》《二度梅》《金瓶梅》和《红楼梦》时，为了向西方读者展示章回体小说的独特形式，均保留了回目的对偶文字。但这种保留并非不做任何改动：他结合编译手法，对原著回目的文字以及回目本身做了全译、合并、删除、补充等处理，实现了形式上的异化。如他在翻译《红楼梦》时，几乎将每章标题的对偶句都完

---

① 章回体，古代长篇小说的一种外在叙述体式。其特点是将全书分为若干章节，称为“回”或“节”或“则”。少则十几回、几十回，多则百余回。每回前用单句或两句对偶的文字作标题，称为“回目”，用以概括本回的故事内容。每回开头以“话说”“且说”等起叙，末有“欲知后事如何，且听下文分解”之类的结束语，一回叙述一个较完整的故事段落，有相对的独立性，但又承上启下。因为符合民众的欣赏习惯，所以为明、清两代长篇小说所普遍采用。

整译出，而以宝玉挨打为主线的第 24 章的标题却只用了半个回目“不肖种种大承笞挞”①，暗示这半个回目的内容非常重要；第 14 章的标题只用了原文第十七回回目上半句“大观园试才题对额”②，后半句是译者根据对情节的整合，自己拟定的。

大量保留回目本来的形式和内容的好处是直观地向西方读者展示了章回体回目的特色，西方读者读到回目可能会产生与中文读者相同或相似的感觉。但由于汉语、德语单位信息容量不对等，简洁的中文回目全译成德语后，标题变得冗长，失去了言简意赅的特色；而且中文回目是一对完整的句子，相对于用词语或短语来表示的西方小说的标题而言，透露了太多内容，会在一定程度上降低读者的阅读期待。更重要的是，库恩对正文内容的处理是倾向于归化的，译文在内容上符合西方小说的模式，而标题却是中式的，难免有不伦不类的嫌疑。在经过接连四部小说的普及后，西方读者想必已经对回目有了必要的认识，库恩认为自己普及中国文学常识的目的已经达到，应该在回目的处理上求新求变，所以他在翻译《水浒传》的回目时，首次采取了归化的处理手法，即打乱原文的章回结构，依照西方的文学体例将译文分为 10 卷(Band)，合计 120 章(Kapitel)带一个尾声，每卷和每章都有一个小标题。这些小标题以一个独立的名词或短语代替了原回目的对偶文字，将回目的形式完全西化。但是这些新标题并不是随意而起的，而是与本章内容密切相关，或是在原文中能找到直接对应的词语，或是从原文内容概括而来。库恩本人在译后记中提到这些标题时也指出“这个版本的卷和章的标题由我拟定并题写，这些题目是我从原著的精神中提炼出来的”③。关于德语译本标题与中文章回的对应情况详见下表：④

---

① 曹雪芹著，张俊等注：《红楼梦校注本》，北京师范大学出版社 1987 年版，第 519 页。

② 曹雪芹著，张俊等注：《红楼梦校注本》，北京师范大学出版社 1987 年版，第 267 页。

③ Kuhn, Franz: „Nachwort“, in: *Die Räuber vom Liang Schan Moor*. Leipzig: Insel Verlag, 1975, S. 858.

④ 为方便行文，原文章节称“回”，以汉字计数，译文章节称“卷”和“章”，以阿拉伯数字标注。一百二十回本与七十回本重合的内容因有无楔子，在章节数上相差一章，书中涉及这些内容的回数时以七十回本为准，七十回之后的章节回数以一百二十回本为准，下不赘述。

表 1 德语译本章节标题与中文章回标题对应一览表

德译本章节	德语章节标题	中文翻译	原著相应回数
第 1 卷	Der eiserne Mönch	铁面无私的和尚	第一至六回
—第 1 章	Das betrogene Singmädchen	被骗的歌女	第一、二回
—第 2 章	... und sein Ausbeuter	……还有他的剥削者	第二回
—第 3 章	Auf dem Fünftafelberg	在五台山上	第二、三回
—第 4 章	Das vierte Tempelgebot	第四条寺庙戒律	第三回
—第 5 章	Der neue Klostergärtner	新的寺庙园丁	第五、六回
第 2 卷	Pantherschädel	豹子头	第六至十二回
—第 6 章	Der Große Luststern	花花太岁	第六回
—第 7 章	Das Prunkschwert	朴刀	第六回
—第 8 章	Im Wildschweinforst	在野猪林里	第七、八回
—第 9 章	Edelmann Tschai	柴大官人	第八回
—第 10 章	Im Sträflingslager	在牢城营里	第八、九回
—第 11 章	Der rettende Schneefall	救命的降雪	第九回
—第 12 章	Über die Grenze!	越界!	第十回
—第 13 章	Der singende Pfeil	号箭	第十回
—第 14 章	Die Visitenkarte	投名状	第十、十一回
—第 15 章	Der Palastaufseher	府中看守	第十一、十二回
第 3 卷	Der Pagodenträger	托塔天王	第十二至十七回
—第 16 章	Der Geburtstagsschatz	生日宝藏	第十二、十五回
—第 17 章	Razzia	大搜捕	第十二、十三回
—第 18 章	Rotharrteufel	红发魔鬼	第十三回
—第 19 章	Magister Listenstern	计谋星硕士	第十三、十四回
—第 20 章	Das Goldkarpfengeschäft	金鳕鱼店	第十四回
—第 21 章	Das Siebengestirn	七星(聚义)	第十四、十五回
—第 22 章	Unterwegs	途中	第十五回
—第 23 章	Der Überfall am Gelbschlammgrat	黄泥岗的突袭	第十五、十六回

续表

德译本章节	德语章节标题	中文翻译	原著相应回数
—第 24 章	Der Handstreich auf den Zweidrachenberg	奇袭二龙山	第十六回
—第 25 章	Das Notizbuch	文簿	第十六、十七回
第 4 卷	Der Regespender von Schantung	山东的捐雨者	第十七至三十五回
—第 26 章	Die Warnung	警告	第十七回
—第 27 章	Flucht	逃跑	第十七、十八回
—第 28 章	Die Falle am Henkergraben	断头沟事件	第十八回
—第 29 章	Pantherschädel greift ein	豹子头插手	第十八回
—第 30 章	Häuptlingswahl	选头目	第十九回
—第 31 章	Hörner, Pfiffe, rote Flaggen	画角、口哨、红旗	第十九回
—第 32 章	Verhängnisvolle Großmut	后果严重的大度	第十九回
—第 33 章	Heimliche Botschaft	秘密使者	第十九回
—第 34 章	Die vergessene Brieftasche	遗忘的招文袋	第二十回
—第 35 章	Die dritte Bedingung	第三个条件	第二十回
—第 36 章	Das Versteck unter dem Altar	祭坛下的藏匿处	第二十一回
—第 37 章	Die Klingelschnur im Walde	林中的钟绳	第三十一回
—第 38 章	Auf dem Berg der klaren Lüfte	在清风山上	第三十一回
—第 39 章	Das verräterische Lachen	奸诈的笑	第三十二回
—第 40 章	Rivalen	敌手	第三十二回
—第 41 章	Das Gastmahl	盛宴	第三十二回
—第 42 章	Der Wegzoll	关卡	第三十二、三十三回
—第 43 章	Der Mann mit der Wolfszahnkeule	拿狼牙棒的人	第三十三回
—第 44 章	Nachtkampf	夜战	第三十三回
—第 45 章	Sung gewinnt durch List einen wackeren Gegner	宋江使诈赢得一个好对手	第三十三回
—第 46 章	Vergeltung und Aufbruch	报仇与启程	第三十三、三十四回
—第 47 章	Die falsche Todesnachricht	假死讯	第三十四回
—第 48 章	Der Meisterschuß	优异的射箭	第三十四回

续表

德译本章节	德语章节标题	中文翻译	原著相应回数
—第 49 章	Verbannt	放逐	第三十四、三十五回
—第 50 章	Sung bleibt standhaft	宋江坚定不动摇	第三十五回
第 5 卷	Die Yang tse Piraten	长江盗贼	第三十五至四十回
—第 51 章	Menschenfresser	吃人者	第三十五回
—第 52 章	Der Ortstyrann	一方恶霸	第三十五、三十六回
—第 53 章	Aus dem Regen in die Traufe	从雨中到檐下	第三十六回
—第 54 章	Gerettet	获救	第三十六回
—第 55 章	Der Ge8sterläufer	行走的幽灵	第三十六、三十七回
—第 56 章	Der Eiserne Büffel	铁牛	第三十七回
—第 57 章	In der Klampenlaube	在琵琶亭	第三十七回
—第 58 章	Der Weiße Aal	白鳗鱼	第三十七回
—第 59 章	Der Wandspruch	墙上的格言	第三十七、三十八回
—第 60 章	Der Gelbe Wespenstachel	黄马蜂刺	第三十八回
—第 61 章	Das Gassenorakel	街巷预言	第三十八回
—第 62 章	Der Simulant	装病者	第三十八回
—第 63 章	Steinschnitzer und Kalligraph	石刻雕工与书法家	第三十八回
—第 64 章	Ein Kanzlerbrief wird gefälscht	太师信被伪造了	第三十八回
—第 65 章	Ein peinlicher Schnitzer	尴尬的纰漏	第三十八、三十九回
—第 66 章	Der verräterische Amtsstempel	泄露实情的官印	第三十九回
—第 67 章	Auf der Richtstätte	上堂	第三十九回
—第 68 章	Der Kleine Bund vom „Weißen Drachengott-Tempel“	白龙庙小聚义	第三十九回
—第 69 章	Ungleiche Brüder	不平等的兄弟	第四十回
—第 70 章	Die Nacht der Rache	复仇之夜	第四十回
—第 71 章	Der Rache zweiter Akt	第二次复仇	第四十回
—第 72 章	Zurück zum Liang Schan Moor	重返梁山泊	第四十回
第 6 卷	Der himmlische Auftrag	神的任务	第四十至四十一回

续表

德译本章节	德语章节标题	中文翻译	原著相应回数
—第 73 章	Im Sackgassendorf	还道村	第四十、四十一回
—第 74 章	Der Spuktempel	鬼庙	第四十一回
—第 75 章	Sung begegnet der Azurenen Jungfrau	宋江遇蓝衣圣女	第四十一回
第 7 卷	Der Schwarze Taifun	黑旋风	第四十一至四十三回
—第 76 章	Der Doppelgänger	面容相似的人	第四十一、四十二回
—第 77 章	Abenteuer mit Tigern	与虎历险	第四十二回
—第 78 章	Überrumpelt	震惊	第四十二回
—第 79 章	Haschisch	大麻	第四十二、四十三回
第 8 卷	Der Todesverächter	不怕死的人	第四十三至四十五回
—第 80 章	Lämmerschreck gerät an den Unrechten	含冤受屈	第四十三回
—第 81 章	Frau Wunderwolke	巧云	第四十三、四十四回
—第 82 章	Der galante Bonze	风流和尚	第四十四回
—第 83 章	Das Räuchertischchen	香桌	第四十四回
—第 84 章	Der hölzerne Fisch	木鱼	第四十四、四十五回
第 9 卷	Kampf um Burgen	在堡垒附近的战斗	第四十五至四十九回
—第 85 章	Der Hausgockel	家养的公鸡	第四十五回
—第 86 章	Die drei Burgherren	三个堡主	第四十五、四十六回
—第 87 章	Ein Floh bringt die Kriegstrommel zum Dröhnen	跳蚤擂响战鼓	第四十六回
—第 88 章	Die weißen Espen	白杨	第四十六回
—第 89 章	Die rote Laterne	红灯	第四十六、四十七回
—第 90 章	Heimlich verbündet	秘密结盟	第四十七回
—第 91 章	Verlustreicher Kampf	损失惨重的战斗	第四十七回
—第 92 章	Ein guter Fang	好猎物	第四十七回
—第 93 章	Die helfende Wolkenhand	有帮助的云手	第四十八回

续表

德译本章节	德语章节标题	中文翻译	原著相应回数
—第 94 章	Der Eiserne Schreihals	铁面无私的爱吵闹的人	第四十八回
—第 95 章	Die Tigermutter	母大虫	第四十八回
—第 96 章	Gefangenenbefreiung	劫狱	第四十八回
—第 97 章	Komödienspiel im Kriegsspiel	战争戏中的喜剧	第四十八、四十九回
—第 98 章	Die Burg fällt	堡垒沦陷	第四十九回
—第 99 章	Der Eiserne Büffel bezieht einen Rüffel	铁牛被骂	第四十九回
—第 100 章	Das Siegesmahl wird zum Hochzeitsschmaus	胜宴变婚宴	第四十九回
第 10 卷	Kampf um Städte	在城附近的战斗	第四十九至五十七回
—第 101 章	Ein alter Freund taucht auf	老友露面	第五十回
—第 102 章	Theaterskandal	装腔作势的丑闻	第五十回
—第 103 章	Am Pranger	钉上耻辱柱	第五十回
—第 104 章	Eine grausame List	残忍的诡计	第五十、五十一回
—第 105 章	Das alte Privileg	老特权	第五十一回
—第 106 章	Die magischen Krieger	有魔力的士兵	第五十一回
—第 107 章	Der unbequeme Laufzauber	不舒服的跑动魔力	第五十二回
—第 108 章	Die umgekippte Nudelschüssel	打翻的面碗	第五十二回
—第 109 章	Der alte Einsiedel	老隐者	第五十二回
—第 110 章	Die drei Sacktücher	三个锦囊	第五十二回
—第 111 章	Zauber gegen Zauber	魔法对魔法	第五十三回
—第 112 章	Der ausgetrocknete Ziehbrunnen	干涸的汲水井	第五十三回
—第 113 章	Der Marschall und seine Legionen	元帅与他的军团	第五十三、五十四回
—第 114 章	Vorgefechte	战前的小接触	第五十四回
—第 115 章	Die Kettenreiter	连环马	第五十四回
—第 116 章	Bomben und Granaten	炸弹与炮弹	第五十四回
—第 117 章	Ein Meisterdiebstahl	神奇的偷盗	第五十四、五十五回

续表

德译本章节	德语章节标题	中文翻译	原著相应回数
一第 118 章	Das Lockmittel	诱饵	第五十五回
一第 119 章	Sieg	胜利	第五十五、五十六回
一第 120 章	Die Tiger sind beisammen	众虎聚义	第五十六、五十七回
尾声	Getreu bis in den Tod	至死犹忠	第五十七至一百二十回

从上表可以看出，库恩所拟定的标题可简单分为两类：一是在原文或原回目中可以直接找到对应的词语及意象，以人名或绰号、地名、事件、物体等名词为主，这些词语或意象本身也是该回情节的关键词；二是在文中未直接出现，而是从原文内容提炼总结而来。两类标题的作用都是让读者迅速从本质上把握本章的核心内容。

在原文或原回目中找到可直接充当标题的词汇是一种较为便捷的拟定标题的方式，《梁山泊的强盗》第 25 章的标题就属于这种情况：

例 1[①]：

原文：美髯公智稳插翅虎 宋公明私放晁天王[②]

译文：Das Notizbuch[③]

回译：记事本/文簿

德语“Das Notizbuch”本意为“记事本”，结合原文语境，也可以译为“文簿”。“文簿”一词出自第十七回何清、何涛兄弟间的对话：“为是官司行下文书来，着落本村，但凡开客店的，须要置立文簿，一面上用勘合印信；每夜有客商来歇宿，须要问

① 从本章起，但凡涉及库恩《水浒传》译本的举例皆按顺序依次编号，不受章节间隔影响，也不接续第二章第一节中《在永远圣洁的寺庙里》的举例编号。

② 施耐庵著，陈曦钟、侯忠义、普玉川辑校：《水浒传会评本》(上)，北京大学出版社 1981 年版，第 325 页，第十七回回目。如无特殊说明，本文中所引《水浒传》原文文字均出自《水浒传会评本》(上、下册)。

③ Kuhn, Franz: *Die Räuber vom Liang Schan Moor*. Leipzig: Insel Verlag, 1975, S. 207. 如无特殊说明，本文中所引《水浒传》库恩译文文字均出自本书。

他：'那里来？何处去？姓甚名谁？做甚买卖？'都要抄写在簿子上。"[①]文簿相当于店家的旅客登记簿。第25章翻译的是原文第十六回后半部分和第十七回(以本回为主)的内容，核心事件是晁盖出场。晁盖等七人曾扮作贩枣子的客人，在黄泥岗劫取生辰纲，路过一家客栈时，虽化名隐瞒了身份，仍引起了替小二给客人登记，抄写文簿的何清的怀疑；次日何清听说黄泥岗事件，猜到与晁盖等人有关，就设计逼迫晁盖现身。从上下文来看，"文簿"正是引出晁盖这个人物的关键线索，故以此为标题。

同类标题还有第83章的标题"香桌"(Das Räuchertischchen[②])，出自第四十四回"若是夜晚，他一不在家时，便掇一个香桌儿出来，烧夜香为号，你便入来不妨"[③]，是潘巧云与裴如海幽会的暗号；第89章的题目"红灯"(Die rote Laterne[④])，出自原文第四十六回："你那百姓，今夜只看红灯为号，齐心并力，捉拿梁山泊贼人解官请赏"[⑤]等。

极个别情况下，库恩会以句子作为章节的标题，而这些句子往往是直接从原文的半个回目翻译而来，第75章的标题就属于这种特例：

例2：

原文：宋公明遇九天玄女[⑥]

译文：Sung begegnet der Azurenen Jungfrau[⑦]

回译：宋江遇蓝衣圣女

库恩很可能是认为该回内容对推动下文情节有非常重要的意义，与其自己概括，不如保留原文回目，以示重视。

---

① 施耐庵著，陈曦钟、侯忠义、普玉川辑校：《水浒传会评本》(上)，北京大学出版社1981年版，第326页。

② Kuhn, Franz: *Die Räuber vom Liang Schan Moor*. Leipzig: Insel Verlag, 1975, S. 584.

③ 施耐庵著，陈曦钟、侯忠义、普玉川辑校：《水浒传会评本》(上)，北京大学出版社1981年版，第841页。

④ Kuhn, Franz: *Die Räuber vom Liang Schan Moor*. Leipzig: Insel Verlag, 1975, S. 633.

⑤ 施耐庵著，陈曦钟、侯忠义、普玉川辑校：《水浒传会评本》(上)，北京大学出版社1981年版，第882页。

⑥ 出自第四十一回回目"还道村受三卷天书 宋公明遇九天玄女"，施耐庵著，陈曦钟、侯忠义、普玉川辑校：《水浒传会评本》(上)，北京大学出版社1981年版，第771页。

⑦ Kuhn, Franz: *Die Räuber vom Liang Schan Moor*. Leipzig: Insel Verlag, 1975, S. 512.

再举一例，译文的第 4 章对应原文第三回的后半部分——“鲁智深大闹五台山”。译者没有直接采用原文的回目，而是选取了一个能够概括本章主旨的短语“第四条寺庙戒律”(Das vierte Tempelgebot)作为标题。

例 3：

原文：赵员外重修文殊院 鲁智深大闹五台山①

译文：Das vierte Tempelgebot②

回译：第四条寺庙戒律

所谓“第四条寺庙戒律”出自鲁达上五台山出家，长老为之受记时所说的佛门“五戒”：“……四不能贪酒……”③。译文中将这五条戒律悉数译出。鲁智深正是因为违反了第四条戒律，私自饮酒，才引发了醉酒后在庙中大闹的故事情节。因此，用这一诱因来作本章的标题既贴切，又符合德语国家读者的阅读习惯。半开放式的标题也为下文作了铺垫，可以调动读者的积极性：虽然标题中的短语揭示了事件的诱因，但是读者仅靠这一短语并不能判断出事情的来龙去脉，为了理解何谓“第四条寺庙戒律”，必然会带着问题、有目的地进一步阅读；即使有粗心的读者读到最后才想到标题，还可以回溯前文。无论何种情况，这类标题都在一定程度上要求读者主动去发现和理解其中的含义，而不是被动地接受。这也是译者有意为之，并非机械地照搬原文文字。

另外，回目(或标题)是作(译)者对一段文字中最重要的内容的概括，由库恩对这个标题的改动可以看出作(译)者对相同文字的核心内容的不同理解，进而推断出中德两国不同的思维模式。原作中的回目“赵员外重修文殊院 鲁智深大闹五台山”是对偶文字，每个部分都是独立的句子，人物、地点、事件俱全，涵盖的信息量大。回目之所以有这样的特点，是因为包括《水浒传》在内的章回小说的前身是说书艺人的话本，听众在听书时，重点关注的是事件的发展过程，或曰情节，并不会过多地追究事件的因果逻辑。当话本由听觉艺术转化为书面文字时，这个特点也保

① 施耐庵著，陈曦钟、侯忠义、普玉川辑校：《水浒传会评本》(上)，北京大学出版社 1981 年版，第 98 页。

② Kuhn, Franz: *Die Räuber vom Liang Schan Moor*. Leipzig: Insel Verlag, 1975, S. 39.

③ 施耐庵著，陈曦钟、侯忠义、普玉川辑校：《水浒传会评本》(上)，北京大学出版社 1981 年版，第 106 页。

留了下来，体现在回目上就是导入事件时要直接、全面、易懂，这反映了中国人偏重整体思考的习惯。而译文中的标题舍弃了整体性，没有交代人物、地点，甚至连“鲁智深大闹五台山”这一事件本身也没有提及，只抓取了引发事件的核心因素。这样的安排自然有吸引读者阅读的考虑，但也从一个侧面体现了德国人重视因果逻辑和主要矛盾的特点。

上面三个例子中的标题或多或少都可以在原文中找到出处，而标题中还有一类在文中没有直接对应的表达，是作者根据自己的理解概括而来的，例如尾声的标题：

例 4：

译文：Getreu bis in den Tod

回译：至死犹忠

限于篇幅，库恩译文的正文止于七十回本的第五十七回“众虎同心归水泊”，原文之后到第一百二十回的内容都被压缩在“尾声”中，概述了主要人物受招安后帮助朝廷征方腊、征辽等事，交代了主要人物的最终结局。《水浒传》也被称为《忠义水浒传》，可见作者认为“忠”和“义”是贯穿全文的思想主线。所谓“忠”是指梁山好汉忠实于北宋朝廷的统治，只反贪官，不反朝廷，所以愿意接受招安，并反过来帮助朝廷攻打本和他们性质相同的方腊起义军，这体现了他们维护封建皇权的“忠君”思想。赛珍珠认为一百二十回本加入了招安后的内容，削弱了全文的反抗主旨，所以宁可让结局不完美，也不采用一百二十回本。库恩则并不介意两个版本在思想上的差异，从他对尾声的命名来看，他应该是看出了原作中宋江等人反抗的不彻底性和对皇帝始终如一的忠诚，这样的概括是非常准确的。

综上所述，库恩改变了自《金瓶梅》以来的翻译定式，对《水浒传》原文回目从形式到内容均进行了归化处理，而归化的处理倾向和之前的德语片段及埃伦施泰因的译本不谋而合。唯一不同的是，埃伦施泰因的标题大多是抽象的时间状语，如“Dämmerung”(黄昏)等，对章节的内容并未做具体的交代，单看题目根本猜不到情节。赛珍珠的翻译策略则与库恩翻译《红楼梦》《金瓶梅》等作品的回目时相同，极大程度地遵循中文回目的拟定特征，保留了《水浒传》回目的中国特色。

（二）对说书艺人用语的删减

除了将回目改造为西方文学意义上的标题外，库恩还对《水浒传》中残留的说书痕迹作了必要改动。长篇章回体小说起源于宋元时期说书艺人的“讲史话本”，代表作《水浒传》的成书经历了漫长的说书艺人口头传播阶段，形成文字后也未完全摆脱说书形式的影响。作者假设自己是说书艺人，面对想象中的观众讲故事，以听觉，而非文字作为传播媒介，除了以叙述人的身份讲述情节外，有时还会暂时放下叙述人的身份，跳出事件本身，直接发表议论，与读者对话。这表现在文字上，就是文中存在大量说书艺人的专用语，如称呼读者为“看官”，常出现“且说”“话说”“原来”“只听”这样的句式，大部分章回以“要知端详，且听下回分解”或类似的表达结尾，有回前和回后诗，等等。

《水浒传》在文字上与“讲史话本”的联系也会体现在叙事视角中。根据美国文艺批评家艾布拉姆斯（M. H. Abrams，1912 年生）的理论，叙事视角（point of view）是指“故事被讲述的方式——作者采用的方式（或观点），读者由此得知构成一部虚构作品的叙述中的人物、对话、行动、情境和事件”①。由此可知，叙事视角是连接作者和读者的重要媒介，包括叙述人的身份（谁在看）、叙述内容（看到了什么）、叙述人与被叙述人的关系、叙述人对所见所闻的态度等内容。按照西方叙事学理论，叙事视角可分为全知叙事、限制叙事和纯客观叙事三大类。② 相对于西方多样化的叙事视角，包括《水浒传》在内的中国古典章回体小说大多局限在全知叙事的叙事视角中，即叙述者以说书艺人口吻，采取第三人称叙述。叙述者对小说的时间和空间范围有绝对的把握，无处不在，无所不知，有权利知道并说出书中任何一个人物都不可能知道的秘密。③ 这种全知视角可以起到提供背景信息、预告下文内容、补充说明文中人物的视角触及不到的问题、深化主题等作用。

《水浒传》的成书和翻译过程在体裁和功能上面临着双重转化：第一重转化是指《水浒传》成书时，本身是从口头到文字的转化，而这种转化并不彻底；第二重转

---

① Abrams，M. H.：*A Glossary of Literary Terms*（Seventh Edition）. Boston：Heinle & Heinle，1999，p. 231.

② 曾竞兴：《近代中西方小说叙事差异在小说中译中的体现》，《邵阳学院学报（社会科学版）》2009 年第 8 卷第 5 期，第 63—66 页，此处引自第 63 页。

③ 陈平原：《中国小说叙事模式的转变》，北京大学出版社 2003 年版，第 62—63 页。

化是指《水浒传》被翻译成西文时，从古典章回体小说到西方现代小说的转化，二者在形式上有本质区别。西方没有“说书”这样的曲艺形式，西方小说的起源也与“说书”没有关系，因此自然没有与之对应的章回体专用语。西方小说中并不缺乏以全能视角讲述故事的作品，但作者以说书人身份构造的全能视角是西方小说叙事视角中的空白，译文读者很难在短时间内消化接受。库恩针对这种情况，采取了半保留半删除的策略：

1. 保留了“要知端详，且听下回分解”的结尾，如原文第九回回末“毕竟看林冲被庄客解投甚处来，且听下回分解”[①]在译文第 11 章末尾被译为“到底是哪个地方，你们将会在下一章中获悉”(Welches die Stätte war，werdet ihr aus dem nächsten Kapitel erfahren)[②]。

适当保留“要知端详，且听下回分解”可以让读者从小细节来了解章回体的特点，增加原作的异域风情，满足译文的主要读者群——大众对于“中国(东方)情调”的猎奇而不求甚解的阅读心理；有意识地普及译文读者可以接受的外域文化，也可以在一定程度上拉近与读者的距离，以“卖关子”的形式增强读者对下文的阅读期待。

2. 大量删除“看官”“且说”等叙事人以说书艺人身份引导想象中的听众，发表议论、解释的句式，以功能为导向，消除说书人口吻的全能视角，用西方小说的叙事传统对原文的叙事视角加以改造。如原文第二十一回写宋江杀阎婆惜后躲进自己家的地窖里，官府来搜捕时，他父亲拿出早已准备好的告他忤逆，并断绝父子关系的“执凭”，帮助他脱险。叙述人对此做了如下解释：“且说宋江，他是个庄农之家，如何有这地窖子？原来故宋时，为官容易，做吏最难。为甚的为官容易？皆因那时朝廷奸臣当道，谗佞专权，非亲不用，非财不取。为甚做吏最难？那时做押司的但犯罪责，轻则刺配原恶军州，重则抄扎家产，结果了残生性命，以此预先安排下这般去处躲身。又恐连累父母，教爹娘告了忤逆，出了籍册，各户另居，官给执凭公文存照，不相往来，却做家私在屋里。宋时多有这般算的。”[③]这段全能视角的解释性文字在译文第 36 章中完全被删除了。

---

① 施耐庵著，陈曦钟、侯忠义、普玉川辑校：《水浒传会评本》(上)，北京大学出版社 1981 年版，第 219 页。

② Kuhn，Franz：*Die Räuber vom Liang Schan Moor*. Leipzig：Insel Verlag，1975，S. 119.

③ 施耐庵著，陈曦钟、侯忠义、普玉川辑校：《水浒传会评本》(上)，北京大学出版社 1981 年版，第 408 页。

《水浒传》最初的流传形式是说书艺人的口授，而当它被翻译成西文时，其功能并非听觉艺术的文字实录，而是用来阅读消遣的读物。西方的小说读者了解故事情节时调动的是视觉，而非听觉。库恩早在初读《水浒传》前二十回时，就发现了它“故事素材源自历经几个世纪的民间口头流传，后经一位大师之手补缀成文”①的成书特点，自然也清楚中西小说间的区别。“看官”等用语在德语中没有对应的表达，即使翻译了，也没有意义，反而会让读者困惑，删除是可以接受的处理方式。但随着这些用语的删除，作者依托的说书艺人的全能视角及其作用也会淡化，如前例中以全能视角解释宋江家有地窖，且早准备好与家人断绝关系的凭证，方便随时从官场脱身的文字，原本既能解除读者的困惑，又反映了北宋官场的黑暗，起到了深化政治主题的作用。库恩看出了《水浒传》的政治倾向性，但为了保证叙事的流畅性，将这段解释当做无关紧要的过场描述尽数删除，使译文丧失了向读者传递原语环境文化背景的机会。

3. 删除了几乎所有的回前诗和回后诗。贴近译入语环境的改编往往会造成原文形式特色的流失，如小说每一回开始前的介绍性的诗和最后总结性的韵文是章回体小说的典型特征之一，以第十三回回末为例，原文“有分教：东溪庄上，聚义汉翻作强人；石碣村中，打鱼船权为战舰。正是：指挥说地谈天口，来做翻江搅海人”②中既有骈文，也有两句诗，有概括本回大意、引起下文、激起听者和读者的兴趣的作用；而在译文中，这些句子几乎都被省略了。由于汉德语言的客观差异，原文骈散结合的语言风格自然无法得到完全忠实的再现，而回前诗引出下文、回末韵文承前启后的过渡作用和对主题的深化也随之削弱。

这里需要指出的是，虽然库恩的译文中没有出现“且说”“不在话下”这样的表达，但原文的这种表述形式却给库恩提供了重新整合内容、划分章节的依据，这一特征留待下文进一步分析。

二、对叙事方式的改编

叙事是作者与读者、叙述者与听述者之间整个交际过程中的一个方面，往往包

① Brief von Franz Kuhn an Anton Kippenberg am 13 01. 1933, in: Goethe- und Schiller-Archiv, Insel Verlag, Schriftwechsel, Kuhn, Franz, 1933 (Signatur: 50/ 150).

② 施耐庵著，陈曦钟、侯忠义、普玉川辑校：《水浒传会评本》(上)，北京大学出版社 1981 年版，第 269 页。

括意见、观点的不同种类、层次的叙述以及具体视角等问题。[①] 作为叙事文学(Erzählende Literatur)代表的小说为推动情节发展、烘托人物形象,多综合运用对话描写、心理描写、直接叙述等叙事方式。在文学翻译过程中,由于不同民族文学间存在差异,加之译者的翻译观念与审美倾向对翻译施加的影响,伴随语言、文化的转换进入另一个全新的文学世界的叙事方式也会发生相应改变,进而影响译作整体的美学效果。

库恩的《水浒传》译本是编译本,编译与节译最大的区别在于,编译不仅删节了原文内容,还对保留的内容作了一定修改,这一点也体现在对叙事方式,特别是人物对话的处理上。

对话是小说基本的结构模式和展开情节的主要方式,恰如其分的对话可以体现人物的性格、地位、身份及态度,实现还原真实场景、塑造人物形象、凸显主题等功能。小说中的对话可以大致分为直接引语和间接引语两类。直接引语指直接引述的人或机构说的话,标志为用引号将所引用的内容括起。与之相对的间接引语指间接引述或转述的人或者机构的发言。五四运动之前的中国古籍并没有使用现代意义上的标点符号,而是用句读的方式表示停顿、语义终结和重点,所以文中几乎没有间接引语,多是直接引语。库恩所使用的四个底本中虽有三个都是使用了现代标点符号的版本,但只是起到方便阅读的作用,并没有改变原文文字本身,仍然是以直接引语为主要的对话方式。

章回体小说多采用第三人称叙事,以人物对话描写为主,以作者陈述为辅。对话描写,特别是直接引语形式的对话,是最常用、最有效的叙事方式,它可以精确地再现人物的口吻、感情、态度等,话语本身内含了该人物的鲜明个性。[②]《水浒传》也不例外,可以说《水浒传》的人物塑造及情节展开主要是通过直接引语进行的。库恩翻译时对直接引语的处理主要有三类:

1. 保留直接引语形式。这一策略多在翻译主要人物间的对话时使用。需要说明的是,不同于西方小说,特别是强盗小说有一个绝对的主人公,几乎所有情节都围绕他一人展开的特点,《水浒传》连锁式的线型结构决定了它的主要人物是一

---

① 胡壮麟、刘世生主编:《西方文体学辞典》,清华大学出版社 2004 年版,第 218 页。

② 王克友、任东升:《叙述方式的转换与小说翻译效果——以〈水浒传〉第四十七回三个译本为例》,《外语教学》2005 年第 26 卷第 4 期,第 77—80 页,此处引自第 78 页。

个群体，不存在单一、绝对的主要人物。此外，人物在具体场景中的位置具有流动性，如鲁达在原文第二至六回居于主要地位，而等他上山前的事迹基本论述完毕，引出下一个人物林冲后，鲁达就退居次要地位；时迁从整体来看并非主要人物，但在“吴用使时迁偷甲”一节就是事件的主人公。所以这里说的主要人物并非单纯以戏份的多寡来衡量，而是一个相对的概念，既包括在数回中处于核心地位的主要人物群体，如宋江、林冲等，也包括在主要场景中发挥重要作用，处于某一个事件中心的人物。库恩没有完全受西方小说单一主人公模式的影响，而是采用相对主人公的概念，根据对白的内容和作用来决定是否保留直接引语的形式。

对于不改变直接引语形式的内容，译者还会适当丰富言语修饰成分。试看原文李逵初见宋江时一段长对话的动词翻译：

例 5：

原文：

宋江看见，吃了一惊，便问道……戴宗道……李逵看著宋江问戴宗道……戴宗对宋江笑道……李逵道……戴宗道……[1]

译文：

... wandte er sich leise an Tai Tschun.

... stellte der kerkermeister vor.

... frage der Riese seinerseits, auf Sung zeigend.

... wandte sich Tai Tschung lachend an Sung.

... fragte der Eiserne Büffel betreten. [2]

回译：

……他悄声问戴宗。

……戴宗介绍说。

……那个巨人指着宋江问道。

……戴宗笑向宋江道。

---

① 施耐庵著，陈曦钟、侯忠义、普玉川辑校：《水浒传会评本》(上)，北京大学出版社1981年版，第696—697页。

② Kuhn, Franz: *Die Räuber vom Liang Schan Moor*. Leipzig: Insel Verlag, 1975, S. 415.

……铁牛尴尬地问道。

原文引出直接引语的表述并不丰富，多只有“道”“说道”“问道”等几种形式，有时一段较长的对话中，“道”这个动词会反复出现十几次，如果将“道”一律翻译成“sagt”，行文会非常枯燥乏味。库恩曾批评赛珍珠的译本语言重复，遇到同样的字、词不会变通，只是机械复制，遇到“道”就翻译成“said”。①，他自己自然不会重蹈覆辙。在这个例子中，库恩根据具体语境，还为原文单调的表述——“道”和“问道”补充了修饰语和动作，每句话的动词都不相同，语言丰富多变，而且完全符合场景和人物身份，这也说明库恩的翻译不是简单的字面意义传递，而是有自己的思考和创造在其中。他讲求文学翻译的语言质量，推敲用词认真，在翻译方法上也不墨守成规，如果同样的字词在文章出现多次，他每次的表达都会不完全相同，这体现了译者本人良好的文学素养。

2. 直接引语变间接引语。主要是将大量非主要人物的直接引语——特别是当他们的对白对推动情节发展没有实际意义时——变成间接叙述，并大幅压缩。但是也会视情况压缩主要人物间无实质内容的对话，如原文第四十回晁盖与宋江相互谦让山寨头把交椅的对话：

例 6：

原文：晁盖便请宋江为山寨之主，坐第一把交椅。宋江那里肯，便道：“哥哥差矣。感蒙众位不避刀斧，救拔宋江性命。哥哥原是山寨之主，如何却让不才？若要坚执，如此相让，宋江情愿就死。”晁盖道：“贤弟，如何这般说？当初若不是贤弟担那血海般干系救得我等七人性命上山，如何有今日之众？你正该山寨之恩主；你不坐，谁坐？”宋江道：“仁兄，论年齿，兄长也大十岁。宋江若坐了，岂不自羞？”再三推晁盖坐了第一位。宋江

---

① Kuhn, Franz: „Rezension über All Men Are Brothers von Pearl Sydenstricker Buck. “. in: *Sinica* 11, 1936, S. 58－60, hier S. 59. 赛珍珠处理本例中的几个动词时，除将“宋江问道”和“戴宗道”分别翻译为“Song Chiang asked”“Tai Chung answered”外，将其他的几个“道”都译成了“asked”或“saying”[Buck, Pearl S. (trans.), *All Men Are Brothers*, London: Methuen & Co Ltd, 1933, p. 654]，间接印证了库恩的意见。

坐了第二位。[①]

译文：Tschao Kai wollte unbedingt den Oberbefehl an Sung abtreten, aber Sung schlug ebenso beharrlich die angetragene Ehre bescheiden aus. Es gab einen längeren Rangwettstreit, der damit endete, dass Tschao als der Ältere – er war zehn Jahre älter als Sung – Oberhäuptling blieb und Sung mit dem zweiten Oberhäuptling vorlieb nahm.[②]

回译：晁盖坚持要将最高指挥权让给宋江，而宋江坚决拒绝(晁盖)给他提供的荣誉。他们展开了一场持久的排序争吵，最终决定，晁盖作为年长者——他比宋江大十岁——继续做最高头领，宋江更乐意接受做二头领。

原文中晁盖和宋江的直接引语被压缩成为一小段间接转述的文字，这样做一来是为了节省资源，将精力用在主要内容的翻译上；二来是因为这段对白体现了中国人谦让、客套的社交礼仪。还有“仁兄”“贤弟”这样的谦称，这些并不符合西方的社交礼仪和语言习惯，即使按照字面意义翻译了，也很难保留原文特色，不如采用间接概括情节大意的手法，更容易让读者理解。

该例体现了库恩在面对文化差异时的归化倾向，更可看出，库恩翻译的单位并非字、词，而是句子，乃至段落。他在意的是功能与大意的传递，只要整句话或整个段落的功能与原文基本吻合，便认为达到了翻译的目的，不会拘泥于一字一词的得失。为了服务于更大翻译单位的功能需要，许多词语层意义被译者视为无关宏旨的细枝末节而被舍弃。

3. 直接删除直接引语中重复的叙事信息。《水浒传》中存在重复叙事的现象，这是由说书这种特殊的表演形式决定的。长篇章回体小说的雏形“讲史话本”分多次演出，听众有可能并非每次都到场，因而会错过一些内容；也因以听觉为传播媒介的信息接收是一次性的，没有文字可供回溯，听众可能会淡忘前面的情节，所以

① 施耐庵著，陈曦钟、侯忠义、普玉川辑校：《水浒传会评本》(上)，北京大学出版社1981年版，第766页。

② Kuhn, Franz: *Die Räuber vom Liang Schan Moor*. Leipzig: Insel Verlag, 1975, S. 503.

说书艺人会根据实际情况，在需要照应前后文时，借多个人物在不同时间、不同场合从不同角度对同一事件的完整描述，交代必要信息。当说书艺人的原话被整理成文字后，按照西方小说的标准，这些内容就成了冗余信息。

例7：原文第十七回按事情发生的先后顺序讲述了白胜供出晁盖等人，宋江得知后专程去通知晁盖；待前来报信的宋江离去后，晁盖向吴用等人说明宋江的来意的情节。

原文：且说晁盖与吴用，公孙胜，刘唐，三人道："你们认得那来相见的这个人么？"吴用道："却怎地慌慌忙忙便去了？正是谁人？"晁盖道："你三位还不知哩！我们不是他来时，性命只在咫尺休了！"三人大惊道："莫不走了消息，这件事发了？"晁盖道："亏杀这个兄弟，担著血海似干系来报与我们！原来白胜自已捉在济州大牢里了，供出我等七人。本州差个缉捕何观察将带若干人，奉著太师钧帖来著落郓城县，立等要拿我们七个。亏了他稳住那公人在茶坊里俟候，他飞马先来报知我们。如今回去下了公文，少刻便差人连夜到来捕获我们。却是怎地好？"吴用道："若非此人来报，都打在网里！这大恩人姓甚名谁？"晁盖道："他便是本县押司，呼保义宋江的便是。"吴用道："只闻宋押司大名，小生却不曾得会。虽是住居咫尺，无缘难得见面。"公孙胜，刘唐都道："莫不是江湖上传说的及时雨宋公明？"晁盖点头道："正是此人。他和我心腹相交，结义兄弟。吴先生不曾得会？四海之内，名不虚传！结义得这个兄弟也不枉了！"①

译文：»Wer war denn der merkwürdige Herr? Er hatte es ja mächtig eilig!« wurde Tschao Kai hinterher von drei Seiten befragt.

»Prägt euch den Namen unseres Retters gut ein! Ohne ihn wären wir verstoben! Es war mein guter Freund, der Amtsschreiber Sung Kung Ming, den man den ›Regen zur rechten Zeit‹ nennt«, sagte Tschao ernst. Und er erzählt.

»Jetzt verstehen wir, warum man diesen Mann im Busch

① 施耐庵著，陈曦钟、侯忠义、普玉川辑校：《水浒传会评本》(上)，北京大学出版社1981年版，第333页。

allenthalben mit solcher Ehrfurcht nennt «, hieß es aufatmend.[①]

回译："那个奇怪的先生是谁？他走得如此匆忙！"三个人问晁盖。

"你们一定要记住我们恩人的名字！没有他，我们早就死了！他是我的好朋友，刀笔吏宋公明，人称'及时雨'。"晁盖严肃地说，然后开始讲述（事情的始末）。

"现在我们明白了，为什么大家在江湖上如此尊重他！"大家叹口气道。

宋江向晁盖等人通风报信的前情后果是前文已经讲述过、而吴用等人的视角看不到的场景，所以必须通过晁盖之口详加论述。库恩整体上的翻译意图是将章回体小说转化为西方小说。西方小说以视觉媒介传递信息，在有可靠的文字记录的情况下，读者即使遗忘了之前的信息，也可以随时翻看前文，因此不需要再保留章回体小说为弥补听觉艺术的局限而采取的重复叙事。所以库恩在将前文内容悉数翻译完之后，以西方小说的标准，将晁盖讲述的内容判定为冗余信息，予以删除，仅用一句话提示晁盖讲述的动作，既保证了行文连贯、情节完整，又使译文流畅简洁，具有可读性，还在一定程度上缓解了译文篇幅限制带来的压力。

三、对书名的翻译

书名，即一本书的标题，对内容来说是画龙点睛之笔，重要性不言而喻。起书名不易，翻译书名更不易。在语言和文化的双重隔阂下，如何在原语与译入语间找到平衡，做到既能在一定程度上保留原书名的形式和内容，准确概括文章内容，传达出原文的神韵，还要为译文增色，引起译文读者的阅读兴趣，不失为一大难题。库恩本人也认为书名的选择对译本能否成功意义重大。[②] 在进入对库恩《水浒传》译文书名翻译的分析前，不妨来看一下库恩之前的部分译作的书名及其他《水浒传》德语译本的标题。

库恩在翻译《水浒传》之前，在岛屿出版过《好逑传》等四部完整的古典小说译

① Kuhn, Franz: *Die Räuber vom Liang Schan Moor*. Leipzig: Insel Verlag, 1975, S. 220.

② Brief von Mertens von Insel-Verlag an Franz Kuhn am 08. 08. 1934, in: Goethe- und Schiller-Archiv, Insel Verlag, Schriftwechsel, Kuhn, Franz, 1934 (Signatur: 50/ 151).

本(不含片段),题名译法各不相同。最早出版的《好逑传》和《二度梅》都是较早进入欧洲,且有相当影响力的中国文学作品,《好逑传》的译名为"水冰心与铁中玉:或曰一则幸运的选婿故事"(„Eisherz und Edejaspis, oder die Geschichte einer glücklichen Gattenwahl"),主标题以意译的主人公姓名命名,副标题则是对原文标题的意译,形式上采取意译手法,内容上更多是异化,保留了原标题的含义。《二度梅》的标题"小梅的复仇:或曰二度梅奇观"(„Die Rache des jungen Meh, oder das Wunder der zweiten Pflaumenblüte")的翻译手法与之类似。到翻译《金瓶梅》的书名时,库恩虽然保留了主标题加副标题的形式,但改变了主标题的翻译策略。这个译本题为"金瓶梅:或曰西门与其六妻妾的传奇故事"(„Kin Ping Meh, oder die abenteuerliche Geschichte von Hsi Men und seinen sechs Frauen"),原书名是从三个女主人公——"潘金莲""李瓶儿"和"庞春梅"的名字中各取一字合成的,所以译者保留了原标题的形式,用拼音进行直译。为避免读者不解其意,刻意加上解释原文内容的副标题,向译文读者靠拢。《红楼梦》的译名没有副标题,主标题是对原文从形式到内容的直译。笔者在查阅档案时发现了一段相关学者很少提及的轶事:库恩最初将《红楼梦》命名为"Der Traum des roten Turmes",直到出版前夕才改为"Der Traum der roten Kammer";他曾专门写信向出版商解释更名的原因,主要是因为"Turm"和"Kammer"在语义上的细微差别,①此处不作赘述。其实这一改动在一定程度上也受到了德庇时(John Francis Davis, 1795—1890)、郭实腊(Karl Friedrich August Gützlaff, 1803—1851)和乔利(H. Bencraft Joly, 1857—1898)等人的英文版《红楼梦》译名的影响,②但从这个细节可以看出库恩对书名的重视程度和斟酌字词的用心。

《水浒传》书名的确定有一段漫长的演变史,简而言之,它的本名为"江湖豪客传",随着时间推进,这个名字逐渐被更为人接受的"水浒传"代替,现鲜为人知。而

---

① Brief von Franz Kuhn an Anton Kippenberg am 28. 05. 1932, in: Goethe- und Schiller-Archiv, Insel Verlag, Schriftwechsel, Kuhn, Franz, 1932 (Signatur: 50/149).

② 姚珺玲认为,德庇时于1829年翻译《红楼梦》中的两首《西江月》词时首次将书名译为"Dreams of the Red Chmber",之后郭实腊沿用了这一译法,仅将"of"改为"in"。而乔利于1892年推出的第一部《红楼梦》英译本题名也是"Hung lou meng, or the dream of the read chamber"。库恩曾经在《红楼梦》译后记中专门提过乔利的译本,很可能参考过他对书名的翻译处理。见姚珺玲:《〈红楼梦〉在德国的传播与翻译》,博士论文,北京外国语大学,2010年,第8页。

“水浒传”也只是一个简称，或曰题名的核心词，并非全名。中国古典小说的全名与版本息息相关，题名的构成包括回数、插图、评点人、刊刻时代等各种信息，是在核心词的基础上扩展而来的。由于存在版本问题，全名会根据回数、插图、评点人等的差别而表现出较大区别，但不同版本题名的核心词一般不会变。在不强调版本时，就只提及易于传播和接受的核心词来指代，如库恩翻译《水浒传》时参照了四个原文底本，每个底本的全名都不相同，但核心词始终是《水浒传》。

《水浒传》这一书名既有字面意，也有引申义：从字面意来看，“浒”是“水边”的意思，《水浒传》就是在水边发生的故事；中国学者对《水浒传》书名引申义的理解尚有较大争议。罗尔纲（1901—1997）于20世纪40年代考证出“水浒”两字连用最早出自《诗经・古父》“古公亶父，来朝走马，率西水浒，至于岐下。爰及姜女，聿来胥宇”一节，讲的是周朝先人在岐山创建基业的典故，并认为《水浒传》的书名很可能出自于此，作者借用这一典故，意在暗示梁山泊与北宋皇朝对立，有建立新政权之意。[①] 前人金圣叹、李贽等在“序言”或“发凡”中谈及《水浒传》书名由来时，多是依“水边”之意而阐发联想，掺杂个人好恶，自成一家之言。[②] 因罗尔纲的考证晚于库恩译本出版，袁无涯的刻本并非库恩依据的底本，金圣叹对《水浒传》书名的解释也未体现在库恩译本的标题或正文中，这些人的观点均未影响到库恩，所以仅从字面意出发，讨论译名的翻译。梁山英雄好汉聚义的地点——梁山泊是一个临水的地方，采用地貌特征命名，表现的是一百零八位英雄这个群体的居住地，表面上没有明显的感情色彩，如果不考虑“水浒”在原出处《诗经》中的所指的话，《水浒传》是一个中性而平实的书名。在封建社会，《水浒传》由于内容直接涉及反政府的起义行为，题材过于敏感，一直被列为禁书，在这种情况下，必然不会选择违禁词汇作为书名。这也很可能是更直白、更容易引起联想的“江湖豪客传”逐渐被淘汰的原因之一。

在《水浒传》库恩译本出现前，德语国家对《水浒传》的称呼可谓五花八门，几个片段和埃伦施泰因编译本的译名各有千秋，不同作者在各类中国（或世界）文学史

---

① 罗尔纲：《水浒真义考》，《文史》第十五期，转引自杜贵晨：《〈水浒传〉名义考辨——兼与王利器、罗尔纲先生商榷》，《明清小说研究》1990年第2期，第139—149页，此处引自第139页。

② 李贽：《出像评点忠义水浒全书发凡》，载人民日报图书资料室编：《水浒序跋集》，人民日报图书资料室1975年版，第52—54页；《金圣叹批改贯华堂原本水浒传》“序二”，第138—139页。

中提及《水浒传》时，也是根据自己的喜好来给《水浒传》命名，大多采取音译、意译结合的方式。由于片段仅是对部分内容的再现，所以不列入考察范围，仅将出版于库恩译本之前的编译本采用的译名和文学史中出现的部分译名列举如下：

——*Räuber und Soldaten*《强盗与士兵》(埃伦施泰因编译本题名)

——*Mörder aus Gerechtigkeit*《正义的谋杀者》(埃伦施泰因根据《强盗与士兵》改编的广播剧剧本题名)

——*Shuỳ-chù-tschuân, Geschichte der Küsten*《水浒传：海滨的故事》(出自克拉普罗特《柏林皇家图书馆汉、满图书、手稿目录》)

——*Schùi hù tschuan*《水浒传》(绍特《中国文学述稿》对《水浒传》的叫法)

——*Shui hu chuan, Die Geschichte des Flussufers*《水浒传：河边的故事》(引自格罗贝《中国文学史》)

——*Schui-hu-tschen, Gschichte der Flußufer*《水浒传：河边的故事》(鲍姆格特纳《世界文学史》)

——*Schui-hu-tschan, Insel im Fluß*《水浒传：河中岛》(维格勒《外语世界文学史》)

——*Schui Hu Tschuan, die Geschichte der Eidbrüder vom Flusse Huai*《水浒传：淮河的结拜兄弟》(卫礼贤《中国文学史》)

译本的主标题只允许有一种可能性，上面提到的两个编译本的题名都没有采用音译的形式，甚至连“水浒传”的字面意义都没有解释，而是结合各自内容的侧重点，从形式到内容均采用归化的方式重新命名。而文学史中的《水浒传》译名则不受标题译法唯一性的限制，除绍特只采用了音译译名外，其他人都选用了先音译、再意译的做法。除维格勒和卫礼贤的译法明显不同外，意译标题间的差别很小，都是表达“水浒传”的字面意。

这种命名混乱的局面随着库恩译本的诞生而宣告终结。自从这个译本问世后，德语国家基本都沿用他的德语译名来指代《水浒传》，即使个别汉学家在文学史中仍喜欢用拼音加意译的方式来解释题名，也多是在采用库恩的书名译法后添加补充。甚至有学者指出“《水浒传》是因为库恩的译名而在德国家喻户晓”[1]。赫茨菲尔德德语全译本的译名照搬库恩版标题，只是去掉了“Moor”一词，可见库恩的译法对《水浒传》译名的影响之大。

库恩最早也采用拼音的形式(“Schui hu tschuan”)来称呼《水浒传》，在翻译了前5章后，他想到了第一个题目“梁山泊的强盗/反叛者”[„Die Räuber (Rebellen) vom Liang Shan Moor“]，[2]后几经修改，[3]最终在翻译工作基本结束后，将译文标题定为“梁山泊的强盗”(„Die Räuber vom Liang Schan Moor“)。[4] 这个题名前人并未用过，是库恩的独创，它有以下几个特色：

1. 突出了故事的发生地——梁山泊。

原文标题模糊了故事的发生地，只含糊地透露出在“水边”；译文的标题则刻意准确点出故事发生地的名称，且对“梁山泊”的翻译采取音译加意译的结合。之所以这样做，是出于以译文读者为导向和译者主观意愿的双重需要。

作为一名签约译者，库恩完成翻译任务时必须顾及译文受众的需求，为他们服务。从为译文读者考虑的角度来说，为了提高抱着猎奇心理阅读中国小说的读者的阅读期待，在书名上就要做到引人入胜。保留对译文读者而言完全陌生的中国地名，会增强神秘的异域情调，刺激读者的感官，让他们产生一窥究竟的冲动；但如果全部音译，“梁山泊”一词在不谙中文的译文读者眼中，只是毫无意义的语音符号，所以译者翻译出了“泊”的意义——“沼泽地”(Moor)，这样读者即使通过题目无法了解梁山泊准确的地理位置，也可以在头脑中形成对这个地名的地貌特征的概念。

除了贴近译文受众，库恩也有学术上的考虑。从前文库恩指摘基巴特兄弟和赛珍珠可以看出，他非常在意汉学家的学术素养和常识的准确性。针对《水浒传》这种有一定历史依据的半虚构作品，库恩希望还原真实的历史、地理场景，所以他事先查阅了军事地图和工具书，对梁山泊地区的地理位置和环境进行了初步的了

① Ruckaberle, Axel (Hrsg.): *Metzler Lexikon Weltliteratur*. Stuttgart, Weimar: J. B. Metzler, 2006, S. 131.

② Brief von Franz Kuhn an Anton Kippenberg am 27. 04. 1933, in: Goethe- und Schiller-Archiv, Insel Verlag, Schriftwechsel, Kuhn, Franz, 1933 (Signatur: 50/ 150).

③ 修改过程详见第六章第一节。

④ Brief von Dr. M. / R. an Franz Kuhn am 16. 08. 1934, in: Goethe- und Schiller-Archiv, Insel Verlag, Schriftwechsel, Kuhn, Franz, 1934 (Signatur: 50/ 151).

解。他甚至还曾提议在译文中插入梁山泊的地图，[①]再通过在题名中加入故事发生地的名称突出其真实背景，这样既可以让没有来过中国的译文读者有身临其境的真实感，又能通过书名展现自己的调研结果，彰显专业性。

2. 给书中一众人物的身份作了"定性"——"强盗"（"Räuber"）。

"强盗"一词的提法很有可能是库恩受建议他翻译《水浒传》的海尼士的影响，海尼士曾在《金瓶梅》库恩译本书评中将《水浒传》定性为"强盗小说"，[②]这也是当时几本《中国文学史》《世界文学史》对《水浒传》及其人物性质的主流观点。还有一种可能，是受到埃伦施泰因译文的题名"强盗与士兵"的影响，毕竟沿用受欢迎的畅销书的部分书名也可以为自己的译文做宣传。但库恩本人对埃伦施泰因非常排斥，采用他的译名的可能性不大。除了外界影响，"强盗"一词还体现了库恩本人的意志，即他对文中人物形象的认识。从《水浒传》出现在德语书目及文学史中起，对它"强盗小说"的定位始终没有变过。梁山好汉不遵守社会规则，游走在社会边缘，行侠仗义但又崇尚暴力，草菅人命的形象很容易让库恩联想到在西方拥有大批读者的强盗小说中的主人公——"高尚的强盗"（Edler Räuber）。陶德文在《世界文学辞典》中也将宋江及其同党比作罗宾汉，可见这种认识是统一的。[③] 库恩不仅在书名中加入了"强盗"一词，对于人物形象和情节设置也在寻找《水浒传》原文与西方人熟知的强盗小说间的契合点，如果二者差异太大，多数情况下会在尊重原文的基础上作适当变通，努力将原文改造成译文读者能接受的文学样式，但也会根据情况保留原文特色，这一点留待下文分析。

3. 以"强盗"一词的复数形式"Die Räuber"体现了原文主人公的群体形象。

西方小说自诞生起就大多遵循单一主人公、单一线索的叙事传统/模式，强盗小说也不例外：主人公在开篇不久即登场，虽然强盗团伙中可能还有其他成员，但他们只是次要人物，不会有正面描写，所有故事都是围绕主人公——强盗团伙的头目一个人的经历展开的，有些强盗小说直接就以主人公的名字命名。

---

① Brief von Franz Kuhn an Anton Kippenberg am 27. 04. 1933, in: Goethe-und Schiller-Archiv, Insel Verlag, Schriftwechsel, Kuhn, Franz, 1933 (Signatur: 50/ 150).

② Haenisch, Erich: „Rezension über Kin Ping Meh". in: *Asia Major*, Vol. 5, Fasc. 1/2, 1928, S. 571－573, hier S. 572.

③ von Wilpert, Gero (Hrsg.): *Lexikon der Weltliteratur*. Stuttgart: Alfred Kröner Verlag, 1975, S. 914.

埃伦施泰因编译的《强盗与士兵》及《正义的谋杀者》将这种模式发挥到了极致，译者删除了宋江、鲁智深、林冲、李逵等原文的核心人物，让原本属于若干个人的经历都发生在武松一人身上，完全改变了原文主人公多人并列的群体形象。对原文作这样的处理可以说在最大程度上迎合了译文读者的接受习惯，但缺点更为明显。《水浒传》原文虽存在部分情节或人物形象的重复，如武松和李逵都打过虎，潘金莲、潘巧云和阎婆惜都以不守妇道的荡妇形象出现，但由于这些类似的场景并不是发生在同一个人身上，不同人物在出身、社会地位、性格、语言、动作上存在鲜明差异，作者刻意转换叙事角度与方式来描写类似的场景，读来并没有冗余的感觉。可埃伦施泰因的译文中只有武松一个主人公，这些重复的内容被反复描写，译文的语言与叙事手法也没有明显变化，反复堆砌的冗余信息不仅破坏了情节的连贯性，还导致主人公性格前后矛盾，让读者感到莫名其妙。

强盗小说的书名中如果出现了人名，一般只有主人公一个人的名字，并附有相应的修饰语，[①]而库恩在题目上就暗示读者，《水浒传》这种“中式强盗小说”与西方小说不完全相同，是一个群体的故事。库恩极其反感埃伦施泰因的做法，有意保留了原文多主角并列的特色，他删除的人物都是极其次要的小人物，没有为了突出宋江而刻意限制或删除其他主角。

第二节　对原著内容上的改编

库恩对于翻译内容的取舍受到了客观条件和主观偏好的双重影响。由于当时与库恩签约的出版商——德国岛屿出版社的负责人安东·基彭贝格要求译稿必须压缩在600页之内，且有严格的时间限制，[②]库恩无法完成对《水浒传》原著的全译，只能采取编译策略，取其重点，将一百二十回的章回体压缩整合。另外，库恩自己在译后记中将中国古典小说转译欧洲文学的方法概括为两种：“将中国古典小说翻译为欧洲文学，只有两种方法可供考虑：或是严格遵循语文学、供专业界使用的完

① 如 William Harrison Ainsworth：*Jack Sheppard*. 1839—1840；Johann Friedrich Ernst Albrecht：*Dolko, der Bandit. Zeitgenosse Rinaldo Rinaldinis*. 1801. 等。

② Kuhn, Hatto：*Dr. Franz Kuhn (1884 — 1961). Lebensbeschreibung und Bibliographie seiner Werke*. Unter Mitarbeit von Martin Gimm. Wiesbaden：Franz Steiner Verlag, 1980, S. 24.

整的翻译，或是一种自由翻译——一种针对卖书和买书的大众，有生命力的新创作。"[①]由于库恩自己设定的读者群并非专业的汉学家，而是对中国文化仅有兴趣，却并无深入了解的普通读者，所以他选择了"逐字翻译、艺术转述和自由加工"[②]相结合的翻译策略，尽可能将译文改造为读者喜闻乐见的形式，因此，其译文在保留原文风貌的基础上，难免与原文有一定程度上的背离。

一、对故事情节的整合与删节

中国古代章回小说的叙事结构主要分为两大类：网状结构与线型结构。所谓网状结构，是指许多人物在同一场景中逐一登场，不同事件、线索几乎同时推进，盘根错节，牵一发而动全身。库恩之前翻译过的《金瓶梅》和《红楼梦》都是典型的网状结构，它们以封建大家庭生活为背景，出场人物众多，人物关系错综复杂，如浮世绘一般描绘人生百态。这样的网状结构在库恩看来"内容拖沓，包罗万象"[③]，对西方读者的阅读习惯有很大冲击，译者需要下大力气理清主线，简化人物关系。如翻译《红楼梦》时，库恩确立了以宝黛钗三人爱情故事为主线的编译原则，[④]删掉了众多与主线关系不密切的小人物，将部分次要人物，特别是丫鬟的故事压缩整合，还在书后附有人物关系表，便于读者理解。

相较之下，《水浒传》本身的线型结构更便于西方读者理解。以一百二十回本的内容为例，就整体而言，《水浒传》前七十一回可按单个英雄人物分为若干部分，各人物依次登场，每个部分包含若干章节，以一位或一组主人公被逼上梁山的经历为主线；待前一个人物的故事内容基本交代清楚后，再通过事件和场景的转换，巧妙地引出另一个（组）人物，因人生事，开始下一个故事，而在前几个章节中处于核心位置的人物则退居次要的地位，或暂时消失。例如对武松的叙述方式就是这样，人物由宋江引出，在武松去落草的途中，又安排他与宋江相遇，将叙述重心逐渐过渡回宋江身上。而在各英雄悉数出场后，后四十九回转而按时间顺序，以两赢童

① Kuhn, Franz: „Nachwort", in: *Die Räuber vom Liang Schan Moor*. Leipzig: Insel Verlag, 1975, S. 857—858.

② Kuhn, Franz: „Nachwort", in: *Die Räuber vom Liang Schan Moor*. Leipzig: Insel Verlag, 1975, S. 858.

③ Brief von Franz Kuhn an Anton Kippenberg am 13 01. 1933, in: Goethe- und Schiller-Archiv, Insel Verlag, Schriftwechsel, Kuhn, Franz, 1933 (Signatur: 50/ 150).

④ Kuhn, Franz: „Begleitwort". in: *Der Traum der roten Kammer*. Leipzig: Insel Verlag, 1948, S. 782.

贯、三败高俅、受招安、征辽国等事件为叙述主干。由此可见,《水浒传》的情节是以单线纵向推进的,环环相扣、层层递进、引人入胜。[①] 这种以多个人物的经历为线索,将事件与人物命运的浮沉有机交织起来,熔铸成一个艺术整体的线型结构也可称为纵向结构。[②]

库恩在初读《水浒传》前二十回时就发现了它与《金瓶梅》《红楼梦》的本质区别,即叙事简洁明快,而且人物"奇妙的命运如同珍珠项链般环环相扣"[③]。在翻译完前 5 章(库恩称已译至原文七十回本前十回,实至第六回"花和尚倒拔垂杨柳")之后,库恩对这种线型结构的认识更为深刻,他认为译文前 5 章既是鲁智深的个人事迹,又可看作导入部分,将读者由市井街头逐步引向梁山泊。自林冲出场起,主要人物间开始有了交集,对单个人物命运的描述逐步汇集成一个大型的强盗团伙。[④]

从某种意义上讲,《水浒传》中的单个事件与西方强盗小说中单一主人公的冒险经历非常相似。以西方的叙事模式为标准,《水浒传》可以看作若干个单一主人公小说的集合,这是它接近于西方小说的天然优势。但《水浒传》毕竟没有摆脱"讲史话本"宏大叙事的影响,叙事并非一章一事,划分章节的依据也不是事件终结,而是恰好在高潮时戛然而止,留下悬念;另外,小说中有多个主要人物同时存在、轮番登场,而且主人公还不是在一开始就出场,这都让译文读者很难适应。[⑤] 对于熟悉中国小说的库恩来讲,看出《水浒传》中隐藏的线型结构并不困难,但对中国小说缺乏必要认识的读者要想做到这一点就不容易了。为了弥补这一缺憾,库恩在翻译时保留了原文的线型叙事结构,同时结合自己对情节架构的理解,创造性地按人物经历和事件对文本进行分卷,理清多条线索,让原文中隐含的线型结构更加明晰,减轻读者的阅读负担,替读者做好了导读工作。译文共分为 10 卷,120

① 孙建成:《水浒传英译的语言与文化》,复旦大学出版社 2008 年版,第 32—33 页。

② 吴士余:《中国古典小说的文学叙事》,上海古籍出版社 2007 年版,第 28 页。

③ Brief von Franz Kuhn an Anton Kippenberg am 13 01. 1933, in: Goethe- und Schiller-Archiv, Insel Verlag, Schriftwechsel, Kuhn, Franz, 1933 (Signatur: 50/ 150).

④ Brief von Franz Kuhn an Anton Kippenberg am 27. 04. 1933, in: Goethe- und Schiller-Archiv, Insel Verlag, Schriftwechsel, Kuhn, Franz, 1933 (Signatur: 50/ 150).

⑤ 前文曾提及,《世界文学小辞典》(修订版)"水浒传"条目的作者就曾惊讶于宋江作为主角竟然到第三十四回才出场[s. Pongs, Hermann (Hrsg.): *Das kleine Lexikon der Weltliteratur. 2. erweiterte Aufl.*. Stuttgart: Union Deutsche Verlagsgesellschaft, 1956, S. 1293]。

章，其中第1—5、7、8卷分别对应的是单个英雄的故事，并以主人公的绰号作为该卷的标题，如第1卷（原著第一至六回）的中心人物是鲁达，而第2卷（原著第六至十二回）是林冲，第3卷（原著第十二至十七回）是晁盖等。而第6卷和最后2卷则按时间顺序，根据不同事件来分卷，每一卷也可看作一个完整的故事。分卷情况详见下表：

表2　译本分卷一览表

译本标题	译本标题及译文	中心人物/事件
第1卷	Der eiserne Mönch 铁面无私的和尚	鲁达
第2卷	Pantherschädel 豹子头	林冲
第3卷	Der Pagodenträger 托塔天王	晁盖
第4卷	Der Regespender von Schantung 山东及时雨	宋江
第5卷	Die Yang tse Piraten 长江盗贼	阮氏三兄弟
第6卷	Der himmlische Auftrag 神的任务	江州白龙庙聚义
第7卷	Der Schwarze Taifun 黑旋风	李逵
第8卷	Der Todesverächter 不怕死的人	杨雄
第9卷	Kampf um Burgen 在堡垒附近的战斗	三打祝家庄
第10卷	Kampf um Städte 在城附近的战斗	众虎同心归水泊
尾声	Getreu bis in den Tod 至死犹忠	受招安后事

另外，原文中的一回在译文中只能分割成若干章。以原文的第五、六两回为例，原文与译文内容对照情况详见下表：

表 3　译本第 5—7 章与原文回目对应表

译本章节	原著相应回目	译本标题	标题来源	内容翻译处理方法
第 1 卷 第 5 章	第五、六回	新的寺庙园丁	倒拔垂杨柳	1. 删除第四回、第五回一部分 2. 从第五回“只说智深自往东京”至第六回“一齐喝采”全译
第 2 卷 第 6 章	第六回	花花太岁	林冲出场	1. 从第五回“智深正使得活泛”至“把这件事都放慢了”全译
第 2 卷 第 7 章	第六回	朴刀	林冲买刀，误入白虎堂	1. 从第六回“且说高衙内”至回末全译

这两回主要描写了三个事件：鲁智深倒拔垂杨柳、林冲出场及误入白虎堂，在译文中被拆分成了 3 章，即第 5—7 章，分别对应三个场景，每章之间以“只说”“自此”“且说”等为划分点。

由此可见，分章的依据有两个：一是德语文学分章的传统原则——以事件来划分章节，一件事说完，则开始新一章；二是根据原文中的“不在话下”“且说”“次早”等表示事件起止的提示语来分章。

内容整合还有一种情况，就是调整顺序。例如译文第 3 卷第 16 章对应的是第十二回“适逢端午”至“自此不在话下”和第十五回“却说北京大名府”至“取大路往东京进发”的内容。两回中间的内容则被放在第 17—21 章中进行翻译，详见下表：

表 4　译文第 16—21 章内容调整表

译本章节	原著相应回目	译本标题	内容翻译处理方法
第 3 卷 第 16 章	第十二、十五回	生辰纲	1. 从第十二回“适逢端午”至“自此不在话下”全译 2. 将第十五回“却说北京大名府”至“取大路往东京进发”提前翻译
第 3 卷 第 17 章	第十二、十三回	大搜捕	1. 从第十二回“却说山东济州”至第十三回“当时晁盖提了灯笼，自出房来”全译
第 3 卷 第 18 章	第十三回	赤发鬼	1. 从第十三回“只见窗子外射入天光”至第十三回“立住了脚”全译

续表

译本章节	原著相应回目	译本标题	内容翻译处理方法
第 3 卷 第 19 章	第十三、 十四回	智多星	1. 从第十三回“看那人时”至第十四回“明日晌午可到那里”全译 2. 删除第十三回回末诗
第 3 卷 第 20 章	第十四回	金鲤鱼店	1. 从第十四回“至三更时分”至“一齐都到晁天王庄上”全译
第 3 卷 第 21 章	第十四、 十五回	七星(聚义)	1. 从第十四回“次早起来”至第十五回“至期不可有误”全译

之所以这样对内容进行重新整合,主要有以下几个原因:

首先是汉德语言的客观差异。同样的内容,以单个字为单位的汉语表达要比以由字母组成的单词为单位的德语简洁得多。如原文第六回计有 16 页,而译文中则用了 3 章(5—7 章),共 27 页(S. 55—81)。

其次是小说结构的不同。《水浒传》并非一章一事,每一章的内容繁杂,出场人物众多,叙事时有跳跃。例如原文第十二回先说杨志比武,又提及蔡中书与夫人商议送生辰纲的人选,话说到一半,却按下不表,将话锋转向都头朱仝和雷横,以引出下一回晁盖出场,而蔡中书选择杨志押送生辰纲的情节则在第十五回才再次提及。这都是由说书话本的特点决定的。说书作为一种语言艺术,最重要的是保证内容不单调枯燥,还要能引起听众继续收听的兴趣,所以由话本转化而成的小说也有“卖关子”的特点,一件事说到一半,停下不说,转到下一件事情;或是每回停顿的地方并不是一件事情的结尾处,而是选择在高潮,或是在留有悬念的地方戛然而止,以求达到回味无穷的效果。

西方读者的线性思维很难接受中国文学多线索同时推进的叙事,所以库恩为了对译文读者的接受习惯表示尊重,在译文第 16 章蔡中书与夫人商议送生辰纲的人选后,直接翻译了原文第十五回定下押送人选的情节,保证一件事连贯说完,然后再继续翻译晁盖出场。

译文虽然在形式上仍为 120 章(Kapitel),但内容上大幅缩水。库恩的删节倾向在翻译《红楼梦》时就有明显体现,他在给出版社的信中这样讲述道:

删节时,我倾向于删除对整体没有本质影响的次要情节。对于读者通过新小说或更早的中国小说已经有所了解的其他事件,我不再提及或仅简要交代。与此相反,对我们来说新鲜的和具有文化、历史趣味的细节,我将全力细致地进行再现。[①]

《水浒传》被删节的情况非常类似。其中,“对我们来说新鲜的和具有文化、历史趣味的细节”留待第五章分析。库恩在译后记中也举了两个例子:

一是“把原文中从很久之前的历史讲起的第一回[②]整回用几句扼要的话放在译文的第一章中”[③]。库恩这样的表达其实并不完全准确,具体来说,库恩将原文的楔子,即水浒一百单八将本是天罡地煞一百零八星宿的传说全部删除,译文开篇即是原文第二回史进入渭州的内容,而原文第一回中的史进、王进、高俅之事则是通过史进与鲁达的对话间接概述出来的。

库恩这样做是有前例可循的:他在1932年翻译《红楼梦》时,也将原文第一回中的凡例和作者自述完全删除,对木石前盟的故事一笔带过,完全忽略了“石头”作为另一个叙述者的身份。

《红楼梦》和《水浒传》起始的神话传说都被库恩删除了,这是中西方文学不同的叙事“时间倒置”传统所致。法国叙事学家热奈特等人将小说中的“时间倒置”分为“倒叙”和“预叙”两极,所谓“倒叙”是指“对故事发展到现阶段之前的事件的一切事后追述”,与之相对的“预叙”则表示“事先讲述或提及以后时间的一切叙述活动,包括带有预兆性的梦、预言性叙事、神示等”。[④] 在中国的叙事传统中,“预叙”是强项,表现之一就是中国古典长篇小说往往以带有预言性质的神话框架作为小说的开头和结尾,以此阐明作品的主旨或寓意。对此,杨义指出:“中国的叙事作品往往在开端采取大跨度、高速度的时间操作,以期和天人之道、历史法则接轨。这就使他们的总评不是首先注意到一人一事的局部细描,而是在宏观操作中充满对历史

① Brief on Franz Kuhn an Anton Kippenberg am 28. 05. 1932, in: in: Goethe- und Schiller-Archiv, Insel Verlag, Schriftwechsel, Kuhn, Franz, 1932 (Signatur: 50/ 149).

② 金圣叹将七十一回本的第一回改为楔子,所以他的评点本为七十回。而库恩此处所谓第一回是以“胡适版”,即《一百二十回的水浒》的章回为依据,该版第一回的内容即七十回本的楔子。

③ Kuhn, Franz: „Nachwort“, in: *Die Räuber vom Liang Schan Moor*. Leipzig: Insel Verlag, 1975, S. 862.

④ 〔法〕热拉尔·热奈特:《叙事话语 新叙事话语》,王文融译,中国社会科学出版社1990年版,第17页。

和人生的透视感和预言感。”[①]《水浒传》也采用了这种形式，考虑到故事取材于历史，在楔子中编造了一个发生在真实历史背景中带有魔幻色彩的传说。开篇概述北宋历史，语言夸张，天马行空，有明显的“讲史话本”痕迹，后以洪太尉误放出被封印的三十六员天罡星和七十二座地煞星，被张天师预言“若还放他出世，必恼下方生灵”[②]，引出后文行侠仗义、替天行道的梁山一百单八将，作用是为下文故事做铺垫，设置悬念，吸引读者，也以预言的形式揭示了主人公的命运。

《水浒传》加入星宿传说，构建宏大叙事，是为了让故事更加引人入胜，这本是中国文学叙事的特色，也是中国人敬畏天命、听信占卜预言的体现。而在西方小说中，“预叙”相对薄弱，在开篇以神话故事预设主人公命运的手法非常少见，这样的情节并不符合西方读者的阅读习惯。此外，中国人重集体、强调整体的观念导致中国小说喜欢采用宏大叙事模式，而西方人重个体的倾向让他们在文学叙事中喜欢开门见山，将叙述中心直接集中在具体的一人一事，不会过多牵扯与主线无关的旁枝末节。此外，原文中过于复杂的线索也会打乱行文节奏，所以只能删除。

二是“把武松、潘金莲、西门庆三人的全部情节（胡适版第二十三至三十二回）都删除了，因为我们已经从《金瓶梅》中了解了这段故事的主要情节”[③]。这种删节照应了前面引文中的“对于读者通过新小说或更早的中国小说已经有所了解的其他事件，我不再提及或仅简要交代”。

删节与《金瓶梅》重复的片段的原因实际上有两个：一个是库恩此处所讲的，自己早在1930年就将《金瓶梅》编译为德语并出版，大获成功；另一个是在与赞助人的通信中提到的埃伦施泰因的译本《强盗与士兵》中对“武松杀嫂”一节也着墨甚多，[④]所以库恩为了避免重复，就删除了《水浒传》中武松、潘金莲、西门庆三人之间的情节。不仅如此，为了保证上下文的逻辑连贯，库恩还细心地将涉及武松与其他人物交集的场景也全都删除了。例如七十回本第二十二至三十一回的主人公是武松，在将他上山前的事迹基本说完后，作者刻意在第三十一回中安排了他在途中遇

① 杨义：《中国叙事学》，人民出版社1997年版，第152页。

② 施耐庵著，陈曦钟、侯忠义、普玉川辑校：《水浒传会评本》（上），北京大学出版社1981年版，第50页。

③ Kuhn, Franz: „Nachwort“, in: *Die Räuber vom Liang Schan Moor*. Leipzig: Insel Verlag, 1975, S. 862.

④ Brief von Franz Kuhn an Anton Kippenberg am 13. 01. 1933, in: Goethe- und Schiller-Archiv, Insel Verlag, Schriftwechsel, Kuhn, Franz, 1933 (Signatur: 50/ 150).

到宋江，二人同行一段路程后分手的过渡情节，将叙述重心自然地转移到宋江身上。库恩将这一段叙述也删除了。好在武松的出场也是由宋江引出的，直接删除武松这一人物形象并没有造成译文内容的严重脱节。但需要指出的是，库恩在这里明显地犯了一个很严重的错误，那就是他误解了《金瓶梅》与《水浒传》在内容上的承继关系。《金瓶梅》的故事脱胎于《水浒传》，但它完全改变了潘金莲在《水浒传》中被武松所杀的结局，安排她嫁给西门庆，并以西门庆府为中心，展开了新的故事情节。不管译者是误读，还是故意对《金瓶梅》与《水浒传》内容上的差异视而不见，以此作为压缩原文、节省篇幅的借口，这样大段删节，不仅造成了武松这一人物形象在《水浒传》中彻底消失，还误导了译文读者，让他们简单地认为《水浒传》与《金瓶梅》中关联人物的命运完全相同。

除此之外，还有一大段情节被删除不是库恩主动提出的，那就是潘巧云与和尚裴如海之间偷情的细节描写。当时阅读中国小说的主要人群是以阅读为消遣娱乐和打发时间方式的普罗大众，按理来说，保留低俗的色情描写可以迎合读者口味，达到吸引读者注意，甚至引起轰动的社会效应的目的，从译者到出版社都有可能从中获利，但是库恩却将涉及色情描写的部分全部删除。放弃翻译这些内容受翻译环境和赞助人机制的共同影响，具体原因留待第六章分析。

综上所述，译者使用编译的方法简化了原文的故事线索，让译文读者能在短时间内掌握《水浒传》的核心内容，同时，根据自己的理解和德语国家读者的习惯，对原作进行了精心的改编。虽然无法完全展现原文的细节，但保留了叙事的主干，特别是对主要情节仍多采用逐字逐句翻译的语文学式再现，并尽力还原了原文的氛围。[①]

二、对人物形象的改编

人物形象是小说的核心要素，古典小说文学叙事中的作品主题演绎总是以活生生的人物形象为纲来谋篇布局。[②]《水浒传》到底塑造了多少人物？书中仅在梁山聚义的有名有姓的好汉就有 108 人，而涉及的各类社会人物更是不胜枚举。据

① Walravens, Helmut: „Franz Kuhn und der chinesische Roman. Zu einer Ausstellung in der Staats-und Universitätsbibliothek". in: *Auskunft* 1986, S. 28—35, hier S. 31.

② 吴士余：《中国古典小说的文学叙事》，上海古籍出版社 2007 年版，第 29 页。

统计,《水浒传》中出现的人物,有姓有名的577个,有姓无名的99个,有名无姓的9个,另外,书中提到但未出场的102人,总共是778人。[1] 其中男性人物占近九成,只有少数妇女形象,这些人物来自官吏、知识分子、绿林、商贩等不同社会阶层。而在库恩的编译本中,这些人物自然并未全部出现,而是由译者择其重点,有选择地删减保留。有些人物形象与原文中基本保持一致,甚至经过译者刻意地补充言语、动作、心理描写,比原文更加生动、丰满,而有些则发生了一定变化。库恩对《水浒传》人物形象的处理大致有以下三类:

1. 人物形象的消失:删节次要人物,甚至极个别主要人物,简化人物关系。为避免重复,也为压缩篇幅,武松这个在整整十回中作为主要人物的形象完全消失,若干不重要的小人物也被删除。库恩做这样的改动是出于对译文读者阅读习惯的迁就。尽管《水浒传》天然的线型结构为西方读者阅读提供了一定便利,但数量庞大的出场人物、凌乱的人物关系还是让他们难以招架。在库恩尽可能简化情节的前提下,赞助人基彭贝格仍然觉得繁杂的人物关系令人看得头晕,希望库恩写一个重要人物的简短介绍和每卷的情节概述来辅助他阅读。[2] 不难想象,如果全译,译文读者在看到中国古典小说众多人物轮番登场,人物、情节无论主次事事铺陈后必然会产生严重的抵触心理,基于此,库恩采取编译手法,将翻译精力放在更为重要的人物身上,抛弃对小人物的塑造,实为必要之举。

2. 人物形象的保留与深化:保留人物原有性格,并丰富了人物语言、动作、心理的修饰成分,以加强对人物形象的塑造,特别体现在群体场景中对多个人物的塑造上。试看原文第三十七回戴宗介绍李逵与宋江相识的场景描写:

例8:

原文:戴宗便起身下去;不多时,引著一个黑凛凛大汉上楼来。宋江看见,吃了一惊,便问道:"院长,这大哥是谁?"戴宗道:"这个是小弟身边牢里一个小牢子,姓李名逵。祖贯是沂州,沂水县,百丈村人氏。本身一个异名,唤做黑旋风李逵。他乡中都叫他做李铁牛。因为打死了人,逃走

---

① 王树人:《〈水浒传〉趣事拾零》,《文史月刊》2011年第3期,第26—27页,此处引自第27页。

② Brief von Anton Kippenberg an Franz Kuhn am 27. 06. 1934, in: Goethe- und Schiller-Archiv, Insel Verlag, Schriftwechsel, Kuhn, Franz, 1934 (Signatur: 50/ 151).

出来，虽遇赦宥，流落在此江州，不曾还乡。为他酒性不好，人多惧他。能使两把板斧，又会拳棍。见今在此牢里勾当。"李逵看著宋江问戴宗道："哥哥，这黑汉子是谁?"戴宗对宋江笑道："押司，你看这厮恁么粗卤！全不识些体面！"李逵道："我问大哥，怎地是粗卤?"戴宗道："兄弟，你便请问'这位官人是谁'便好。你倒却说'这黑汉子是谁，'这不是粗卤却是甚么?我且与你说知：这位仁兄便是闲常你要去投奔他的义士哥哥。"①

译文：Er verschwand und kam nach einer Weile mit einem schwarzen Kerl von riesenhaftem Wuchs und so wildem, furchteinflößendem Aussehen zurück, dass Sung einen wahren Schreck bekam.

»Wer ist denn das? « wandte er sich leise an Tai Tschun.

»Mein Untergebener, der Gefangenenwärter Li Kweh, genannt der Eiserne Büffel oder auch der › Schwarze Taifun ‹ « stellte der kerkermeister vor. » Wegen eines Totschlags musste er seiner zeit aus seiner Heimat flüchten und fand bei mir Aufnahme als Zellenschließer und Gefangenenwärter. Erscheint ihm ganz gut zu gefallen bei mir, denn obwohl ihm inzwischen Begnadigung zuteil geworden ist, wollte er nicht in seine Heimat zurück. Ein wacherer Busche, solange er nüchtern ist, aber gefährlich und der Schrecken aller friedlichen Bürger, sobald er einen Tropfen zuviel getrunken hat. Im Kampf ist er ein fürchterlicher Gegner, da geht er gleichzeitig mit zwei Streitäxten los, außerdem versteht er sich auf Boxen und Fechten. «

»Wer ist der kleine Schwarze? « frage der Riese seinerseits, auf Sung zeigend.

»Nun seht diesen groben Barbaren! « wandte sich Tai Tschung lachend an Sung. » Versteht auch nicht das geringste von höflichem

---

① 施耐庵著，陈曦钟、侯忠义、普玉川辑校：《水浒传会评本》(上)，北京大学出版社 1981 年版，第 696—697 页。

Anstand!«

»Warum nennt mich mein großer Bruder Barbar?« frage der Eiserne Büffel betreten.

»Du musst artig fragen: Wer ist der werte Herr? Du aber ssagst geradezu: Wer ist der schwarze Kleine? Wenn das nicht barbarische Grobheit ist, was ist es sonst? Also laß dir sagen: Dieser werte Herr ist der edle Volksfreund, der große Kämpfer für Recht und Gerechtigkeit, zu dem es dich schon immer hingezogen hat!«[①]

回译:他(戴宗)出去,过了一会儿和一个身材魁梧、外表粗鲁,看来令人生畏的黑汉子一起进来,宋江吓了一跳。

"这个人是谁?"他悄声问戴宗。

"我的下属,负责看管犯人的李逵,又名铁牛或'黑旋风',"戴宗介绍说,"他当时因为一起命案而逃离家乡,在我这里当了看守监狱的狱卒。他应该是挺喜欢在我这里工作,即使得到特赦也不想返回家乡。只要他没喝醉,还是一个清醒的人,不过只要多喝了几杯,所有良民都怕他。他在战斗中是一个可怕的对手,能同时使两把板斧,又会拳击和击剑。"

"这个黑矮子是谁?"那个巨人指着宋江问道。

"看看这个粗鲁的野蛮人!"戴宗向宋江笑道,"一点起码的礼貌都不懂!"

"大哥为什么叫我野蛮人?"铁牛尴尬地问道。

"你应该有礼貌地问:'这位先生尊姓大名?'你却直接说:'这个黑矮子是谁?'如果这都不算野蛮人式的粗鲁,什么算粗鲁呢? 告诉你吧:这位尊贵的先生就是高尚的群众之友,为公正和正义而战的斗士,你一直神往的人。"

在本例中,作者根据情境揣摩作者的态度与倾向,为原文单调的表述——"道""问道""说道"补充了修饰语和动作,增强了画面的动态感,更视情境解释文中隐含

① Kuhn, Franz: *Die Räuber vom Liang Schan Moor*. Leipzig: Insel Verlag, 1975, S. 415.

的人物心理活动，极大地丰富了原文的信息量，使人物的外貌及性格更加鲜明，举动更富于合理性。

首先，在原文基础上夸大了对李逵外貌的描写。原文宋江眼中的李逵的形象只有“黑凛凛大汉”五个字，在译者的笔下被扩充为“身材魁梧、外表粗鲁，看来令人生畏的黑汉子”。在人物出场时给予如此夸张的描写，有增强人物神秘感，渲染气氛，呼应译者给人物的定位——“强盗”，从视觉上带给读者震慑感的作用。类似的用法也出现在了对鲁达出场的描写中，译者用归化的手法将鲁达塑造成了西方强盗的典型形象——“长着红色络腮胡子，从北方来的野蛮人”(roter zottiger Vollbart von der Art，wie ihn die Barbaren des Nordens tragen)[①]。而此处对外貌的夸张描写还有另外一个作用，就是照应下文，从自己的角度出发，试图合理解释原文并未说明的问题：宋江看到李逵后吃了一惊是因为他的长相令人生畏。

其次，宋江在向戴宗询问李逵身份时，原作者只是简单地描述为“问道”，但译者刻意加入“悄声问”(sich leise wenden)，显示出了宋江的礼貌及涵养，符合他受过一定教育，落草前担任国家官吏的身份，也与前文中描述的他一再忍让阎婆惜的性格相一致。

再次，通过对动作和言语的修饰，刻画李逵的性格。如将“看着宋江说”改为“指着宋江说”，加大了动作的幅度，显示出李逵不拘小节与简单直率的性格；为呼应前文对宋江身形的描写“面黑身矮”[②]，将李逵对宋江口无遮拦、充满蔑视的称呼“黑汉子”扩充为“黑矮子”，嘲笑了他的身高，加重了从言语到行为的不礼貌程度，更与译者补充的宋江“悄声问”形成了鲜明对比，一个直肠直肚、口无遮拦的人物形象呼之欲出。译者根据自己的理解，为下面戴宗指责李逵为“野蛮人”(der grobe Barbar)作了更全面、合理的解释。

在这里，库恩对人物语言、动作的描述及解释都没有在字面上完全忠实于原文，而是对原文进行改写，在翻译中融入了自己的创造性劳动。而这些改动并非不负责任的乱改乱译，而是译者根据上下文，挖掘字里行间隐藏的意义，融入自己所理解的合理推断而对原文进行的处理，既在情节上保证了前后照应，又使人物性格

① Kuhn，Franz：*Die Räuber vom Liang Schan Moor*. Leipzig：Insel Verlag，1975，S. 11.

② 施耐庵著，陈曦钟、侯忠义、普玉川辑校：《水浒传会评本》(上)，北京大学出版社 1981 年版，第 329 页。

保持一致,还为读者理解扫清了障碍。

3. 人物形象的改变:伴随着故事情节的调整,个别人物形象发生了相应的改变,甚至扭曲。

以鲁达邀约李忠、史进和帮助金翠莲时的表现为例,原文反复渲染鲁达的急躁脾气,如"鲁达焦躁,把那看的人一推一交,骂道……"①,"鲁达焦躁,便把碟儿盏儿都丢在楼板上"②,"鲁达道:'谁奈烦等你?去便同去'"③,"李忠见鲁达凶猛,敢怒而不敢言。只得陪笑道:'好急性的人!'"④等,而译文只保留了"鲁达焦躁,便把碟儿盏儿都丢在楼板上"一处,大大削弱了鲁达暴脾气的表现力。

笔者通过分析,认为人物性格的变化是译者在客观限制下发挥主体性的体现。比较明显的原因是库恩受到来自出版商的压力,必须要缩减内容,将自己认为不重要的情节删除或缩译,因此无法在文字上完全再现原文,塑造人物的必要手段未能起到与原著相同或类似的作用。更深层的原因则是译者根据《水浒传》的题材,找到西方小说中与之最为接近的强盗小说,并结合意识形态,按西方文学对强盗小说主人公的定位重新塑造人物,选取自己认为应该突出的方面,这有时会导致译文中的人物性格与原作者想突出的人物性格有所出入。

《水浒传》原文中的人物形象亦是作者价值观的体现,他们普遍存在两面性,既有豪爽大度、忠诚可靠、重视友情、行侠仗义的积极面,也有崇尚暴力、草菅人命、不尊重妇女的消极面,从现代的角度来看,他们完全没有法治观念。原作者并不讳言他们性格的负面因素,反而提倡鼓励。而西方强盗小说的主人公往往被定位为"高尚的强盗",他们不被主流社会接纳,行为违背法律规定,却深受书中的普通百姓喜爱;作者也着力刻画他们性格的正面因素,以突出冒险经历的紧张刺激,渲染劫富济贫等行为的"合理性",强调"官逼民反"等社会环境造成的人物命运的悲剧性(如鲁宾汉本是良民,由于受到地主迫害,而被迫成为绿林英雄),以分散读者注意力,对人物的负面因素则尽力回避。

无论是在施耐庵的笔下,还是中国传统的阐释中,鲁达最明显、最直接的性格

① 施耐庵著,陈曦钟、侯忠义、普玉川辑校:《水浒传会评本》(上),北京大学出版社1981年版,第87页。
② 施耐庵著,陈曦钟、侯忠义、普玉川辑校:《水浒传会评本》(上),北京大学出版社1981年版,第87页。
③ 施耐庵著,陈曦钟、侯忠义、普玉川辑校:《水浒传会评本》(上),北京大学出版社1981年版,第86页。
④ 施耐庵著,陈曦钟、侯忠义、普玉川辑校:《水浒传会评本》(上),北京大学出版社1981年版,第87页。

特征就是急躁(当然这种急躁有时也是热心的表现),而库恩最想强调的则是鲁达的“铁面无私”,从对他绰号的翻译可见一斑。鲁达的绰号“花和尚”有两层含义,一是强调他不守佛家戒律的负面性格,出家后仍饮酒、吃肉、闹事等;二是书中通过外貌描写(“智深把皂直裰褪下来,把两只袖子缠在腰里,露出脊背上花绣来”[①],“只见一个胖大和尚,脱得赤条条的,背上刺着花绣,坐在松树根头乘凉”[②])和自报家门(“人见洒家背上有花绣,都叫俺花和尚鲁智深”[③]),清楚地告诉读者,“花和尚”的“花”指的是“花绣”,即文身。[④] 受儒家经典《孝经》“身体发肤,受之父母,不敢毁伤,孝之始也”观念的影响,文身在传统的汉族社会中是象征着非主流、不守规矩的行为,而《水浒传》中的“侠”,恰恰就是不守规矩的。[⑤] 这两种解释都有一定贬义。[⑥]

库恩翻译时舍弃了贬义,将其美化为“铁面无私的和尚”(das eiserne Mönch),从正面对其加以肯定,并一再通过文中其他人物之口这样称呼他。在译者看来,比起出格行为,鲁达更引人注意的是铁面无私、疾恶如仇的性格和热心慷慨的“侠义”行为。正因为原作者和译者想突出的方面不同,所以在懂德语的中国读者看来,鲁达的形象发生了变化。这也从一个侧面表现了作为“他者”的译者对异文化的不同理解。

本章讨论的是库恩翻译《水浒传》时所做的宏观处理,译者综合考虑原文与译文、《水浒传》与已翻译过的其他作品、自己与前人的翻译实践,制定了相应的翻译策略——编译。在这一原则的指导下,库恩对《水浒传》原文从形式到内容既有保留,也做了相应改动。库恩所做的保留并非完全照搬原文形式的逐字全译,改动也不是抛弃原文,完全按个人意志处理的大肆删节,而是有自己的原则,在原语与译入语迥异的文学样式、语言及文化语境中寻找一个平衡点。根据《水浒传》与之前选材的相同与差异之处,结合之前的翻译实践综合考虑,译者在具体的翻译活动中

① 施耐庵著,陈曦钟、侯忠义、普玉川辑校:《水浒传会评本》(上),北京大学出版社 1981 年版,第 109 页。
② 施耐庵著,陈曦钟、侯忠义、普玉川辑校:《水浒传会评本》(上),北京大学出版社 1981 年版,第 311 页。
③ 施耐庵著,陈曦钟、侯忠义、普玉川辑校:《水浒传会评本》(上),北京大学出版社 1981 年版,第 312 页。
④ 杨子华:《花和尚之花是什么意思?》,《水浒文化新解》,新世纪出版社 2007 年版,第 202—204 页。
⑤ 王同舟:《地煞天罡:〈水浒传〉与民俗文化》,黑龙江人民出版社 2003 年版,第 131 页。
⑥ 张恨水在评价鲁智深时却赞扬他没有执着于戒律的表象,而是“只是要做便做,并不曾留一点渣滓”,行为果决,内心坦荡,不像某些高僧“矫揉造作”(见张恨水:《水浒人物论赞》,江苏文艺出版社 2008 年版,第 16 页)。这从侧面说明作者给鲁智深起这个绰号也可能有明贬暗褒的含义。

既有继承和延续，也有突破和创新。在宏观层面上，库恩有明显的归化倾向，将原文的章回体形式比照西方小说的模式进行改造，如舍弃回目对偶文字的形式，根据内容拟定小标题；去除西方叙事文学中不存在的说书艺人式全能视角；根据自己对书中人物形象的定位翻译书名；在保留原文本身具有的、易于德语国家读者接受的线型结构的基础上，通过分卷分章来深化原文暗含的逻辑层次；通过情节的整合与删节突出冒险经历主线，坚持译文流畅易懂的特点；结合强盗小说中的主人公在西方读者头脑中的固有印象，深化、改造人物形象等。所有这些改编行为都是译者将社会环境要求、译文读者需求、赞助人限制内化为主体行为的表现，影响库恩宏观层面翻译策略的外部因素留待下文分析。

第五章 从微观角度来看《水浒传》库恩译本的翻译

《水浒传》是中国古典文学史上白话长篇小说的成熟之作，本身具有语言表达的丰富精彩和文化上包罗万象的特点，再加上中德语言文化的巨大差异，库恩在翻译《水浒传》时不可能只是单纯地进行字对字翻译，而是要发挥主观能动性，对原文的语言和文化现象进行艺术再加工，在传递原文信息的同时，尽可能还原原作者创造出来的艺术世界。

从文学样式和文化内涵的角度来看，可将《水浒传》库恩译本中体现译者创造性工作的内容分为五大类：1. 民俗；2. 宗教；3. 韵文；4. 熟语；5. 文化意象。其中，民俗和宗教属于社会学范畴，偏重于行为规范，韵文与熟语则是文学语言的重要形式，与文化意象一起集中体现着中华民族独特的文化特点。

从翻译策略来看，可将《水浒传》库恩译本中体现译者创造性劳动的内容分为四大类：1. 异化；2. 归化；3. 编译；4. 误译。其中第 3 类“编译”是宏观上对原文的体裁、内容进行大幅度的改编，前文已有集中论述，其余 3 类则是从微观角度对原文的个别表达做再度加工。

“归化”“异化”概念虽然是近些年来翻译研究领域出现的热门名词，但是其蕴含的思想在西方译论传统中却是一脉相承的。德国神学家、思想家施莱尔马赫(Friedrich Schleiermacher，1768—1834)曾用哲学的方法讨论语言与翻译。他在 1813 年一篇题为《论翻译的方法》(*Über die verschiedenen Methoden des Übersetzens*)的论文中概括了翻译的两种倾向：一种是让原作者静止不动，让读者靠近作者;另一种则是让译入语读者安然不动,引导作者靠近读者。[①] 施莱尔马赫并未给这两种倾向命名,可是从他的解释来看,这就是我们今天所讨论的"异化"和"归化"概念的雏形。美国翻译理论家劳伦斯·韦努蒂(Lawrence Venuti,1953年生)在其著述《译者的隐形》(*The Translator's Invisibility*)中首先将这一组概念命名为"归化"(domestication)和"异化"(foreignization),并下了定义。根据韦努蒂的说法,归化法是"把原作者带入译入语文化",而异化法则是"接受外语文本的语言及文化差异,把读者带入外国情景"。[②]

具体来讲,归化与异化是立足于文化语境下的不同价值取向。归化是指在翻译中采用透明、流畅的风格,最大限度地淡化原文陌生感的翻译策略。[③] 使用归化时,译者必须照顾译文读者的阅读习惯和文化背景,用极其自然、流畅的译入语去表达原著的内容。在不改变原意的前提下,把让读者感到陌生的表达改成熟悉的、符合国情的内容,剔除原有语言及文体特征,让人觉察不到这是一篇译文,甚至感觉不到译者和原作者的存在。这种译法的优点是可以减少译文读者的阅读障碍,降低他们对陌生事物的排斥心理,缺点是在深处或多或少都可能存在译入语文化代替、吞并原语文化的现象。与之相对的异化则会偏离本土主流价值观,保留原文的语言和文化差异;[④]或指在一定程度上保留原文的异域性,故意打破目标语言常规的翻译。[⑤] 它主张在译文中保留原语文化,丰富目的语文化和目的语的语言表达方式。由于异化主张译入语文化向原著文化靠拢,所以必然会从形式到内容都能看出翻译的痕迹,让读者感觉到译者和原作者的存在。这种译法的优点是可以让读者领略到不同民族的文化特色,给读者一个思考和学习的空间,缺点是降低了阅读的流畅性,可能会引起误解和反感。

---

① Störig, Hans Joachim (Hrsg.): *Das Problem des Übersetzens*. Darmstadt: Wissenschaftliche Buchgesellschaft, 1969, S. 49.

② Venuti, Lawrence: *The Translator's Invisibility: A History of Translation*. London and New York: Routlegde, 1995, S. 20.

③ Shuttleworth & Cowie, *Dictionary of Translation Studies*, Shanghai: Shanghai Foreign Language Education Press, 2004, pp. 43—44.

④ Venuti, Lawrence: "Strategies of Translation". *Routledge Encyclopedia of Translation Studies*. Baker, M. &. Mlmkjaer (eds.). London and New York: Routledge, 2001, p. 240.

⑤ Shuttleworth & Cowie, *Dictionary of Translation Studies*, Shanghai: Shanghai Foreign Language Education Press, 2004, p. 59.

韦努蒂在《翻译与文化身份的塑造》一文中指出，任何翻译活动都以“交流”为目的，“只有异域文化不再是天书般外异，而是能够在鲜明的本土形式里得到理解时，交流的目的才能达到”[①]。这种为达到交流目的而改造原文内涵、贴近译入语文化的思想也体现在库恩身上，他对具体的某个文化现象的翻译大多采用归化策略，但在不会带来理解障碍的前提下，也会保留原文特色，直接向读者推介浅显的文化常识。由于库恩无论是对某一类文化现象，还是对某一个有文化内涵的词汇，往往并非采用单一手法，而是使用多种策略交叉翻译，因此笔者此处以文学样式和文化内涵作为大类的分类依据，在保证逻辑顺序、符合行文需要的前提下，将每个大类下的例子尽可能按异化、归化及误译的顺序排列。

第一节　民俗翻译

在漫长的历史演变中，中华民族创造并形成了独具特色的风俗习惯，即民俗。武汉大学陈文新教授将民俗概括为三个方面：“(1)风俗方面(如衣服、食物、建筑、婚嫁、丧葬、时令的礼节……)；(2)宗教方面(如神道、庙宇、巫祝、星相、香会、赛会……)；(3)文艺方面(如戏剧、歌曲、歌谣、谜语、故事、谚语、谐语……)”[②]。其中，第三个方面主要体现在语言上，另两个则偏重于行为规范。由上述列举可知，民俗体现在人类社会生活的方方面面，所以，要了解一个民族的文化，必须了解这个民族的民俗。《水浒传》作为中国封建社会的一部百科全书，对于民俗的描写可以说是包罗万象，作者将书中设定的时代背景——北宋人民的生活礼仪、节日庆典、婚丧嫁娶等一一呈现在了读者面前，《水浒传》不仅是中国民俗学者研究的第一手资料，也为外国读者打开了了解中国的一扇窗。但从翻译的角度来说，民俗翻译是翻译中的难点之一，因为原著与译本不仅存在时间差，还处于完全不同的文化氛围中，要让读者接受并理解与母语文化有极大差异的新事物绝非易事。因此，民俗翻译很能体现翻译者在不同文化间转换的功力。在笔者看来，陈文新教授对民俗的定义过于广泛，尤其将包括仪式和思想在内的宗教也放在民俗中似为不妥，故笔者

① 许宝强、袁伟选编：《语言与翻译的政治》，中央编译出版社2001年版，第359页。

② 陈文新：《地煞天罡：〈水浒传〉与民俗文化》前言，黑龙江人民出版社2003年版，第1页。

倾向于采用其分类中的第一个方面，即所谓“风俗”来定义本书中的民俗，将宗教及语言层面单列为专节在下文中讨论。下面列举《水浒传》德译本中关于民俗内容的翻译并加以分析。

一、礼节翻译

中国是一个文明古国、礼仪之邦，早在三千多年前的周朝，就形成了一套完善的礼教体系，收录在《周礼》一书里。礼也被孔子列入儒生必学的“六艺”[①]中。库恩作为外交人员，在中国生活多年，与溥仪(1906—1967)、旧王公贵族溥伦(1874—1927)等人都有接触，[②]有机会见到上层社会的礼数；而且按当时的习惯，每个使馆工作人员都配有一个中国人作为贴身男仆，人们称其为“Boy”，库恩在给家人的书信中也提到他的中国仆人在农历新年时向自己行“至地面的鞠躬礼”，即西方的叩首大礼的场景；[③]再加上平时在京城街头的所见所闻，中国人日常生活礼数的耳濡目染使库恩深知，“礼”是森严的封建等级制度的象征，体现了中国文化的精髓，也是东西方文化差异的表现之一，所以在翻译《水浒传》时，库恩很重视对礼节的翻译，“拜”“道万福”“唱喏”等词屡屡出现，极少省略。下面以《水浒传》中出现的各类礼节为例，试看译者是如何将中式传统礼俗引入德语文化圈的。

《水浒传》中的礼仪根据不同的分类标准可划分为不同种类，如以动作幅度划分礼数的轻重，可将“礼”分为“拜”“唱喏”“作揖”“施礼”等；按施礼次数的不同，可分为“再拜”“四拜”“八拜”乃至“二十四拜”；因封建社会男女身份不平等，“礼”依照施礼人的性别，有女子的“万福”与男子的“唱喏”的区别；[④]至于在不同场景，视受礼对象与施礼人的关系而划分的礼节更是种类繁多。而《水浒传》由于主要人物有绿林背景，还会提到“强人下拜”的禁忌这一特殊民俗。这些仪式在西方礼俗中甚

---

① 六艺，指中国古代儒家要求学生掌握的六种基本才能：礼、乐、射、御、书、数。出自《周礼·保氏》：“养国子以道，乃教之六艺：一曰五礼，二曰六乐，三曰五射，四曰五驭，五曰六书，六曰九数。”

② Kuhn, Hatto: *Dr. Franz Kuhn (1884－1961). Lebensbeschreibung und Bibliographieseiner Werke*. Unter Mitarbeit von Martin Gimm. Wiesbaden: Franz Steiner Verlag, 1980, S. 144.

③ Kuhn, Hatto: *Dr. Franz Kuhn (1884－1961). Lebensbeschreibung und Bibliographieseiner Werke*. Unter Mitarbeit von Martin Gimm. Wiesbaden: Franz Steiner Verlag, 1980, S. 137.

④ 白焕然：《拜、唱喏、问讯及其他——〈水浒传〉见面礼式谈》，《中州大学学报(综合版)》1998年第2期，第33－34页，此处据该文全文总结而成。

少有在动作、情境及语言表达上能完全对应的，故库恩有意识地采取了异化策略，保留了充满文化特色的表述，还为不了解中国礼俗的普通读者详细介绍了行礼的动作，让人有身临其境之感。试看下面一例：

例 9：店小二为鲁达等人引见金翠莲父女。金翠莲在回答鲁达问话前，先向前行礼。原文及译文如下：

> 原文：看那妇人，……向前来深深的道了三个万福。[①]
>
> 译文：Dann trat sie einen Schritt vor, verneigte sich tief und grüßte mit einem dreimaligen wanfu, „zehntausendfaches Glück!“.[②]
>
> 回译：然后她向前一步，深深地鞠躬，道了三次“万福”：“一万次幸福”。

中国古代的礼节会视施礼人性别不同而有所区别，这里出现的“万福礼”[③]就是女性专用礼。库恩此处采取了异化手法。所谓异化，是指译入语文化“屈从”原著文化的现象。[④] 此处将“万福”礼译为“鞠躬”(sich verneigen)，并保留了“口称‘万福’”的细节。需要说明的是，这里的鞠躬指的是动作，而非以鞠躬礼代替“万福礼”。鞠躬礼是西方更典型的礼节，中国古代虽没有只行鞠躬礼的习惯，但个别礼节中含有鞠躬的动作，以示敬重，如“万福礼”在动作上就有略做鞠躬的姿势，而它在动作上更接近欧洲古代的“屈膝礼”[⑤]。行“屈膝礼”和“万福礼”的多为女性，对象也相同，所以库恩本可以将“万福礼”直接译为译文读者更容易接受的“knicksen(行屈膝礼)”，但他并没有这样做，而是在译文中先列出“万福”的拼音形式，给读者以感性认识，后又翻译了“万福”的字面含义“一万次幸福”，音义相结合，让读者有

---

① 施耐庵著，陈曦钟、侯忠义、普玉川辑校：《水浒传会评本》(上)，北京大学出版社 1981 年版，第 88 页。

② Kuhn, Franz: *Die Räuber vom Liang Schan Moor*. Leipzig: Insel Verlag, 1975, S. 15.

③ 古代妇女相见行礼，多口称“万福”，后指妇女行的敬礼。行礼时，两手松松抱拳，重叠在胸前右下侧上下移动，同时略做鞠躬的姿势。

④ 谢天振：《译介学导论》，北京大学出版社 2007 年版，第 77 页。

⑤ 屈膝礼是盛行于西方古代社会的一种礼节，主要用于下级对上级问候，女子、儿童向长者、地位高的人或初次见面的陌生人行礼及演员谢幕。男子行礼时身体下蹲，头低下，右手抚胸，左手打开，女子行礼时拉起裙子往两侧张开。

机会了解中国古代行礼的具体细节和百姓对于“福”的追求。

此外，“万福”一词既是妇女行礼时所说的话语，也是所行礼节的名称。对母语读者而言，听到“万福”，头脑中自然就会联想到行礼的动作。由于小说体裁的特殊表达要求及作者对假定读者的设定，原作者没有必要对行礼的具体过程展开描写，仅用“万福”一词就足够了。而异文化圈的读者对于“万福”并没有概念，如果按照原文直译，很容易让读者误解，以为金翠莲只是站着说了三次“万福”，不清楚行礼的具体动作，也不明白何谓“万福”。库恩作为一个对中国文化感兴趣的外国人，在原文作者省略了行礼动作的前提下，可以凭借自己对中国文化的了解，将原文扩展为细节描写——“向前一步，深深地鞠躬，道了三次‘万福’：‘一万次幸福’”，情景性强，读者看后如身临其境，实在是难能可贵。

《水浒传》中最常见的礼节就是“拜礼”。在人物初次见面时，等级低、辈分或年龄小的一方多向对方行“拜礼”，以示敬重，如第四十三回石秀初见义嫂潘巧云时所行的“拜礼”：

例 10：

原文：当下石秀推金山，倒玉柱，拜了四拜。①

译文：Der Todesverächter beugte seine Knie vor der Schwägerin und huldigte ihr mit vierfachem Stirnaufschlag. ②

回译：不怕死的人（笔者注：即石秀，绰号“拼命三郎”）在嫂子面前下跪，向她四次叩首，表示致敬。

“推金山，倒玉柱”实际上说的是行“拜礼”的具体动作，因此处行礼人为男性，中国自古有“男儿膝下有黄金”一说，故采用了委婉的指代语。这里译者仅传递了原文的内容，而在形式上则采用归化，吞并了原语文化中以“金山”指代膝盖，“玉柱”指代腰部的比喻。库恩在翻译《红楼梦》时曾经使用过强行引入原语的表述的策略，希望借传达字面意义丰富译入语语言表达，如保留“风月”中的意象，将这一

---

① 施耐庵著，陈曦钟、侯忠义、普玉川辑校：《水浒传会评本》（上），北京大学出版社 1981 年版，第 826 页。

② Kuhn, Franz: *Die Räuber vom Liang Schan Moor*. Leipzig: Insel Verlag, 1975, S. 573－574.

表达直接翻译成“Spiel des Mondes und des Windes”，为了避免读者不解，库恩特意使用了有“男女关系”意味的“游戏”(Spiel)一词，不过从实际效果来看，这种翻译方法确实起到了增强异域神秘色彩的作用，但在表意上并不明确，似乎不太容易为读者接受，也历来为翻译批评家所诟病。[①] 所以库恩有时也会放弃过分执着保留原语表层意象的做法，达到传递信息的目的即可。另外，库恩还通过运用动词“致敬”(huldigen)，向对叩首礼没有概念的译文读者介绍这一礼节的意义，说明库恩不满足于做只翻译语言的译匠，而是有明显的做原语环境与译入语环境间的文化中介的意向，在不影响行文的前提下，通过细节阐释文化信息，可谓一举多得。

上面所举的例子都是见面礼仪，主要体现的是社会秩序和对别人的尊重。在其他场景中，“拜礼”有时起着传递民族性格，介绍特殊身份人物间的群体习俗的作用，如《水浒传》中各路好汉间频频出现的“结拜”之礼。[②] 下面是杨雄与石秀结拜的场景描写：

例 11：

原文：杨雄便道：“石家三郎，你休见外。想你此间必无亲眷，我今日就结义你做个弟兄，如何？”石秀见说，大喜，便说道：“不敢动问节级贵庚？”杨雄道：“我今年二十九岁。”石秀道：“小弟今年二十八岁，就请节级坐，受小弟拜为哥哥。”石秀拜了四拜。[③]

译文：»Lieber Freund, vergönnt mir ein Wort im Vertrauen «, wandte Yang Hsiung sich an den Todesverächter. » Ihr steht gewiß hier gänzlich allein und ohne Anhang da. Wäret Ihr geneigt, als mein Adoptivbruder in mein Haus zu ziehen? «

»Mit Freuden! « erklärte der Todesverächter. » Darf ich nach

---

① Kautz, Ulrich: „ Dert denn der das? “-Franz Kuhn, Bahnbrecher der chinesischen Literatur in Deutschland, im Widerstreit der Meinung. in: Kohlmauer, Rainer/ Pöckl, Wolfgang (Hrsg.): *Literarisches und mediales Übersetzen. Aufsätze zu Theorie und Praxis einer gelehrten Kunst*. Peter Lang, 2004, S. 137.

② 程春梅：《浅谈〈水浒传〉中“拜”的特色》，载张虹、刘春龙主编：《水浒争鸣第十辑》，崇文书局 2008 年版，第 266—271 页，此处引自第 269 页。

③ 施耐庵著，陈曦钟、侯忠义、普玉川辑校：《水浒传会评本》(上)，北京大学出版社 1981 年版，第 825 页。

Eurem werten Alter fragen? «

»Ich bin heuer neunundzwanzig geworden. «

»Und ich zähle achtundzwanzig. Erlaubt also, dass ich Euch geziemend als größeren Bruder begrüße. «

Er vollzog vor dem sitzenden Yang vier Stirnaufschläge und damit war die Verbrüderung besiegelt. ①

回译:"亲爱的朋友,请允许我说句真心话,"杨雄对不怕死的人说,"您在这里想必是孤身一人,没有亲戚。您愿意做我的兄弟,到我家来住吗?"

"我很乐意!"不怕死的人解释说,"请问贵庚?"

"我二十九岁。"

"我二十八岁,请允许我尊称您为大哥。"

他在坐着的杨雄面前叩首四次,结义仪式就完成了。

重情重义是中华民族的典型性格之一。绿林英雄很多出身社会底层,在被迫落草后更是属于边缘群体,他们无法从家族中得到流传的财产和社会地位,所以家庭观念淡薄。他们在江湖行走更多依靠的是朋友间的接济,比起儒家最为推崇的"孝道","义气"才是他们的行为准则和做人之本。② 有了这样的认识,也就不难理解在李逵讲述其母被老虎吃掉而流泪时,宋江竟然"大笑",转而谈梁山泊人齐马壮的奇怪反应了。而中国封建社会是一个以家族为中心的人情社会,在对人的称呼上习惯泛亲戚化,对朋友最亲热的表示就是以结拜的形式成为一家人。在传统社会中,江湖人物的结盟习俗也是他们人际交往的一种特色。③《水浒传》中江湖人物之间的结拜仪式很简单,在双方都有结拜意向、问清年龄后,年龄小的一方向年长者下跪行"四拜"之礼即可。④

库恩在《水浒传》审读报告中曾经指出强盗团伙"奇特的风俗习惯,他们的活动

① Kuhn, Franz: *Die Räuber vom Liang Schan Moor*. Leipzig: Insel Verlag, 1975, S. 571—572.

② 萨孟武:《水浒传与中国社会》,北京出版社 2005 年版,第 11—12 页。

③ 王同舟:《地煞天罡:〈水浒传〉与民俗文化》,黑龙江人民出版社 2003 年版,第 67 页。

④ 王同舟:《地煞天罡:〈水浒传〉与民俗文化》,黑龙江人民出版社 2003 年版,第 70 页。

和行为"[①]可能是吸引读者的内容,结拜也属于其中之一,所以他将原文中结拜的场景几乎全部保留(武松与宋江结拜的场景除外),以异化的形式翻译出来,同时也再现了人物重视情义的形象。西方并不存在结拜的习俗和仪式,对没有预先了解文化背景的读者而言,频频出现的结拜场景势必会让人看得莫名其妙。库恩本人极其反对将依赖注脚的学术型翻译方法应用到供消遣娱乐的通俗文学中,[②]怕过多的注释会打乱读者的阅读节奏,影响阅读心情;再加上篇幅的限制,他没有办法详细解释结拜在强盗群体间盛行的原因,只能通过保留仪式本身,传递表面的文化信息,引导读者发现文化差异,而更深层的文化内涵则不可避免地会流失。

绿林好汉是一个特殊的社会群体,他们在形体、行为、语言上都有自己独特的习惯,如文身、说"黑话"以彰显自己与正常人的不同之处,于己寻找身份认同,对别人起到震慑的作用。例如他们对"下拜"一词就有自己的禁忌。

例 12:在第四十三回中,鲁达和李云解除误会后,借行礼表示和解之意。

> 原文:李逵便笑道:"我的哥,你何不早说?"便和李云剪拂了。[③]
>
> 译文:»Kamerad, das ist ein Wort! Warum habt Ihr es nicht schon längst gesagt? bemerkte der Eiserne Büffel lächelnd und tauschte mit dem ehemaligen Gegner einen Versöhnungsgruß.« [④]
>
> 回译:"兄弟, 句话的事,你们为何早不说?"铁牛笑着说,向之前的对手致以和解的问候。

据清翟灏《通俗编》三八:"坊间有《江湖切要》一刻,事事物物,悉有隐称……坐曰打墩,拜曰剪拂。"[⑤]"剪拂"就是绿林英雄间行礼的隐晦说法。前文通过叙述人之口,讲述了这个奇怪的习俗:"原来强人下拜,不说此二字,为军中不利,只唤作剪

① Brief von Franz Kuhn an Anton Kippenberg am 13 01. 1933, in: Goethe- und Schiller-Archiv, Insel Verlag, Schriftwechsel, Kuhn, Franz, 1933 (Signatur: 50/ 150).

② Kuhn, Franz: „Bücherbesprechung über Djin Ping Meh". in: *Asia Major*, Volumen V, S. 278—279, hier S. 278.

③ 施耐庵著,陈曦钟、侯忠义、普玉川辑校:《水浒传会评本》(上),北京大学出版社 1981 年版,第 813 页。

④ Kuhn, Franz: *Die Räuber vom Liang Schan Moor*. Leipzig: Insel Verlag, 1975, S. 558.

⑤ 李法白、刘镜芙编著:《水浒语词词典》,上海辞书出版社 1989 年版,第 263 页"剪拂" 词条。

拂，此乃吉利字样。”[①]按《东坡续集·与滕达道书简》：“‘有监酒高侍禁永康者……如察可以剪拂，又幸也’，剪拂乃提携之意，军中甚望得人提携，故认为吉利语。且‘拜’、‘败’音近，故认为‘下拜’不吉利。”[②]《水浒传》中对这一禁忌的解释出自第四回，由于库恩将第四回几乎全部删除，自然也没有保留对“剪拂”的解释，而且在以单音节字为单位的汉语中存在大量同音不同字的现象，德语则不然。为避开同音的不吉利用语而改换成有吉祥意义的说法很难在德语中找到合适的翻译，不如不翻译，所以下文出现“剪拂”时，库恩只能避开文字形式本身，通过修饰语来丰富行礼动作本身及其意图，而“剪拂”一词中蕴含的强盗团伙特殊的文化禁忌和趋吉避凶、讲究口彩的民族心理也就随之消失了。

中西礼俗间的差异极大，往往没有直接对应的表达方式。库恩翻译礼节时以异化为主，刻意保留了文化特色，有时德语中即使有对应的词汇，也没有套用。传统礼节透过仪式还表现出一些文化特质，为了保证行文流畅，库恩没有添加注释，只是在正文中通过简短的话语或斟酌用词，让词语本身透露出文化信息。出于吸引读者的目的，库恩对于绿林英雄特殊的礼俗习惯也都尽力保留，但舍弃了一些文字游戏，更注重内容的传递。

二、时间历法翻译

我国古代采用与月相相符，也与地球绕太阳周期运动相符合的历法——阴阳历，即农历。以天干地支纪年、特有的二十四节气、特殊的给时间命名的方法和由此产生的“打更”职业、选“黄道吉日”等都是能体现文化特色的重要民俗。“时辰”是中国古代计时的单位，在民俗古籍《新唐书·历表》中有记载：“古历分日，起于子半。”具体来说，古人把一昼夜平分为十二段，每段叫做一个时辰，合现在的两小时。12个时辰分别以地支为名称，从半夜起算，半夜11点到1点是子时，中午11点到1点是午时。[③] 宋以后把十二时辰中每个时辰平分为初、正两部分，这样，子初、子

---

① 施耐庵著，陈曦钟、侯忠义、普玉川辑校：《水浒传会评本》(上)，北京大学出版社1981年版，第134页。

② 白焕然：《拜、唱喏、问讯及其他——〈水浒传〉见面礼式谈》，《中州大学学报(综合版)》1998年第2期，第33—34页，此处引自第34页。

③ 中国社会科学院语言研究所词典编辑室编：《现代汉语词典》(第5版)，商务印书馆2005年版，第1235页“时辰”词条。

正、丑初、丑正……依次下去，恰为二十四时辰，同现在一天 24 小时时间一致。另外，夜间还有专门的计时单位——更。古人将夜间的十个小时平分为五更：晚上 7 点至 9 点为一更，9 点至 11 点为二更，11 点至凌晨 1 点为三更，1 点至 3 点为四更，3 点至 5 点为五更。[①] 西方人的计时方法远没有中国人这样复杂，他们只是简单地用数字来记录一天 24 小时。库恩在翻译《水浒传》中富有中国特色的时间时，不可避免地要面对并解决中国传统时间概念与西方通行标准间的差异。他在整体上综合采用归化和异化手段，对于个别反复出现的同类现象，则结合不同语境灵活采取翻译策略，语言表达多样，甚少重复，有选择地向德国读者介绍这一民俗。

例 13：

原文：且说鲁达……且向店里掇条凳子坐了两个时辰。[②]

译文：... setzte sich Lu Ta auf eine Bank vor dem Eingang der Herberge und verharrte auf seinem Posten wohl an die zwei Stunden. [③]

回译：鲁达坐在旅店门口的一条长凳上，在原地一直坐了两个小时。

例 14：

原文：没两个时辰，早到城里。[④]

译文：in zwei Doppelstunden trugen ihn seine Panzerpferdchen zum Ziel. [⑤]

回译：四个小时后他的甲马驮着他到了目的地。

① 中国社会科学院语言研究所词典编辑室编：《现代汉语词典》（第 5 版），商务印书馆 2005 年版，第 466 页"更 2"词条。

② 施耐庵著，陈曦钟、侯忠义、普玉川辑校：《水浒传会评本》（上），北京大学出版社 1981 年版，第 91 页。

③ Kuhn, Franz: *Die Räuber vom Liang Schan Moor*. Leipzig: Insel Verlag, 1975, S. 19.

④ 施耐庵著，陈曦钟、侯忠义、普玉川辑校：《水浒传会评本》（上），北京大学出版社 1981 年版，第 730 页。

⑤ Kuhn, Franz: *Die Räuber vom Liang Schan Moor*. Leipzig: Insel Verlag, 1975, S. 454.

例 15：

原文：杨志却要辰牌起身，申时便歇。[1]

译文：In der frühen Morgendämmerung wurde aufgebrochen und dann den ganzen Vormittag bis zur Mittagsstunde durchmarschiert. [2]

回译：天一亮就要动身，走一上午，直到中午(休息)。

例 16：

原文：那十四个人，直到二更，方才得醒。[3]

译文：Erst gegen Abend erwachten die vierzehn zurückgebliebenen Genossen von Yang Tschi aus ihrer Betäubung. [4]

回译：直到临近晚间，杨志那十四个留在原地的同行人才从昏迷中苏醒过来。

例 17：

原文：至三更时分，吴用起来洗漱罢，吃了些早饭，讨了些银两，藏在身边，穿上草鞋。[5]

译文：Um die dritte Nachtwache brach der Magister, mit festen Bastsandalen beschuht und reichlich mit Geld versehen, auf. [6]

回译：到第三次夜间巡逻的时刻，硕士(实指智多星吴用，也曾被阮氏兄弟称为“教授”)起床，穿上结实的草鞋，多带了些钱。

在例 13 中，库恩犯了很多人都会犯的错误：将时辰等同于小时。但笔者查阅后文后发现，例 14 对完全相同的“两个时辰”的翻译是正确的。另外，从他之前对

---

① 施耐庵著，陈曦钟、侯忠义、普玉川辑校：《水浒传会评本》(上)，北京大学出版社 1981 年版，第 292 页。

② Kuhn, Franz: *Die Räuber vom Liang Schan Moor*. Leipzig: Insel Verlag, 1975, S. 181.

③ 施耐庵著，陈曦钟、侯忠义、普玉川辑校：《水浒传会评本》(上)，北京大学出版社 1981 年版，第 307 页。

④ Kuhn, Franz: *Die Räuber vom Liang Schan Moor*. Leipzig: Insel Verlag, 1975, S. 195.

⑤ 施耐庵著，陈曦钟、侯忠义、普玉川辑校：《水浒传会评本》(上)，北京大学出版社 1981 年版，第 272 页。

⑥ Kuhn, Franz: *Die Räuber vom Liang Schan Moor*. Leipzig: Insel Verlag, 1975, S. 166.

《红楼梦》中的时刻的翻译来看，他很清楚中国的时辰与西方钟点计时间的对应关系，[①]所以这里很有可能是为了保证数字上的对应而造成的无心之失。

后面列举的几个例子表明，库恩在翻译十二时刻计时法时，特别是白天的时刻，倾向于采取归化的手法，模糊钟点概念，只是翻译出大致的时间段，避免向读者介绍复杂的十二地支；而在翻译夜间的时刻时，译者或是模糊钟点概念，只是笼统地将“二更”翻译为“晚间”，或是有意保留“打更”这一中国元素。在第四个例子中，库恩将“三更”翻译为“第三次夜间巡逻的时刻”，是在向德国读者传递“在中国古代夜间，有人专门报时，同时起到夜间巡逻的作用”这一信息。这样翻译，既贴合译文读者本民族的文化习惯，又在一定程度上保留了原语文化特征，引发译文读者的阅读兴趣和对异文化的探求热情。

由于古人对自然界缺乏必要的科学认识，百姓中自发形成了一些带有封建迷信色彩的风俗。《水浒传》中也不乏这样的例子，例如多次出现择吉日行事的描写。比较典型的是长老查看黄历，给鲁智深的出家仪式择定良辰吉日。

例 18：

原文：长老选了吉日良时，教鸣钟击鼓，就法堂内会集大众。整整齐齐五六百僧人……[②]

译文：Dann suchte der Abt im Kalender einen günstigen Tag und eine passende Stunde aus，und die Einweisung konnte vonstatten gehen. Unter Glockengeläut und Paukengedröhn versammelten sich sämtliche sechshundert Tempelbrüder in der großen Andachtshalle...[③]

回译：然后修道院院长在日历上选出一个吉利的日子和合适的时辰，以便举行入门仪式。在钟鼓声中总共六百名僧人在大堂里集合。

所谓“选吉日良时”，也就是“选黄道吉日”，黄道吉日是中国古代民间关于命理

---

① 详见《红楼梦》第十四回“卯正二刻我来点卯…… 戌初烧过黄昏纸”及库恩的译文（Kuhn，Franz：*Der Traum der roten Kammer*. Leipzig：Insel Verlag，1948. S. 134.）

② 施耐庵著，陈曦钟、侯忠义、普玉川辑校：《水浒传会评本》（上），北京大学出版社 1981 年版，第 105 页。

③ Kuhn，Franz：*Die Räuber vom Liang Schan Moor*. Leipzig：Insel Verlag，1975，S. 35.

学的一个术语，泛指迷信的人认为宜于办事的好日子。[①] 在中国古代，择日的习俗存在于人们生活的各个领域，方便民众查询吉凶的日历——黄历也应运而生。一般的黄历上标注着每一天适宜和忌讳做的四类事情，个别黄历还会结合生肖和阴阳五行做更详细的说明。在中国古代，普通百姓出于迷信，在做重要决定或采取行动前，往往要翻看黄历上的提示，看看这一天是否适宜，连远离红尘的僧人也未能免俗。这种风俗连带使用黄历也一直保留到今天。

库恩采用"günstiger Tag und passende Stunde"来解释吉日良时，使读者能够准确理解这个词汇的基本含义，即"吉利或便宜的日子，合适的时辰"，已经达到了翻译的目的。至于黄道吉日背后隐藏的典故和它代表的民俗，作者虽然没有详细向译文读者介绍，但他加入了"在日历上选出"(im Kalender aussuchen)的动作，一来说明译者本人确实了解中国人查阅黄历来占卜吉凶的传统，二来也含蓄地给读者留下线索，引发读者的联想和思考。西方虽然没有黄道吉日的说法，也没有黄历，但有用十二星座推算命运的传统，也有星象师专门预测不同星座的人的每日运程。所以，要他们理解中国人迷信黄道吉日的行为并不困难。而中国特有的在日历上标注吉凶的风俗也为译文增加了异国情调和神秘感，可以吸引有兴趣的读者根据作者的提示，进一步探求这一民俗背后的传说故事和深层次的文化内涵。

值得一提的是，埃伦施泰因在翻译类似现象时，为保留原语言的风貌，在"Glückstag"前保留了形容词"gelb"，"黄道吉日"也就变成了"黄色的幸运日"。[②] 译文读者读到此处时，肯定会对这个代表颜色的形容词感到迷惑不解，想去了解为何要使用这种颜色来形容幸运日，遗憾的是，作者并未给出任何说明。

三、婚姻与祭拜习俗翻译

在古代中国，婚姻制度是一种重要的社会规范，用以维系家族繁衍和社会稳定。《水浒传》并非像《红楼梦》《金瓶梅》那样以婚姻家庭生活为中心，主要人物多为单身或家庭意识淡薄，但为数不多的婚俗描写也体现了封建社会多元化的婚姻

---

① 中国社会科学院语言研究所词典编辑室编：《现代汉语词典》(第 5 版)，商务印书馆 2005 年版，第 600 页"黄道吉日"词条。

② Ehrenstein, Albert: *Mörder aus Gerechtigkeit*/ Romane/ frei nach dem Chinesischen. Berlin: Deutsche Buch-Gemeinschaft, 1931. S. 132.

形态。

例 19：

原文：此间有个财主，叫做镇关西郑大官人，因见奴家，便使强媒硬保，要奴作妾。谁想写了三千贯文书，虚钱实契，要了奴家身体。未及三个月，他家大娘子好生利害，将奴赶打出来，不容完聚。①

译文：Die junge Frau beritete：»... In der Not fand sich mein Vater bereit，einen Heiratskontrakt mit einem wohlhabenden Bürger dieser stadt einzugehen，der auf mich versessen war und uns unaufhörlich mit Anträgen zusetzte. Er wollte mich zur Nebenfrau haben und angeblich dreitausend Silberbatzen als Preis zahlen. Das stand zwar im Kontrakt，aber es war nur ein leeres Scheingeschäft. Der Mann wollte mich lediglich vorübergehend in Besitz nehmen. Nach drei Monaten wurde ich von seiner unausstehlichen Hauptfrau aus dem Hause gejagt und mit meinem Vater in einem Gasthof einquartiert...«②

回译：年轻女子讲道："危急中我父亲准备把我嫁给城里一个富裕的市民，他被我迷住了，不停地逼迫我们签契约。他要纳我为妾，自称付了三千两银子。合约上是这么写的，不过是空头支票。那个人只是想暂时占有我。三个月后我被他家正妻从家里赶出来，和我父亲寄居在一家客栈里。"

中国古代盛行一夫一妻多姬妾的婚姻制度，经济条件充裕，有一定社会地位的男子可以在正妻之外纳妾。娶妻象征着两个家族的结盟，要经"父母之命，媒妁之言"，有诸多繁复的婚礼程序，而纳妾则多是买卖婚姻，妾室是男子的附属品，对婚姻没有任何发言权，在家中地位极低，必须听命于丈夫和丈夫的正妻，经济自由和人身自由得不到任何保障，随时可能会再度被卖。本例中的东京民女金翠莲就是

① 施耐庵著，陈曦钟、侯忠义、普玉川辑校：《水浒传会评本》（上），北京大学出版社 1981 年版，第 88 页。

② Kuhn，Franz：*Die Räuber vom Liang Schan Moor*. Leipzig：Insel Verlag，1975，S. 16.

被郑屠强娶为妾的可怜人，她遭正妻虐待，被赶出家门，还要受夫家勒索。西方的婚姻模式是一夫一妻制，本没有“妾”的概念，但早期传入欧洲的中国古典小说多是描写爱情婚姻生活的才子佳人小说，其中不乏二女共事一夫的套路，如《玉娇梨》。这些与西方婚姻制度完全不同的现象及其代表的伦理观念很受西方普通读者的欢迎，黑塞对库恩译《好逑传》的评价是：“对我们西方读者来说，重要的不在故事的离奇和其中的浪漫氛围，而是其伦理道德和仪式框架，对祖先的崇敬、对权威的敬重。……中国古代家庭生活、爱情生活在书中显现无遗，读来亲切喜人。”①这也可作为一个佐证。金翠莲的自述篇幅较长，库恩本可以压缩概述，但他考虑到读者的阅读口味，还是决定将这段内容全部翻译出来，让读者有机会了解买卖婚姻的具体情况。再加上《金瓶梅》《红楼梦》中对封建大家族妻妾生活做过细致描写，读者对中国的婚姻制度已经有了基本概念，所以不需要做过多的解释，保持原文原貌即可。

例20：林冲被高衙内设计陷害，发配沧州道。临行前执意要给妻子写休书，内容如下：

> 原文：东京八十万禁军林冲为因身犯重罪断配沧州，去后存亡不保。有妻张氏年少，情愿立此休书，任从改嫁，永无争执。委是自行情愿，即非相逼。恐后无凭，立此文约为照。②
>
> 译文：Lin Tschung bestand aber darauf, eine formelle Verzichtsurkunde aufzusetzen, damit seine Frau, falls ihm etwas zustoßen sollte, freie Hand habe und sich ohne weiteres wieder verheiraten könne. ③
>
> 回译：但林冲坚持要立一份正式的放弃（离婚）证明，这样一旦他发生意外，他的妻子就可以自由改嫁。

---

① 〔德〕赫尔曼·黑塞：《〈冰心和中玉〉或〈圆满的选婿故事〉》，收于〔德〕赫尔曼·黑塞著，〔德〕孚克·米谢尔斯编选：《黑塞之中国》，谢莹莹译，人民文学出版社2011年版，第145页。黑塞原文发表于1926年11月28日的《法兰克福报》。

② 施耐庵著，陈曦钟、侯忠义、普玉川辑校：《水浒传会评本》（上），北京大学出版社1981年版，第178页。

③ Kuhn, Franz: *Die Räuber vom Liang Schan Moor*. Leipzig: Insel Verlag, 1975, S. 82－83.

“休书”是中国古代的离婚凭证。在男尊女卑且实行“人治”的封建社会，一般只在丈夫主动提出与妻子离婚时才会使用“休书”。故事发生的时代——北宋虽在律法上允许妻子主动提出离婚，但禁止妻子擅自离去，否则判处两年徒刑。① 被休掉的妇女只能回到娘家，很难再嫁。在程朱理学盛行后，妇女被严格限制人身自由，受到更严酷的迫害。如果说社会底层对寡妇、妾室改嫁的限制并不严格的话，有一定地位和身份的妇女，特别是正妻在丈夫亡故后一般都会守节。文中林冲的岳父坚持要在林冲走后将女儿接回家中守节，同时躲避高衙内的骚扰，而林冲不敢得罪高衙内，只能以不耽误妻子为借口写了休书。译文读者处在 20 世纪的民主社会，男女地位相对平等，离婚是以协议的方式进行，更没有为夫守节、不能改嫁的观念，所以读到这样的文书会对里面特意说明林冲妻子可以自由改嫁的内容感到莫名其妙。这里库恩没有因为迁就译文读者的惯性思维而一味改造原文，只是如实传递原文的信息，希望他们可以感知真实的中国婚姻生活，便于对中国感兴趣的读者了解真正的中国文化特色。

例 21：

原文：当时腊月初旬，山东人年例，腊月上坟。②

译文：Man befand sich um diese Zeit im ersten Drittel des zwölften Monats, in den Tagen, da nach altem Schantung Brauch die Bevölkerung an die Familiengräber zu pilgern pflegt. ③

回译：这时是十二月的上旬，按照古老的山东风俗，人们会在这些日子参拜祖坟。

“上坟”，也叫“扫墓”，是中国民间祭奠亡故亲人的常见形式，人们会在专门的时间段到亲人的坟前拜祭、烧纸、整修坟头。这种习俗源于儒家伦理道德支配下的祖先崇拜。中西方祭拜习俗的差异过大，如果要向完全没有背景知识的读者解释清楚，占用篇幅较多，还不一定能达到预期效果；且原文此处提到上坟风俗，只是为

---

① 《宋刑统·户婚律》卷十四《和娶人妻〈七出义绝和离〉》：“妻妾擅去者，徒二年，因而改嫁者，加二等。”

② 施耐庵著，陈曦钟、侯忠义、普玉川辑校：《水浒传会评本》(上)，北京大学出版社 1981 年版，第 603 页。

③ Kuhn, Franz: *Die Räuber vom Liang Schan Moor*. Leipzig: Insel Verlag, 1975, S. 308.

了推动情节发展，加叙一笔，增添生活气息，不在于普及民俗知识，所以库恩对这一风俗也没有多做解释。本来后文小喽啰向王英汇报时还有一句“去坟头化纸”，也被译者删除了，只是通过词汇透露一些信息，如用充满宗教色彩的“参拜、朝圣”(pilgern)一词暗示祭拜活动的神圣、严肃。原文只是说“上坟”，原文语境下的读者都能领会其中的意味，译文则刻意补充了“家族”(Familie)一词，突出中国人浓重的家族观念。

第二节　宗教翻译

宗教从严格的意义来说，代表的是一种伦理观念，而伦理观念是维系一个社会生存的重要基础，因而也是特定文化的核心部分。宗教在世世代代的流传中，积淀在民族文化的底层，成为较难把握的一部分。[①]中西方的宗教观念完全不同，西方世界普遍信仰基督教[②]，宗教的影响渗透在西方文化的各个方面；中国是一个没有统一的全民性宗教信仰的国家，各种宗教流派同时存在，并行不悖。库恩曾指出儒学、道教和佛教是“中国三种崇高的学问”[③]，一语道破了三种思想在中国传统社会共存、交融，共同构成传统文化有机体的事实。中国传统文化的内核，真正支配人们意识和行为的是儒家思想，并非宗教(部分学者认为在某种程度上儒家思想也是一种宗教)。但无论是外来的佛教，还是本土的道教，对中国人民的心理、行为、语言都有一定影响。

《水浒传》又名《忠义水浒传》，其中的“忠”“义”是儒家思想的体现。绿林英雄游离于正统社会之外，但始终未完全摆脱封建正统思想的影响，他们只反贪官、不反朝廷、等待招安的政治态度体现了并不彻底的反抗意识。库恩对宋江等人招安后活动的简短概述就以“至死犹忠”为题，强化了忠君思想。此外，《水浒传》中的人物普遍有世俗化的民间信仰。受宋元以来民间宗教与民间武装结缘的社会现实影

① 曹青:《宗教文化与翻译》，载郭建中主编:《文化与翻译》，中国对外翻译出版公司 2000 年版，第 365 页。

② 中文中的“基督教”概念有广义和狭义之分，广义的基督教是新教、天主教、东正教三个派别的合称，狭义的基督教单指新教。本书中所说的基督教是广义概念。

③ Kuhn, Hatto: *Dr. Franz Kuhn (1884－1961). Lebensbeschreibung und Bibliographie seiner Werke*. Unter Mitarbeit von Martin Gimm. Wiesbaden: Franz Steiner Verlag, 1980, S. 9－10.

响，作者也为几个重要人物安排了宗教背景，如鲁智深是和尚，公孙胜及罗真人是道士，文中不可避免地会出现佛教和道教因素。所以有人说："《水浒传》虽小说家也，实泛滥百家，贯串三教。"[①]不过文中的宗教内容并非为了宣传宗教本身，而是为了将主人公的政治理想合理化，或是将其与民间迷信和超能力结合，给江湖生活披上一层神秘的外衣，所以甚少涉及思想实质，多停留在形式层面，如宗教仪式、建筑描写及宗教词汇等。宗教仪式多已世俗化，淡化了本来的宗教内涵。宗教词汇有的已经被汉语吸收，改变了原来的含义，转化为普通民众的日常用语，有的则经过本土化和世俗化的演变，仍具有一定的宗教象征含义。库恩对于宗教词汇和宗教习俗的翻译，主要采取的是归化的处理手法，将德国受众感到陌生的佛教、道教术语转化为对应的基督教用语，如把寺院长老翻译为"修道院院长"(der Abt)[②]，或直接去宗教化。对于部分文化缺省词，则采用异化的翻译方式，保留原文语言形式，留给读者一定的思考空间。

例 22：原文第四十四回潘巧云在家中为亡夫周年祭请和尚做道场，其中出现了大量佛教仪式和佛教用语。

原文：只见这贼秃同一个一般年纪小的和尚做阇黎，摇动铃杵，发牒请佛，献斋赞，供诸天护法，监坛主盟，追荐亡夫王押司早生天界。

只见那淫妇乔素梳妆，来到法坛上，手捉香炉，拈香礼佛。[③]

译文：Dann wurde Messe zelebriert. Die Kerzen brannten, und die Weihrauchkessel dampften, die Trommeln rasselten, die Zimbeln schellten, und die Glöckchen und Klingsteine bimmelten.

Hingerissen lauschte Wunderwolke der Stimme des Geliebten, der abwechselnd das Messgeläut bediente und als Vorbeter waltete und in ihrem Namen Buddha beschwor, dem verblichenen Ehegatten und Amtsschreiber Wang zu baldiger fröhlicher Urständ in den himmlischen

---

① 《容与堂刻百回本水浒传》卷首，人民文学出版社 1991 年版，转引自纪德君：《〈水浒传〉宗教描写新论》，《广州大学学报(社会科学版)》2010 年第 9 卷第 1 期，第 83—88 页，此处引自第 83 页。

② Kuhn, Franz: *Die Räuber vom Liang Schan Moor*. Leipzig: Insel Verlag, 1975, S. 105.

③ 施耐庵著，陈曦钟、侯忠义、普玉川辑校：《水浒传会评本》(上)，北京大学出版社 1981 年版，第 835 页。

Gefilden zu verhelfen.

So hübsch zurechtgemacht, wie es für eine trauernde Witwe gerade noch schicklich war, nahm Wunderwolke an der Feierlichkeit teil, steckte ihre Weihrauchstäbchen an und entbot dem Buddhabildnis ihre Reverenz.①

回译：然后开始做弥撒，燃起蜡烛，香炉中香气缭绕，鼓声阵阵，铙钹叮叮，钟磬齐响。

巧云沉迷于情人的声音中，他与别人轮流摇动铃杵，作为领诵人，以巧云的名义在佛面前起誓，希望让已故的丈夫——王书记员在天界早日复活。

巧云打扮成对一个悲伤的寡妇来说也算得体的模样，参与到仪式中来，把香插到香炉中，向佛像祷告。

这段文字描写的是法事的主祭过程。这种为亡人超度的佛教仪式在西方没有直接对应的说法，于是译者根据法事的祈祷和献祭性质，用天主教用语“弥撒”(Messe)来定义这种仪式。二者尽管在具体细节上有很大差距，但本质相近，而且弥散是德国人普遍熟悉的宗教仪式，这种类比极大地方便了处于基督教文化圈的读者理解原文，强化了宗教含义。库恩虽套用了天主教用语，但并不想让读者把两种仪式混为一谈，又要避免直译术语可能造成的理解障碍。为了让读者对法事的过程有一个清晰的印象，又易于理解，库恩先将和尚作法时夹杂的大量晦涩难懂的佛教术语按下不表，转换为佛教器物及场景描写，保留了法事的佛教形式，烘托出一种神秘的宗教氛围；在给读者带来充分的直观感受后，再简单解释法事的程序及意义所在——为亡人祈求冥福，希望其早登极乐，以满足译入语读者对外族文化求异求新的期待视野，同时保留了文本阐释中巨大的想象空间。

另外，这段仪式描写在文中只是充当背景，文中人物并无心礼佛。库恩也意识到了这一点，所以在翻译潘巧云上香礼佛的过程之前自行添加了一段从她的视角看裴如海的文字，照应前文中她说和尚唱经的声音好听的情节，补充了她沉迷于裴

① Kuhn, Franz: *Die Räuber vom Liang Schan Moor*. Leipzig: Insel Verlag, 1975, S. 580.

如海声音的细节，点出二人间的暧昧，为下文点到为止、大幅删节的偷情场景做好了铺垫，保证译文内容不会因为删节而出现断裂。再者，这段文字两次转换叙事视角，人物与场景描写并重，叙事焦点在裴如海和潘巧云间自然过渡，也体现了译者良好的文学功底。

上面的例子是佛教场景的描写，在《水浒传》中，中国本土的道教主要作为神秘力量的象征出现，特别是在宋江受九天玄女赐予天书，顺应天命一段。

例 23：

原文：宋江恰才敢抬头舒眼，看殿上金碧交辉，点著龙灯凤烛；两边都是青衣女童，持笏捧圭，执旌擎扇侍从；正中七宝九龙床上坐着那个娘娘，身穿金缕绛绡之衣，手秉白玉圭璋之器，天然妙目，正大仙容。[1]

译文：Erst jetzt wagte Sung, sein Auge emporzuheben und um sich zu blicken. Er sah den kerzenerhellten Saal in Gold und Edelsteinen schimmern. Rechts und links vom Thron sah er vier Geisterfräulein von hoherem Rang stehen. Das eine hielt ein Zepter in der Hand, das zweite eine elfenbeinerne Schreibtafal, das dritte ein Banner, das vierte einen Wedel.

In der Mitte auf ihrem von neun Drachen getragenen, mit den › sieben Kostbarkeiten ‹ geschmückten Thron saß eine herrliche Frau von überirdischer Schönheit. Sie trug ein golddurchwirktes Gewand von purpurroter Seide und hielt in der Rechten ein Zepter von weißem Nephrit. [2]

回译：宋江这时才敢抬头看。他看到烛光映照的殿堂金碧辉煌，宝座两边有四个高等级小仙女。第一个手里拿着节杖，第二个拿着象牙制的写字板，第三个拿着旌旗，第四个拿着扇子。

饰有九条龙和七宝的宝座中央坐着一位有绝世美貌的女子。她身穿

① 施耐庵著，陈曦钟、侯忠义、普玉川辑校：《水浒传会评本》(上)，北京大学出版社 1981 年版，第 779 页。

② Kuhn, Franz: *Die Räuber vom Liang Schan Moor*. Leipzig: Insel Verlag, 1975, S. 515.

紫红色丝绸做的缀金法衣，右手拿着白软玉做的权杖。

九天玄女原为中国古代神话中的女神，传说因在黄帝战蚩尤时受命传授“天书”“法宝”，除暴安民有功，被玉帝封为九天玄女，后经道教增饰奉为女仙。她在明清小说中经常会作为正义的化身出现，延续了向英雄人物传授神谕、帮助作战的作用。[①] 译者在原文基础上结合自己的理解，重新描述九天玄女及其身边仙女的外貌、衣着及法器。为了在一定程度上还原原文的宗教氛围，库恩会刻意选择词汇，如“Gewand”一词既可以指“节日服装、长袍”，还有具有宗教意义的“法衣”的含义。译者对在译入语文化中属于文化缺省词的宗教法器采取了归化的翻译策略，使其变成了世俗化皇权的象征，在难以保留原始形态的情况下，库恩着重于二者在功能和意义上的对等，如将九天玄女的坐具“床”根据人物的身份和情境翻译成“宝座”(Thron)；翻译象征威仪的“笏”“圭”“旌”“扇”及九天玄女手中所持的“白玉圭璋之器”时，在尽可能保证与原物形态相差不大的前提下，寻找西方文化中功能相同的代替品，如“笏”翻译为“权杖”(Zepter)；实在找不到就择其重点，以异化加直译的形式处理，如用“象牙制的写字板”(elfenbeinerne Schreibtafal)来介绍“圭”，将“白玉圭璋之器”解释为“白软玉做的权杖”，中国特有的以玉器作为礼器的习俗也得以保留。不过译者在这里没有详细介绍道教的“七宝”，只是按字面意思泛泛地解释为“七种宝物”(sieben Kostbarkeiten)，这应该是由于它在句子中做修饰语，如果想解释只能加注，这样会打乱叙述节奏，而且会加大翻译难度，只好直译，给读者留下一定的想象空间。

译者在文中以“蓝色圣女”或“九天蓝色女神”(Die Azurene Göttin der neun Himmel)代指九天玄女，而九天玄女在文中的服饰是“金缕绛绡之衣”。“玄”在古汉语中也有“黑色”的意思，与蓝色没有关联。库恩有可能受到九天玄女身边“青衣女童”形象的误导(“青衣女童”在文中被译为“Die Blaugerockte”，其形象被译为“himmelblau gekleidete jugendliche Gestalt”)。不过“Azur”这个源自法语的词除了在诗歌中专指“蓝色”外，也有“蓝天”之意，恰好和“九天玄女”名字中的“天”对应。联想到库恩曾将《红楼梦》中的“林黛玉”翻译为“蓝玉”(Blaujuwel)，也是以

① 袁珂:《中国神话史》，上海文艺出版社1988年版，第101页。

"蓝色"(blau)来解释意为"青黑色"的"黛",而"绛珠"变成了"紫珠"(Purpelperle),这更应该是译者个人的用词喜好,以及两个民族对颜色及其象征意义的不同感知所致。

除了出现宗教仪式和人物形象外,《水浒传》还利用宗教来宣扬梁山好汉的政治理想,为他们惩贪除暴、杀奸锄恶的行为正名。如九天玄女在赐予宋江三卷天书时,曾这样向他解释授天书的意义:

例 24:

原文:宋星主,传汝三卷天书,汝可替天行道:为主全忠仗义,为臣辅国安民,去邪归正,勿忘勿泄。[①]

译文:»Hört, Sternenfürst! « ließ sich wiederum die Stimme vom Thron vernehmen. » Diese drei Schriftrollen sollen Euch zeigen, wie Ihr als Stellvertreter des Himmels handeln müsst, Treue und Pflicht nach oben, Menschlichkeit und Gerechtigkeit nach unten wahren, das Schlechte bannen, das Gute fördern sollt. Beherziget diese Sätze, seid ihrer stets eingedenk! «[②]

回译:"请听我说,星主!"宝座处又传来声音,"这三卷天书将会告诉您,您将如何作为天的代表行事。居高位时尽忠,履行义务,居低位时维护人道与公正,除去恶人,扶助好人。请把这些话放在心上,不要忘记!"

这番话既是指导宋江等人今后的行动方向,也是以"替天行道"为名来肯定梁山好汉的"造反"行为,从此"替天行道"成了梁山英雄的政治口号,他们可以名正言顺地在民间扩大影响。"替天行道"的"道"具体作何解一直是中国学者间争议的问题,库恩巧妙地避开了"道"的翻译,将下文用作"道"的注解。而他将"仗义"翻译为"履行义务"(Pflicht wahren),初看应该是对意义的误释,不过从西方法治社会的思维出发,在前文"忠君"的语境下,将"仗义"理解为"履行义务",也可以自圆其说。

---

① 施耐庵著,陈曦钟、侯忠义、鲁玉川辑校:《水浒传会评本》(上),北京大学出版社 1981 年版,第 780 页。
② Kuhn, Franz: *Die Räuber vom Liang Schan Moor*. Leipzig: Insel Verlag, 1975, S. 516.

最后，九天玄女赐予宋江天书时叮嘱他“勿忘勿泄”。刻意嘱咐“勿泄”，是顺应中国人对“天命”的敬畏之情——正如小说中常见的一句话“天机不可泄露”。同时，借神仙人物渲染神秘主义色彩。而库恩重复翻译了“勿忘”，却省略了“勿泄”，体现了一种务实的心理：在库恩看来，九天玄女赐天书，更希望宋江能切实践行书中的内容，德国读者看到“泄露天机”，也不会产生和中国人相同的感受。这里的改动体现了译者的个人意志和中德不同的文化观念。

第三节 韵文翻译

此处所指的韵文与散文相对，包括近体诗、打油诗、骈文等文学样式。白话章回体小说的前身是宋元话本，说书艺人为了讲求语言的韵律美，吸引听众的注意力，会采用韵散结合的叙述模式，小说也继承了这一艺术形式。[①] 韵散结合在《水浒传》中有充分的体现：《水浒传》中的韵文种类丰富，它们与小说本身形成了一个有机的整体，在小说中发挥着十分重要的作用，一方面使《水浒传》的语言表达多样化，文辞精炼而富有文采，另一方面也增强了小说的抒情性——政治诗抒发理想和抱负，出场诗塑造人物形象，谶语和偈子预示了情节的走向，回前、回末诗概括本回主旨、引起下文……这些韵文从不同层面提升了原文的艺术创造力。

如前文所言，库恩在中学时代就曾写过诗歌，并当众朗诵，[②]可见他对诗歌很感兴趣，并有一定的诗歌创作能力。但赞助人不相信库恩的文学素养已经达到了可以用母语纯熟地创作诗歌的程度，他们认为当时大部分汉学家很难同时兼任诗人，而诗人往往不懂汉语。所以 1926 年库恩翻译《好逑传》时，其中的诗歌部分就由德国诗人舍费尔（Albrecht Schaeffer，1885—1950）代为润色。[③] 赞助人基彭贝格还专门写信向库恩请教中国诗歌在押韵、长度、节奏等方面的问题，[④]并在费舍

① 鲁德才：《中国古代小说艺术论》，百花文艺出版社 1987 年版，第 1 页。

② Kuhn, Hatto: *Dr. Franz Kuhn (1884 — 1961). Lebensbeschreibung und Bibliographie seiner Werke*. Unter Mitarbeit von Martin Gimm. Wiesbaden: Franz Steiner Verlag, 1980, S. 11.

③ Sarkowski, Heinz / Jeske, Wolfgang: *Der Insel Verlag 1899 — 1999*. Frankfurt a. M. und Leipzig: Insel Verlag, 1999, S. 261.

④ Brief von Anton Kippenberg an Franz Kuhn am 18. 03. 1926, in: Goethe- und Schiller-Archiv, Insel Verlag, Schriftwechsel, Kuhn, Franz, 1925—1927 (Signatur: 50/ 142—144).

尔完成后请库恩代为校对，最终定稿。[①] 之后，库恩潜心研究诗歌翻译，于1928年发表诗歌译作《两首明代中文诗歌》(*Zwei chinesische Dichtungen aus der Ming-Zeit*)[②]，还撰文《从中文原文到世界文学》(*Vom chinesischen Urtext in die Weltliteratur*)[③]，以专题的形式介绍古诗词的创作方式，他本身对中国诗歌的认识也进一步加深。随着库恩翻译经验的逐步累积，他翻译诗歌的能力也日益提高，可以独立胜任这一工作。

文学翻译的创造性工作在韵文，特别是诗歌翻译中表现得尤为突出，因为诗歌在文学形式上讲求高度凝练，以有限的字数表达无限的内涵，译者处理起来，很难做到形式与内容兼顾，往往在侧重原样传递形式时很难保持内容不变，准确传达内容时又无法保留形式。

面对在西方小说中并不存在的韵散结合体，完全保留原来的形式会让读者感到非常困惑，产生排斥心理。而《水浒传》中的诗词并非全是单纯的铺陈，有些韵文，特别是文中大量出现的宗教谶语、偈言，在字里行间不经意就透露出人物的性格和命运，又不能一概删去。所以，库恩综合各方面因素，对《水浒传》中的诗歌采取了以下三种处理手法：

1. 完全删除译者认为对推动情节发展没有作用，单纯追求文学形式的韵文，如在德语文学中没有对应样式，删除也不影响理解的回前诗和回末诗；思想不深刻，或堆砌典故、晦涩难懂、不易翻译的诗词，如原文第三回卖酒人所吟的"九里山前作战场，牧童拾得旧刀枪。顺风吹动乌江水，好似虞姬别霸王"[④]等。

2. 译者认为意义重大或通俗易懂的诗词予以保留，并完整翻译，如原文第十八回阮氏兄弟出场时所唱的两首歌谣、宋江在墙上题写的"反诗"等。

3. 个别诗词没必要全译，但又需要让读者知晓诗文内容，采取概括大意或主旨的翻译方式，如原文第十回林冲酒后在墙上所题写的"仗义是林冲"一诗。

---

① Brief von Anton Kippenberg an Franz Kuhn am 06. 04. 1926, in: Goethe- und Schiller-Archiv, Insel Verlag, Schriftwechsel, Kuhn, Franz, 1925—1927 (Signatur: 50/ 142—144).

② Kuhn, Franz (übers.): „Zwei chinesische Dichtungen aus der Ming-Zeit". in: *Inselschiff*, 1928 (9), S. 72—73.

③ Kuhn, Franz: „Vom chinesischen Urtext in die Weltliteratur". in: *Inselschiff*, 1930 (12), S. 128—131.

④ 施耐庵著，陈曦钟、侯忠义、普玉川辑校：《水浒传会评本》(上)，北京大学出版社1981年版，第108页。

例 25：

原文：(林冲)因感伤怀抱，问酒保借笔砚来，乘着一时酒兴，向那白粉壁上写下八句道：

仗义是林冲，为人最朴忠。江湖驰誉望，京国显英雄。

身世悲浮梗，功名类转蓬。他年若得志，威震泰山东！①

译文：Er trank hastig und verlangte nach Pinsel und Tusche. Der Wein hatte seinen Geist beschwingt und ihm einen Vers eingegeben, der seine Trübsal und seinen Ingrimm zu Worten formte. ②

回译：他喝得大醉，问人索要笔墨。酒振奋了他的精神，给他带来灵感，他创作了一首诗，表达了自己的郁郁不得志和压抑的愤懑。

这首描写林冲出身、遭遇和抱负的诗歌是一首七言律诗。语言学家王力先生曾这样界定律诗的概念："每首限定八句，其中五律规定每句五字，全首共四十字。七律规定每句七字，全首共五十六字；限定用平声韵，而且一韵到底，中间不得换韵；每句的句式和字的平仄都有规定，讲究粘和对；每首中对仗联可以多到三联，也可以少到一联。"③由这一定义可知，律诗对句数、字数、平仄、押韵都有严格的限制，在差异巨大的两种语言间完全传递原诗的形式是不可能的。如果原诗用词晦涩，还有典故，就更不好翻译。即使直接按字面意翻译，也无法达到很好的效果。故库恩选用上文列举的第三类处理方式，即概括大意，来翻译这首诗。他在翻译《红楼梦》中的诗歌时也经常采用这种方法。虽然省略了诗的内容，译者详细介绍了林冲创作这首诗的环境、心情和"酒助诗兴"的灵感来源作为补充，但并非全面地理解这首诗歌的主旨。库恩联系上下文林冲由任禁军教头到被人迫害、只能上山落草的遭遇，且在雪天一人喝闷酒，在"感伤怀抱"的情况下创作了这首诗，颈联又有"身世悲浮梗"一句，所以认为诗歌的基调悲观，仅是作者悲伤和郁闷心情的写照。但他忽略了最后一联"他年若得志，威震泰山东！"的转折意，没有表达出林冲

① 施耐庵著，陈曦钟、侯忠义、普玉川辑校：《水浒传会评本》(上)，北京大学出版社 1981 年版，第 223 页。

② Kuhn, Franz: *Die Räuber vom Liang Schan Moor*. Leipzig: Insel Verlag, 1975, S. 125－126.

③ 王力：《诗词格律》，中华书局 1977 年版，第 14 页。

不甘屈于草莽的雄心抱负。概括主旨可以让读者省时省力地了解诗歌的内涵，而一旦译者对诗歌主旨的把握出现了偏差，就可能误导译文读者。

全译的诗歌往往在文中起到推动情节发展、紧扣小说主题的作用，如“智取生辰纲”一节中酒贩的出场诗。

例26：由于天气太热，杨志等人在护送生辰纲的途中停歇，先是碰上了晁盖等乔装打扮成贩枣商人的强盗，紧接着从山下走来白胜所扮的酒贩，念起一首诗：

原文：赤日炎炎似火烧，野田禾稻半枯焦。农夫心内如汤煮，楼上王孙把扇摇。[①]

译文：Hei, wie's von droben brennt und sengt!
Das Korn verdorrt am Halme hängt.
Der Bauer trüb ans Morgen denkt.
Der feine Mann den Fächer schwenkt. [②]

回译：嘿，天上如同燃起大火般烧焦！
稻谷被烤焦，垂挂在禾秆上。
农民苦闷地想着明天，
贵族却摇扇纳凉。

原诗是一首借景抒情、有明显政治寓意的诗歌，层次分明，前后对比强烈，叙事节奏紧凑，且暗含了作者本人的态度。前两句描写炎热的天气与田间旱情，以叙事为主，后两句表面叙事，实则抒情，以对比富人与穷人不同境遇的手法指出贫富差距带来的阶级矛盾，抒发个人对社会现实的不满。译者在翻译这首诗歌时，试图尽力保留原诗的层次感与节奏，第一行以感叹词“Hei”打头，还原原文中人物边走边吟诵的场景；第二句采用拟人手法，将炽热阳光下干枯下垂的稻谷比作“热得弯下了腰”(hängt)；第三句舍弃了原文对农民内心情感的比喻“心内如汤煮”，而用了直白的描述“苦闷地想着明天”，使读者更直接地感受到了农民生活之苦及对未来的

① 施耐庵著，陈曦钟、侯忠义、普玉川辑校：《水浒传会评本》(上)，北京大学出版社1981年版，第298页。

② Kuhn, Franz: *Die Räuber vom Liang Schan Moor*. Leipzig: Insel Verlag, 1975, S. 187.

绝望;第四句保留了原诗中贵族摇扇纳凉的场景,与第三句产生非常强烈的对比效果。

译诗中不但保留了诗歌的内容,还注意到了德语诗押尾韵的问题。每句的最后一个词“sengt”“hängt”“denkt”“schwenkt”都以“-k(/g)t”结尾,前两个韵脚中“-engt”与“-ängt”发音相同,后两个韵脚发音相同,两两押韵,让人朗读起来十分顺口。另外,德语诗除了要保证形式外,还要讲求意义上的连贯或相互照应,也就是要押“意义韵”。一般来说,汉语诗押韵只是追求形式,即音韵上的和谐,但这里所引的原诗韵脚恰好在意义上有一定对应,译文中也予以保留。德语译诗的四个韵尾均为动词第三人称单数,且在意义上两两对应:前两句的“sengt”与“hängt”是因果关系,而后两句的“denkt”与“schwenkt”则起对比作用。

译诗虽然不能完全再现原诗的形式,但是在诗的意象表达上两者基本一致。从译后记来看,库恩注意到了施耐庵的政治倾向和《水浒传》本身的政治色彩,[①]所以十分重视有政治寓意的诗歌的翻译,全译的诗歌大多跟政治相联系。通过这首诗,读者可以觉察出作者对社会现实的批判。这首诗也是在提示读者,强盗们劫持的生辰纲是一笔不义之财,是用来贿赂上级官员,以求得自己升官发财的赃款,所以抢夺这笔财富带有劫富济贫的意义。而劫富济贫不仅被中国人视为“义举”,在西方强盗小说中也屡屡出现,很容易引起读者的认可或共鸣。

前文曾提到,中国古典小说长于“预叙”,即预言性叙述,喜欢借助神话、天命等预言来预先交代人物命运和小说的整体基调,这种叙述特点与传统占卜文化及社会上风行的占卜活动是分不开的。[②] 在《水浒传》里,除了政治诗歌外,另一类韵文,即充满迷信和宗教色彩的谶语、偈言也借占卜人(或相当于占卜人的其他人)之口预示了一些主要故事情节的发生及走向,借以制造悬念,给人以扑朔迷离之感。

例 27:原文第三十八回黄文炳听闻街市小儿谣言,联想到之前发现的宋江所做“反诗”,随即向知府报告,并对这首预言诗作了解读,认为它正好应在宋江身上。

原文:……更兼街市小儿谣言四句道:“耗国因家木,刀兵点水工。纵

① Kuhn, Franz: „Nachwort“, in: *Die Räuber vom Liang Schan Moor*. Leipzig: Insel Verlag, 1975, S. 855.

② 黄霖、李桂奎、韩晓、邓百意:《中国古代小说叙事三维论》,上海世纪出版社 2009 年版,第 94 页。

横三十六，播乱在山东。”

……

黄文炳道：“‘耗国因家木’，耗散国家钱粮的人必是‘家’头着个‘木’字，明明是个‘宋’字。第二句，‘刀兵点水工’，兴起刀兵之人，‘水’边着个‘工’字，明是个‘江’字。这个人姓宋名江，又作下反诗，明是天数，万民有福！”知府又问道：“何谓‘纵横三十六，播乱在山东？’”黄文炳答道：“或是六六之年，或六六之数。‘播乱在山东’，今郓城县正是山东地方。这四句谣言已都应了。”①

译文：In den Straßen von Kai fong fu ist unter den Gassenkindern folgende dunkle Spruch im Umlaf:

Unheil droht vom Hause Holz –

Kampf zu Wasser, Taten Stolz –

Sechsunddreißig kreuz und quer –

Aufruhr kommt von Schantung her.

...

»In der ersten Zeile heißt es, Unheil drohe vom › Hause Holz ‹. Man braucht über das Zeichen › Holz nur ein › Dach ‹ zu setzen, dann ist das Haus Holz fertig, und man hat den Familiennamen unseres Mannes, den Namen Sung. 1　Man braucht weiter die beiden Zeichen › Wasser ‹ und › Taten ‹, die in der zweiten Zeile vorkommen, nur zu einem Zeichen zusammenziehen, dann ergibt sich sein Zuname Kiang. Aus Schantung stammt er außerdem, und überdies hat er sich durch seine Verse an der Wand des Yang tse Turms deutlich genug als Revolutionär verraten. Also bedarf es noch weiterer Beweise, dass wir in ihm den Mann zu suchen haben, auf den der Spruch des Volksmunds zielt? «

»So weit stimmt alles. Aber was hat die dritte Zeile zu bedeuten:

① 施耐庵著，陈曦钟、侯忠义、普玉川辑校：《水浒传会评本》（上），北京大学出版社 1981 年版，第 720—721 页。

Sechsunddreißig kreuz und quer? «

»Vermutlich sein Alter «

Hier irrte Huang. Dass die sechsunddreißig starken Kämpfen gemeint waren, die sich kreuz und quer aus dem ganzen Land als Häuptlinge im Liang schan Moor zusammenfinden sollten, entging seinem Scharfblick.

1 木十宀＝宋 Sung

水十工＝江 Kiang ①

回译：……在开封府街市的孩童间流传着这样一首箴言：

“耗国因家木，刀兵点水工。纵横三十六，播乱在山东。”

……

“第一行是‘耗国因家木’，只需在‘木’上安一个‘家’，‘家木’就齐了。这是我们这位先生的姓，‘宋’字。第二行出现的‘水’和‘工’只需要合在一起就是他的名字‘江’。他还是山东人，在浔阳楼的墙上题的诗也暴露了自己的革命者身份。我们还需要其他证据来证实他就是人们口传箴言中的那个人吗？”

“这些都对，不过第三行‘纵横三十六’是什么意思？”

“可能是他的年龄。”

这一点黄文炳说错了，这里指的是三十六个勇猛的战士，从全国各地汇集到梁山泊，成为那里的头目。他的洞察力失准了。

这是一首童谣形式的谶语，预示了宋江等三十六人以梁山泊为据点，在山东造反。库恩选择翻译这句谶语，除了基于它在文中的功能外，还因为前两句独特的拆字诗歌形式可以用作介绍汉字及文化的途径。汉字的象形结构决定了拆字诗歌存在的必然性，这样的形式无法原样翻译成字母文字。译文先直译字面意，再依照黄文炳的解释翻译隐含意。为了便于读者理解，这里非常罕见地添加了注释，直接以汉字图示的方式拆解“宋”“江”二字，让读者获得更加直观的印象。这种做法并不

① Kuhn, Franz: *Die Räuber vom Liang Schan Moor*. Leipzig: Insel Verlag, 1975, S. 441－442.

是第一次出现，在《红楼梦》译后记中也出现了“壬子”“无为”的繁体汉字写法。库恩作为受过专业汉学学术训练的人，非常了解汉字的作用，认为它是“思想交流的壁垒，正是它让中国与外国隔绝”[①]，阅读由汉字组成的中文小说，直接感受汉字带来的视觉冲击象征着“接受一个完全陌生的思想世界”[②]。而通过他的译作来了解中国的读者想必更会觉得有趣。这种方式确实保留了汉字独特的文字魅力，也迎合了西方人对汉字体系既陌生又好奇的心理。

为了制造悬念，原作者特意让黄文炳只猜对了前两句，把“纵横三十六”误猜为宋江的年龄，留待后文揭晓答案时，制造反转的结局。而库恩没有卖关子，直接指出正确答案，既符合德国人不爱兜圈子、简单直接的民族性格，也说明他怕不求甚解、走马观花的读者读到后面很难想起前面的伏笔，不如直截了当地提前说明。

第四节 熟语翻译

语言作为民族文化的载体，负载着丰富的社会文化信息。《水浒传》作为我国第一部白话长篇小说，取材于民间，经民间艺人集体创作而成，其中出现了数量可观的熟语。所谓熟语，是指人们耳熟能详、常用的、定型的词语，包括成语、谚语、俗语、谜语、惯用语、顺口溜等，体现着浓厚的中华文化内涵，对中华民族精神生活有着深远影响。多数情况下，译者在翻译时，为了照顾不了解中国文化的接受国读者，必须套用接受国的文化现象加以解释，迎合读者的接受习惯。但也有特殊情况，即采用异化的手法，保留原汁原味的原语文化特色。

一、成语翻译

成语是人们长期以来习用的、简洁精辟的定型词组或短句，大多由四个字组成，一般都有出处，成语的使用可以使语言表达更加形象鲜明、生动简洁。[③] 因其

① Kuhn, Hatto: *Dr. Franz Kuhn (1884－1961). Lebensbeschreibung und Bibliographieseiner Werke*. Unter Mitarbeit von Martin Gimm. Wiesbaden: Franz Steiner Verlag, 1980, S. 10.

② Kuhn, Hatto: *Dr. Franz Kuhn (1884－1961). Lebensbeschreibung und Bibliographieseiner Werke*. Unter Mitarbeit von Martin Gimm. Wiesbaden: Franz Steiner Verlag, 1980, S. 15.

③ 中国社会科学院语言研究所词典编辑室编：《现代汉语词典》(第 5 版)，商务印书馆 2005 年版，第 173－174 页“成语”词条。

表达精炼，言简意赅，读来朗朗上口，令人记忆深刻，历来被广泛地运用在各种文学作品中。《水浒传》中也运用了大量的成语，库恩采用多样化的翻译手法处理成语，既有直译加解释，形式上异化，内容上归化的；也有意译，套用德语中对应的表达，甚至在不影响理解的前提下化用原语中更为简单直白的其他熟语，再直译为德语。总体原则是先保证让不了解中国文化的德语读者尽可能正确地把握含义，再使其进一步了解汉语表达本身的魅力。

例 28：王伦初见晁盖时出于客套，表示久仰其大名。原文及译文如下：

原文：小可王伦，久闻晁天王大名，如雷贯耳。[①]

译文：Wie Donner war seit langem Euer hoher Ruf an mein Ohr gedrungen.[②]

回译：您的大名早就像雷一样贯穿了我的耳朵。

“如雷贯耳”，或作“如雷灌耳”，意为响亮得像雷声传进耳朵里，形容人的名声大。[③] 库恩把原文的两个半句融为一体，完全直译且不加解释，读来有些费解。赛珍珠在翻译这个成语时也将其直译为“It has come to my ears like the roar of thunder.”[④]，未作解释，但并不太突兀，主要是因为她的整体翻译策略是逐字逐句的全译法，已经译出的前半句“久闻晁天王大名”(have only heard of the great name of The Heaveny King)[⑤]已经为下文做好了铺垫，即使不解释，读者也能根据上下文猜出意思。

例 29：孙立假意向乐廷玉投诚，乐廷玉不疑有诈，欣然接受。

原文：天幸今得贤弟来此间镇守。正如“锦上添花，旱苗得雨”。[⑥]

---

① 施耐庵著，陈曦钟、侯忠义、普玉川辑校：《水浒传会评本》(上)，北京大学出版社 1981 年版，第 351 页。

② Kuhn，Franz：*Die Räuber vom Liang Schan Moor*. Leipzig：Insel Verlag，1975，S. 238.

③ 王安全、郭玲改编：《汉语成语大词典·精编本》，汉语大词典出版社 1997 年版，第 423 页“如雷贯耳”及“如雷灌耳”词条。

④ Buck，Pearl S. (trans.)，*All Men Are Brothers*，London：Methuen & Co Ltd，1933，p. 310.

⑤ Buck，Pearl S. (trans.)，*All Men Are Brothers*，London：Methuen & Co Ltd，1933，p. 310.

⑥ 施耐庵著，陈曦钟、侯忠义、普玉川辑校：《水浒传会评本》(上)，北京大学出版社 1981 年版，第 917 页。

译文:Dass Euch der Himmel uns als Bundesgenossen zuschickt, bedeutet fürwahr das Blumenmuster auf der Damastdecke. Ihr seid uns willkommen wie der Regen der dürstenden Flur. ①

回译:天派你们来当我们的同盟,就像在锦缎上添绣花样。我们非常欢迎你们,就像久旱的庄稼欢迎雨水一样。

"锦上添花"指锦缎上面又添绣花,形容美上加美,好上加好;②"旱苗得雨"意为久旱的禾苗喜逢甘露滋润,比喻在急需时得到援助。③ 这里库恩将原语中的意象直接引入译入语,为了避免译入语读者不解其意,还专门做了解释。面对两个带有比喻义的成语,他并没有死板地将它们并列,而是融入句子中,而这些句子就是用来解释成语寓意的。这样既能保留原文的形式,又不妨碍读者理解意义,行文还很流畅。从这个例子中不难发现库恩翻译时的多重考虑,在原语意象本身并不复杂时按字面义直译,巧妙嵌入解释,希望兼顾原语语言与译入语文化。读者身份的设定及赞助人对译文语言的高度重视也决定了译者时刻要考虑译文的可读性,琢磨语言的句式和用词,而不是简单地完成文字间的直接转换。

例 30:石秀意识到自己被潘巧云反咬一口,引起杨雄怀疑后,决定离开。临走时向共同开店的潘公交代账目,以自证清白。

原文:如有毫厘昧心,天诛地灭!④

译文:Und wenn ich mich um einen Kupferling zu meinen Gunsten verrechnet habe, soll mich der Blitz zerschmettern. ⑤

回译:如果我把一个铜板错算到自己账上,就让我被雷劈。

"天诛地灭"指为天地所诛灭,意思是为天地所不容,多用于发誓、诅咒语中。⑥

① Kuhn, Franz: *Die Räuber vom Liang Schan Moor*. Leipzig: Insel Verlag, 1975, S. 680.

② 王安全、郭玲改编:《汉语成语大词典·精编本》,汉语大词典出版社 1997 年版,第 258 页"锦上添花"词条。

③ 王安全、郭玲改编:《汉语成语大词典·精编本》,汉语大词典出版社 1997 年版,第 195 页"旱苗得雨"词条。

④ 施耐庵著,陈曦钟、侯忠义、普玉川辑校:《水浒传会评本》(上),北京大学出版社 1981 年版,第 848 页。

⑤ Kuhn, Franz: *Die Räuber vom Liang Schan Moor*. Leipzig: Insel Verlag, 1975, S. 592.

⑥ 王安全、郭玲改编:《汉语成语大词典·精编本》,汉语大词典出版社 1997 年版,第 508 页"天诛地灭"词条。

很有意思的是，库恩没有按成语的字面义翻译，而是化用了中文口语里同样在发誓诅咒时常说的“被雷劈”，即“不得好死”之意，既形象生动，又有意向《水浒传》整体口语化的语言风格靠拢，还间接让读者了解到原文之外的另一种表达方式。作为一个处于异文化背景中的外国人，能将原语文字准确地翻译出来已属不易；在此基础上，发挥创造精神，联想到原语中更鲜活的俗语替换成语，并准确地翻译出来，便于读者理解，这也是值得肯定的。

二、俗语翻译

俗语是通俗并广泛流行的定型的语句，简练且形象化，大多数是劳动人民创造出来的，反映人民的生活经验和愿望。[①]《水浒传》的语言基础是民间口语，自然使用了大量宋元时期的俗语，为语言增色不少。库恩针对俗语直白易懂的特点，多选用德语口语词汇将没有明显文化差异的俗语意象直接引入译入语，促成东西方语言上的直接碰撞。

例 31：原文第九回李小二提醒林冲凡事小心，引用了如下俗语：

原文：李小二道：“只要提防他便了。岂不闻古人言：‘吃饭防噎，走路防跌？’”[②]

译文：»Vorsicht! « mahnte Li. » Beim Essen soll man sich nicht verschlucken udn beim Gehen nicht stolpern! «[③]

回译：“小心！”李警告说，“吃饭时不要噎到，走路时不要跌倒。”

“吃饭防噎，走路防跌”比喻凡事小心谨慎，以防万一。[④] 原文以生活中最常见的例子来说理，浅显易懂。中德文化在此处不存在理解上的差异，所以库恩按字面义直译，将原文的表达直接引入译文语境，还利用德语动词都具有类似词尾的构词

---

① 中国社会科学院语言研究所词典编辑室编：《现代汉语词典》（第 5 版），商务印书馆 2005 年版，第 1300 页“俗语”词条。

② 施耐庵著，陈曦钟、侯忠义、普玉川辑校：《水浒传会评本》（上），北京大学出版社 1981 年版，第 209 页。

③ Kuhn，Franz：*Die Räuber vom Liang Schan Moor*. Leipzig：Insel Verlag，1975，S. 107.

④ 翟建波：《中国古代小说俗语大词典》，汉语大词典出版社 2002 年版，第 123—124 页“吃饭防噎，走路防跌”词条。

特点，保留了押韵的形式，还原了原文的形式与内容。

例 32：宋江冷落阎婆惜多时，在阎婆多次劝说下才来看她一次，却无话可说，气氛尴尬，阎婆只得在一边圆场。

> 原文：那婆子吃了许多酒，口里只管夹七带八嘈。正在那里张家长，李家短，说白道绿。[1]
>
> 译文：... und um über die flaue Stimmung hinwegzuhelfen, kam sie ins Schwatzen und begann das Blaue vom Himmel herunterzureden. [2]
>
> 回译：为了活跃气氛，她开始闲聊，喋喋不休地说些琐事。

“说白道绿”，也作“说白道黑”，比喻乱加评论，诽谤别人。[3] 如果按照字面意思翻译，显然会让读者一头雾水，而德语中恰好有表达同样含义的惯用语，于是库恩就舍弃了原文的意象，直接采用归化法。在选择对应表达时，译者首先要确保意义的准确传递，在此基础上再考虑保留原文的措辞。原文中的“张家长，李家短，说白道绿”是一种口语化的表达，生活气息浓郁，而库恩选用的“das Blaue vom Himmel herunterreden”也是口语，在《杜登正字法辞典》中解作“口语表达；喋喋不休地大量讲述无关紧要的事情”（umgangssprachlich; sehr viel, pausenlos von Nebensächlichkeiten reden）[4]，在意义和语体上都极为贴切。

例 33：吴用智取生辰纲后，杨志逃跑。同行的 14 个人醒来后商议对策，他们在决定将罪过都推到杨志一个人身上时，引用了一句俗语：

> 原文：火到烧身，各自去扫，蜂虿入怀，随即解衣。[5]

---

① 施耐庵著，陈曦钟、侯忠义、普玉川辑校：《水浒传会评本》（上），北京大学出版社 1981 年版，第 386 页。

② Kuhn, Franz: *Die Räuber vom Liang Schan Moor*. Leipzig: Insel Verlag, 1975, S. 277－278.

③ 翟建波：《中国古代小说俗语大词典》，汉语大词典出版社 2002 年版，第 996 页“说白道黑”及“说白道绿”词条。

④ „Duden/ blau/ Rechtschreibung“, http://www.duden.de/rechtschreibung/blau. Zuletzt eingesehen am 11.04.2014.

⑤ 施耐庵著，陈曦钟、侯忠义、普玉川辑校：《水浒传会评本》（上），北京大学出版社 1981 年版，第 307 页。

译文：Aber in der Not ist sich jeder selbst der Nächste. ①

回译：但是在危难中，每个人都是(要遭殃的)下一个。

“蜂虿入怀，随即解衣”，亦作“ 蜂虿入怀，解衣去赶”(《儒林外史》第十三回)，比喻祸事来临，要赶紧摆脱。② 库恩在译文中没有保留原文形象的比喻，而是直接翻译出了喻体背后隐含的意思，但对原意进行了改动，翻译成了类似于“唇亡齿寒”的意义。这是库恩通过上下文自己理解的结果。如果按照译者所翻译的意思来理解，运送生辰纲的一行十五人是一个整体，生辰纲被劫走，每个人都脱不了干系；如果作为头目的杨志仍在，大家都要承担责任，但杨志已逃走，则可以将所有过失都推给他。这样理解也可以自圆其说。

例 34(1)：杨雄醉骂潘巧云后，潘氏疑心石秀告密，就故意骗丈夫说石秀调戏她。杨雄得知后大怒，以为自己错看了石秀。

原文：画虎画皮难画骨，知人知面不知心。③

译文：Da sieht man wieder einmal，wie man sich in den Menschen täuschen kann. ④

回译：这样就再次看清楚了，别人是怎么在大家面前伪装自己的。

“画虎画皮难画骨，知人知面不知心”是一句旧时俗语，指认识一个人容易，但要了解一个人的内心却很困难。⑤ 译者舍弃了原语的形式和意象，结合原文语境，根据自己的理解，采取意译的方式进行翻译。

在《红楼梦》中同样出现过这一俗语的后半句，面对重复出现的同一句俗语，译者没有机械地重复自己，而是每次都推出一种新的表达。

例 34(2)：王熙凤探完秦可卿的病，在归途中遇到贾瑞出言调戏。王熙凤加以

---

① Kuhn，Franz：*Die Räuber vom Liang Schan Moor*. Leipzig：Insel Verlag，1975，S. 196.

② 翟建波：《中国古代小说俗语大词典》，汉语大词典出版社 2002 年版，第 299 页“蜂虿入怀，随即解衣”词条。

③ 施耐庵著，陈曦钟、侯忠义、鲁玉川辑校：《水浒传会评本》(上)，北京大学出版社 1981 年版，第 847 页。

④ Kuhn，Franz：*Die Räuber vom Liang Schan Moor*. Leipzig：Insel Verlag，1975，S. 591.

⑤ 翟建波：《中国古代小说俗语大词典》，汉语大词典出版社 2002 年版，第 435 页“画虎画皮难画骨，知人知面不知心”词条。

敷衍，等贾瑞走后心里暗暗盘算如何整治他：

原文：这才是知人知面不知心呢，那里有这样禽兽的人呢。[1]

译文：So etwas trägt Menschenantlitz und verbirgt dahinter doch nur Tier![2]

回译：真是人面兽心。

这一次，库恩没有忠实于原文，按照上述字面意义展开翻译，而是根据情境，在后半句中"禽兽"一词的提示下，化用了汉语中本就有的"人面兽心"这个成语，并将这个成语翻译成了德语。这种用词比原文更加贴切，生动地表现出了贾瑞这种纨绔子弟的无耻本质。

三、歇后语翻译

歇后语是中国特有的语言表达形式，它是由两个部分组成的一句话，前一部分像谜面，后一部分像谜底，通常只说前一部分，而本意在后一部分。[3] 它因表现形式固定，修辞效果生动、诙谐，一直深受群众喜爱，而《水浒传》的情节生活气息浓郁，具有较强的民间性，语言通俗，适于用歇后语表现。试看下面的例子：

例35：第十七回何涛请宋江协助捉拿晁盖等人，宋江假意应承，称擒获晁盖并不困难。

原文：宋江道："不妨，这事容易，'瓮中捉鳖——手到拿来'。"[4]

译文：Selbstverständlich! Der Bursche ist uns so sicher wie die Schildkröte im Topf.[5]

---

① 〔清〕曹雪芹著，张俊等注：《红楼梦校注本》，北京师范大学出版社1987年版，第193页。古汉语中"那里"相当于现代汉语的"哪里"。

② Kuhn, Franz: *Der Traum der roten Kammer*. Leipzig: Insel Verlag, 1948, S. 111.

③ 中国社会科学院语言研究所词典编辑室编：《现代汉语词典》(第5版)，商务印书馆2005年版，第1505页"歇后语"词条。

④ 施耐庵著，陈曦钟、侯忠义、鲁玉川辑校：《水浒传会评本》(上)，北京大学出版社1981年版，第331页。

⑤ Kuhn, Franz: *Die Räuber vom Liang Schan Moor*. Leipzig: Insel Verlag, 1975, S. 218.

回译：当然！那家伙（的行踪）对我们而言，就像是坛子里的乌龟一样确定。

这句歇后语表面意为在坛子里捉无法逃脱的乌龟，比喻要捕捉的对象无处逃遁，下手即可捉到，很有把握。[①] 库恩此处倾向于贴近原语文化，因此直接翻译了"瓮中捉鳖"的字面意。了解中国文化内涵的母语读者一看歇后语的前半段，就能猜到后半段的含义，而德语中没有与歇后语对应的表达方式，对中国文化缺乏深入了解的德语读者难以仅通过字面意得到和母语者相同的感受。如果只翻译字面意，德语读者一定不明白在逃的犯人和坛子里的乌龟有什么必然联系，所以库恩在前半句的翻译"那家伙（的行踪）对我们而言很确定"（Der Bursche ist uns so sicher）中暗示了歇后语后半句的真正含义——他们对晁盖的行踪了如指掌，犯人就像瓮中的乌龟一样跑不了。这样并不妨碍译入语读者理解，也要求读者阅读时不要一味地被动接受，而是要稍作思考，在译者的提示下，自己通过上下文进行合理的推断，感受到思考发现的乐趣。

例 36：阎婆惜以招文袋威胁宋江，逼迫宋江将金子赠予他，并在宋江忍让、与其讨价还价时坚决不让步。

原文：阎罗王面前——没放回的鬼。[②]

译文：Nein, auf so einen unsicheren Handel kann ich mich nicht einlassen. [③]

回译：不，我决不做没把握的交易。

虽然《水浒传》中有不少形象传神的歇后语，但库恩翻译时大多略去不翻译，或只采用后半句的解释，将其与文中语句融为一体。这样处理可能是因为部分语句中的意象确实不容易在德语中找到恰如其分的表达，与其绕圈子，不如直截了当地

① 中国社会科学院语言研究所词典编辑室编：《现代汉语词典》（第 5 版），商务印书馆 2005 年版，第 1432 页"瓮中捉鳖"词条。

② 施耐庵著，陈曦钟、侯忠义、普玉川辑校：《水浒传会评本》（上），北京大学出版社 1981 年版，第页。

③ Kuhn, Franz: *Die Räuber vom Liang Schan Moor*. Leipzig: Insel Verlag, 1975, S. 290.

翻译出隐含意义。如形容黄文炳拷打宋江“一佛出世，二佛涅槃”[①]时可以不解释佛教术语，只要传递出与“死去活来”近似的意义即可。本例亦是如此，歇后语的使用者熟知本民族语言文化，可以同时将中国民间传说的地狱判官——阎王和鬼及其象征义融合在一句话中而无须解释，这种方式对西方读者而言很难行得通，与其费尽周折解释本体，不如挖掘出隐含在词句背后的阎婆惜的真实想法——“不做没把握的交易”，以简洁明快的形式介绍给读者，原语中的文化现象则只能屈从于译入语读者的接受习惯而被去除。

第五节　文化意象翻译

除了上述分类外，《水浒传》中还有一些承载着文化意义的独特现象，笔者将其称为“文化意象”。《水浒传》中最突出的是江湖生活，作者以绰号、兵器等突出主要人物的江湖出身，为小说平添了趣味。译者根据情节删节的情况，保留了主要人物的绰号，翻译手法不一，或是保留绰号中的意象，或是用译入语中常见的意象代替，而中国特有的兵器及武术技能基本都被西方骑士、强盗的兵器和技能所取代。另有一些有文化内涵的称谓指代，译者也以直译字面意义的方式予以保留，意在丰富译入语语言表达，让读者从一个侧面了解汉语语言本身。

一、绰号翻译

使用绰号是《水浒传》一大艺术特色。所谓“绰号”，就是外号、诨名，[②]《水浒传》中有一百单八将，每个人都有一个绰号，这些绰号有的源自中国历史人物、古代官位名称、古代习俗，有的借助中国古代特有的动物或中西方共有、却在中国文化中有着特定隐含意义的动物，有的采用中国独一无二的器物，这些无不体现出中国文化元素。绰号或写出了人物的相貌特征及技能，或揭示了人物的身世背景，或点明了人物的性格，或推动了故事情节的发展，又使得小说的趣味性大大增加。不过《水浒传》中人物众多，每个人物在姓名之外，还可能有字、号，对不懂中文的读者而

① 施耐庵著，陈曦钟、侯忠义、普玉川辑校：《水浒传会评本》（上），北京大学出版社 1981 年版，第 724 页。

② 李法白、刘镜芙编著：《水浒语词词典》，上海辞书出版社 1989 年版，第 266 页“绰号”词条。

言，这些称呼只是一堆没有意义的符号，只会增加记忆负担。单单是几个主要人物和他们的名字已经让西方读者应接不暇了，更何况是再加一个绰号。所以译者在简化人物的同时，对人物的绰号也做了相应处理，保留主要人物或在关键场面中发挥主要作用的角色的绰号，并尽可能统一文中对他的称呼，而小人物则只提名字，不提绰号。对绰号的翻译手法以归化为主，特别是在绰号里有中国特有的兵器或动物，而德语中没有完全对应的说法时，只能选最近似的物体代替。

例37：史进到渭州投靠师傅王进，路遇鲁达。史进说出自己的姓名后，鲁达立即联想到了他的绰号。

> 原文：鲁提辖道："阿哥，你莫不是史家村甚么九纹龙史大郎了？"史进拜道："小人便是。"[1]
>
> 译文：»Dann seid Ihr wohl der Schi, den man › neuen Drachen gestreiften Junker ‹ nennt? «
>
> »Ich bins«, sagte der andere und öffnete lächelnd ein Stück seiner Gewandung, so dass die Zeichnung eines Drachen auf seiner bloßen Brust sichtbar wurde. Er hatte sich vor Jahren neuen Drachen auf seinen Lieb tätowieren lassen. [2]
>
> 回译："您就是人称'九纹龙容克'的史先生吗？""是我。"另一个说，笑着掀开衣服的一角，露出胸前文着的一条龙。他多年前在身上文了九条龙。

史进是库恩《水浒传》译文中第一个登场的人物，其绰号"九纹龙"，得名于他身上的九龙文身。为了达到先声夺人、吸引读者的目的，库恩在一开始并未提史进的名字，而是通过鲁达之口提及他的姓名，对其绰号作了翻译。此处的翻译是在形式上异化，在内容上归化的杂糅样式，译者表面还原了文身"九条龙"的形象，实际上"龙"在德国文化中的形象与在中国文化中迥异。龙是中华民族最重要的图腾崇

① 施耐庵著，陈曦钟、侯忠义、普玉川辑校：《水浒传会评本》(上)，北京大学出版社 1981 年版，第 85 页。
② Kuhn, Franz: *Die Räuber vom Liang Schan Moor*. Leipzig: Insel Verlag, 1975, S. 12.

拜，与麒麟、凤、龟并称为“四灵”[①]，中国人自诩为“龙的传人”，有“龙”的词语大多具有吉祥、美好的寓意，如“龙凤呈祥”“龙腾虎跃”等。史进身上文了九条龙，“九”是十进制中最大的个位奇数，象征至大无穷，龙又是传说中的“灵兽”“非凡物”，二者相结合，是为了显示习武之人的英雄豪气非常人可及。而德语中的“龙”(Drachen)却并没有这样的含义，德国最早的民族文学叙事作品《尼伯龙根之歌》(*Nibelungenlied*)中的“龙”是邪恶、凶猛、残暴的化身。德语读者想到龙，印象绝不是中国读者头脑中的瑞兽，而是非常可怕的形象。虽然“龙”的意象在文化传递中出现了偏差，但这正是译者想达到的目的：库恩对《水浒传》众人物的定位是“强盗”，他希望在人物出场时，首先从外形上突出“强盗”应有的凶神恶煞形象，带给读者强有力的视觉冲击。在本章前面他就对鲁达的外貌描写作了夸大处理，把他的胡子形容成“北方的野蛮人留的胡子样式”(wie ihn die Barbaren des Nordens tragen)[②]，让人读来产生惧怕心理。库恩还刻意将出现在被尽数删除的第一回中的史进因练武而露出其“九龙”文身的情节移到此处，并自行添加了史进一边回应鲁达，一边展示自己文身的场景，不但解释了他绰号的来源，而且强化了人物的体貌特征。这也是译者兼顾上下文所做的合理调整与补充。

此外，译者在绰号中特意加入了“容克”(Junker)一词，用以补述前文未来得及介绍的史进的身份。“容克”是德国地主阶层的专用称呼，而史进本是庄院主人的儿子，两者形象非常近似。一提到“容克”，德语读者头脑中就会产生相应的联想，无需译者过多解释。

例 38：

原文：时常散施棺材药饵，济人贫苦，赒人之急，扶人之困。以此，山东，河北闻名，都称他做及时雨；却把他比做天上下的及时雨一般，能救万物。[③]

译文：Ob es sich darum handelte, bei Todesfällen den Sarg zu beschaffen, bei Heiratsfällen den Hochzeitsschmaus auszurichten, immer

① 李葆嘉：《〈水浒〉一百零八将绰号绎释》，《明清小说研究》1991 年第 3 期，第 37—50 页，此处引自第 38 页。

② Kuhn, Franz: *Die Räuber vom Liang Schan Moor*. Leipzig: Insel Verlag, 1975, S. 11.

③ 施耐庵著，陈曦钟、侯忠义、普玉川辑校：《水浒传会评本》(上)，北京大学出版社 1981 年版，第 329 页。

> hatte er eine offne Hand und half den Armen, wo er konnte. Deshalb nannte ihn auch der Volksmund im nördlichen Stromgebiet von Schantung mit dem Beinamen › Regen zur rechten Zeit ‹, womit man sagen wollte, dass er für die Bevölkerung dasselbe war, was erquickender Regen für die dürstende Flur ist. ①
>
> 回译：如果遇到置办棺材和结婚摆酒席，他总会向穷人伸出援手，尽其所能。所以山东北部沿河流域给他起了个绰号叫“及时雨”，意思是说，他对于百姓就像是久旱的庄稼得到的雨一样。

作为《水浒传》的头号主人公，也是历史上真实存在的起义军首领，宋江在文中的称呼最多，如字“公明”，人称“呼保义”“黑宋江”“孝义黑三郎”“及时雨”等。译文中常见的称呼是其字“公明”(Kung Ming)和绰号“及时雨”，库恩对宋江的绰号给出了两种翻译方案，一种是“Regen zur rechten Zeit”，直译“及时雨”的字面意，出自译文第 26 章宋江第一次出场的介绍性文字。原文在提到宋江的绰号时专门就其含义做了解释，译文也予以保留，便于读者理解。这段解释性文字也被套用在了后面“旱苗得雨”一词的翻译上。②

另一种翻译方法是以宋江为主人公的第 4 卷标题“Der Regenspender von Schantung”，直译为“山东的施雨者”，意义和第一种翻译基本相同，只是在绰号后加上了地名“山东”。这样做一方面是因为文中的宋江是山东郓城人，他起义作乱的地点在山东，关于他的坊间谣言中又有“纵横三十六，播乱在山东”一句，再次点出了“山东”这个关键地名，有必要加以强调。另一方面，从库恩在译后记中专门花气力考证历史上的宋江起义和梁山泊的地理环境可以推断出，他是非常在意《水浒传》所依托的历史、地理背景的。真实的历史人物宋江是在山东梁山泊起兵反叛的，加上这个真实的地名就是为了提醒读者，宋江有历史人物原型，故事的发生地是真实存在的，不能把《水浒传》当作时间、空间完全虚构的文学作品。强化真实的地理概念会让读者有一种身临其境的感觉，认为自己是在看一个真实的中国民间

① Kuhn, Franz: *Die Räuber vom Liang Schan Moor*. Leipzig: Insel Verlag, 1975, S. 218.

② Kuhn, Franz: *Die Räuber vom Liang Schan Moor*. Leipzig: Insel Verlag, 1975, S. 680.

故事，得到的是关于中国社会生活的一手资料，从而更容易认同书中的各类习俗和场景，这也有利于培养读者对中国文化和文学作品的兴趣。

例39：

原文：那汉答道："小人姓石，名秀，祖贯是金陵建康府人氏，自小学得些枪棒在身，一生执意，路见不平，便要去相助，人都呼小弟作拼命三郎。"①

译文：»Ich heiße Schi Hsiu und stamme aus der Gegend von Nanking. Seit früh übte ich mich in der Waffenkunst und bin gewohnt, dreinzuschlagen, wenn ich unterwegs Unschuldige leiden sehe. Man heißt mich deshalb den › Todesverächter ‹«. ②

回译：我叫石秀，是南京地区人。从小就学习使用武器，习惯在路遇无辜的人被欺负时出手相助。所以大家叫我"不怕死的人"。

"拼命三郎"是石秀的绰号，比喻打仗勇敢不怕死或干事竭尽全力的人，德语中恰好有一个专门的名词形容这种人，所以库恩无须按字面意翻译"三郎"，直接套用现成的词语即可。将此处翻译与其他译者的翻译相比较，不难发现，赛珍珠将石秀绰号"拼命三郎"也译为"不顾性命的人"(The One who heeds not his life)③，与库恩的译法在字面意上是完全对等的，区别在于句式和词语的选择上：赛珍珠用了定语从句，这种表述更适合用作人物介绍的修饰用语，如果用作人物的代称未免过于冗长拖沓，而库恩则找到了德语本身就有的名词表述，可以直接用来指代人物，显得简洁。

中国古文有套用典故的传统，既为自己的观点找到前人说法作为佐证，也显示了作者渊博的学识。绰号中有时也会出现典故，即将人物类比为具有共同特征而名气比他大的某个古人，以提升其身份。孙立的绰号就属于这种情况。

---

① 施耐庵著，陈曦钟、侯忠义、普玉川辑校：《水浒传会评本》(上)，北京大学出版社1981年版，第823页。

② Kuhn, Franz: *Die Räuber vom Liang Schan Moor*. Leipzig: Insel Verlag, 1975, S. 569.

③ Buck, Pearl S. (trans.): *All Men Are Brothers*. London: Methuen & Co Ltd, 1933, p. 789.

例 40：

原文："我这个贤弟孙立，绰号病尉迟，任登州兵马提辖，今奉总兵府对调他来镇守此间郓州。"[①]

译文：»Mein alter Waffenkamerad Sun Li, genannt der Kranke Yamenwächter, der neue Stadthauptmann von Yün tschou.« stellte Eisenkeule vor. [②]

回译："这是我一起学武的老友孙立，人称病衙门守卫，新任郓州上尉。"铁棒（乐廷玉的绰号）介绍道。

此处的"病"并非"生病"的意思，而是比得上，与之相似。考其本字当为"并"，本意为"相近"，故引申为"相比"。[③] 孙立的惯用兵器是一条虎眼竹节钢鞭，与唐代名将尉迟恭所用兵器相同，再加上武艺精湛，故被称为"病尉迟"。这个绰号里集中出现了多义词和历史典故。库恩显然不了解"病"的其他含义，只是翻译出了它最基本的意义"生病"，出现了误译。病人与习武人的形象相去甚远，用生病的人来形容武艺高强的好汉也不符合逻辑，读者读到这里难免会产生疑问。作者将孙立比作历史人物尉迟恭，是因为他设定的读者是同属于一个文化圈的母语读者，大家有共同的语言文化基础，这样的类比便于联想和理解。而当《水浒传》进入德语世界时，不熟悉中国历史的读者根本不知道尉迟恭是谁，这种修辞就变得毫无意义，而且当典故出现在一个人的绰号里时，不便于在行文中添加解释性语句，所以译者在处理时放弃了向译入语读者介绍这一典故，而是根据自己的理解来形容孙立的职业。虽然意义上并不准确，但可以看出译者有意改造原文信息，以方便译入语读者接受的用意。

---

① 施耐庵著，陈曦钟、侯忠义、鲁玉川辑校：《水浒传会评本》（上），北京大学出版社 1981 年版，第 917—918 页。

② Kuhn, Franz: *Die Räuber vom Liang Schan Moor*. Leipzig: Insel Verlag, 1975, S. 680.

③ 李葆嘉：《〈水浒〉一百零八将绰号绎释》，《明清小说研究》1991 年第 3 期，第 37—50 页，此处引自第 41 页。

例 41：

原文：豹子头①

译文：Pantherschädel②

回译：豹子头

例 42：

原文：铁牛③

译文：Der Eiserne Büffel④

回译：铁水牛

例 43：

原文：浪里白条⑤

译文：Der Weiße Aal⑥

回译：白鳗鱼

梁山好汉的绰号中频频出现动物，特别是猛兽的意象，很大程度上是因为他们都是习武之人，崇尚力量，而猛兽的形象与之相契合，自然为他们所钟爱。另一方面，无论是给自己起绰号的好汉，还是给他们送绰号的百姓，文化水平普遍不高，不可能使用过于文雅的字眼，只可能选用浅显通俗、易于联想的意象，生活中常见的飞禽走兽就为他们起绰号提供了灵感来源。库恩对动物类绰号的翻译也是归化与异化并重。绰号中有中德共通的动物形象，且象征意也接近时就保留原文意象，例 41 与例 42 中林冲和李逵绰号的翻译就属于这种情况；如果绰号中的动物是中国特有的，或者在中国文化中有独特的寓意，用德语不可能解释清楚时，就会适当地

① 施耐庵著，陈曦钟、侯忠义、普玉川辑校：《水浒传会评本》(上)，北京大学出版社 1981 年版，第 158 页。

② Kuhn, Franz: *Die Räuber vom Liang Schan Moor*. Leipzig: Insel Verlag, 1975, S. 67.

③ 施耐庵著，陈曦钟、侯忠义、普玉川辑校：《水浒传会评本》(上)，北京大学出版社 1981 年版，第 696 页。

④ Kuhn, Franz: *Die Räuber vom Liang Schan Moor*. Leipzig: Insel Verlag, 1975, S. 414.

⑤ 施耐庵著，陈曦钟、侯忠义、普玉川辑校：《水浒传会评本》(上)，北京大学出版社 1981 年版，第 708 页。

⑥ Kuhn, Franz: *Die Räuber vom Liang Schan Moor*. Leipzig: Insel Verlag, 1975, S. 422.

采用归化手法，如张顺的绰号。"浪里白条"也作"浪里白跳"，"跳"和"条"都是"鲦"的假借字，白鲦鱼色银白，体长侧扁，我国淡水区域均产；[①]张顺"浑身雪练也似一身白肉"[②]，在水中游行就像一条白鲦鱼，故以此为绰号。在德国没有这种鱼的情况下，库恩选用了与鲦鱼在颜色和体征上都非常接近的鳗鱼代替。本来这一绰号只是表现人物的身体特征和技能，而"鳗鱼"在德语文化中还象征着"圆滑、世故"[③]，这是原文没有的含义，使得张顺的性格特征比原文更加丰富。

二、兵器翻译

梁山英雄大多拥有一种兵器，而各种兵器被赋予了力量、刚强、勇猛与灵气之意，俨然成为持有者生命中极其重要的一部分。德国汉学家安如峦在编写文学辞典里的"《水浒传》"词条时曾指出："《水浒传》中每一个人物形象都掌握着一种对应的兵器或技能"[④]，这里说的"对应"是指兵器与人物的出身、外形、性格间存在某种联系。《水浒传》中多处精彩纷呈的打斗、战争场景也多借由兵器展现，可见兵器在文中的重要意义。在德语中没有对应说法时，库恩大多用欧洲人惯用的竞技运动和兵器来代指中国特有的武功及各类兵器，试看下面的例子：

例 44：林冲与鲁达路遇一大汉卖宝刀。

原文：宝刀[⑤]

译文：Prunkschwert[⑥]

回译：礼仪剑

例 45：宋江、戴宗与李逵相识时，戴宗向宋江介绍李逵的武艺。

① 李葆嘉：《〈水浒〉一百零八将绰号绎释》，《明清小说研究》1991 年第 3 期，第 37—50 页，此处引自第 43 页。
② 施耐庵著，陈曦钟、侯忠义、普玉川辑校：《水浒传会评本》(上)，北京大学出版社 1981 年版，第 707 页。
③ 潘再平主编：《新德汉词典》(修订本)，上海译文出版社 2000 年版，第 1 页。
④ Ruckaberle, Axel (Hrsg.): *Metzler Lexikon Weltliteratur*. Stuttgart, Weimar: J. B. Metzler, 2006, S. 132.
⑤ 施耐庵著，陈曦钟、侯忠义、普玉川辑校：《水浒传会评本》(上)，北京大学出版社 1981 年版，第 171 页。
⑥ Kuhn, Franz: *Die Räuber vom Liang Schan Moor*. Leipzig: Insel Verlag, 1975, S. 78.

原文:能使两把板斧,又会拳棍。[①]

译文:Im Kampf ist er ein fürchterlicher Gegner, da geht er gleichzeitig mit zwei Streitäxten los, außerdem versteht er sich auf Boxen und Fechten.[②]

回译:他在战斗中是一个可怕的对手,能同时使两把板斧,又会拳击和击剑。

例46:史进与鲁达相约饮酒,在人群中发现了自己的武术启蒙老师李忠。

原文:史进看了,却认得他。原来是教史进开手的师傅。[③]

译文:Unterwegs entdeckte er... einen alten Bekannten namens Li Tschung, seinen ersten Fechtlehrer aus der Knabenzeit.[④]

回译:半路上他发现一位老熟人李忠——他少年时的第一位剑术老师。

李逵所用的"板斧"是为数不多的可直接引入译入语环境的兵器,库恩不仅还原了斧子的形象,还刻意选择了古代神话人物使用的"战斧"(Streitaxt)这一历史词汇,有意使读者将中国的英雄好汉与西方英雄史诗中的人物建立联系。而其他的兵器则大多改头换面,改变了本体。《水浒传》中出现了形形色色的刀,有"朴刀""腰刀""板刀"等,而中国人常用的"刀"到了库恩笔下,基本上都转换成了西方更常见的"剑",如例44中杨志祖传的宝刀就被译为"剑";李逵的另外两项技能——"拳法"和"棍法"也变成了"拳击"和骑士、贵族练习的"击剑";史进惯用棍棒,教史进"开手",即初次学艺[⑤]的师傅却成了"击剑老师"……这种转换尽管符合译文读者的思维定式,减小了他们的阅读障碍,但与原文所指相去甚远,也降低了译文读者

① 施耐庵著,陈曦钟、侯忠义、普玉川辑校:《水浒传会评本》(上),北京大学出版社1981年版,第696—697页。

② Kuhn, Franz: *Die Räuber vom Liang Schan Moor*. Leipzig: Insel Verlag, 1975, S. 415.

③ 施耐庵著,陈曦钟、侯忠义、普玉川辑校:《水浒传会评本》(上),北京大学出版社1981年版,第86页。

④ Kuhn, Franz: *Die Räuber vom Liang Schan Moor*. Leipzig: Insel Verlag, 1975, S. 14.

⑤ 李法白、刘镜芙编著:《水浒语词词典》,上海辞书出版社1989年版,第29页"开手"词条。

对中国武术的阅读期待。不过考虑到库恩有意将《水浒传》向着西方英雄史诗与强盗小说的方向改造，他的处理方法也是可以理解的。

三、称谓、官职翻译

在封建等级制度和官本位思想的影响下，中国对各类关系的称谓远比西方复杂，除本来的称呼外，还有具有文化内涵的代称，以示尊重。官职名称也具有民族文化特色。而这些说法在家庭结构松散，没有浓厚官场文化的西方社会基本上都找不到对应的表达。库恩在翻译这类称谓时，很多时候都采取形式上异化、内容上作归化解释的翻译方式，根据字面意义对译，有时也强行拆解固定词语，按每个字的基本含义来理解，在上下文有足够提示的情况下甚至不加任何解释。

例 47：

原文：正饮酒之间，只见杨雄的丈人潘公，带领了五七个人，直寻到酒店里来。杨雄见了起身道："泰山来做什么？"[1]

译文：Während des fröhlichen Zechens erschien Yang' s Schwiegervater, der alte Pan, mit einem halben Dutzend Knechten.

»Was führt den verehrten Tai schan her? « begrüßte ihn Yang, sich bei seinem Eintritt respektvoll erhebend. [2]

回译：正在高兴畅饮时，杨雄的岳父，老潘，带着六个小伙子出现了。"尊敬的泰山来做什么？"杨雄问候他道，并在他进来时起身，表示尊重。

例 48：

原文：张教头道："贤婿，甚么言语！……"林冲道："感谢泰山厚意。"[3]

译文：Aber sein Schwiegervater lehnte sein großherziges Anerbieten

① 施耐庵著，陈曦钟、侯忠义、普玉川辑校：《水浒传会评本》(上)，北京大学出版社 1981 年版，第页。

② Kuhn, Franz: *Die Räuber vom Liang Schan Moor*. Leipzig: Insel Verlag, 1975, S. 572.

③ 施耐庵著，陈曦钟、侯忠义、普玉川辑校：《水浒传会评本》(上)，北京大学出版社 1981 年版，第 177—178 页。

gerührt ab,... Lin Tschung dankte dem ›Tai schan‹ für seine dicke Güte.[1]

回译:但是他的岳父回绝了他的好意。……林冲感谢他的"泰山"的厚意。

东岳泰山作为五岳之首,以其雄浑挺拔的身姿傲然屹立在中国大地上,引来无数文人墨客作诗称颂。在中国文化中,泰山是一个重要的象征符号,它是中国人熟知和敬仰的仙山神境,被赋予了特殊的文化内涵。"泰山"在《水浒传》中至少有两种含义,其一是第十回林冲所言"有眼不识泰山"[2],形容一个人有眼无珠,高人站在面前却不认识或辨别不出来;一说这里的"泰山"是人名,指的是鲁班的徒弟。而这两个例子中的"泰山"则是以山名作为对岳父的尊称,字面意义与所指意义之间并非完全对等,而是有一定引申。库恩用了音译的方法,将这种称谓翻译为"Tai schan"。在前文已经出现"Schwiegervater"作为提示语的情况下,库恩认为读者可以自己猜出"Tai schan"在这里是"岳父"的代称,无须再重复解释。库恩还在"泰山"(Tai schan)前加入修饰语"尊敬的"(verehrt),将杨雄见到岳父时起身问好的动作诠释为"满怀尊敬"(respektvoll),希望让读者感受到中国人对长辈的尊重和长幼有序的辈分观念,暗示了"泰山"(Tai schan)不仅是代称,而且是尊称。

译者特意借音译向读者传递汉语独特的表述,以打破读者头脑中固有的、以西方语言文字为主导的语言构词认知,带给他们新鲜的感觉。之所以舍弃对"泰山"一词的进一步解释,没有明确告诉读者"泰山"本是一座山的名称,可能是因为译者认为,对没有相应文化背景的读者而言,知道中文中的"岳父"有多种表达,从声音上得到感性认识就已足够,至于"泰山"在中国文化中的象征含义不是必须要知道的,也不一定是读者有兴趣了解的内容。

例 49:鲁智深偶遇等妻子烧香还愿的林冲。林冲解释自己来寺里的目的时,提到了自己的妻子。

---

① Kuhn, Franz: *Die Räuber vom Liang Schan Moor*. Leipzig: Insel Verlag, 1975, S. 82.

② 施耐庵著,陈曦钟、侯忠义、普玉川辑校:《水浒传会评本》(上),北京大学出版社 1981 年版,第 224 页。

原文：恰才与拙荆一同来间壁狱庙里还香愿。[1]

译文：Mein häusliches › Trampel ‹ wollte in Erfüllung eines alten Gelübdes heute zufällig im nahen Tempel der heiligen Berge opfern und beten. [2]

回译：我家里的"笨女人"今天恰好想来仙山隔壁的寺院还愿祈祷。

"拙荆"是旧时男子对外称呼自己妻子的谦称，"拙"指笨拙，"荆"出自汉代梁鸿之妻孟光"荆钗布裙"的典故，是一种用朴素的穿着打扮来代指女子的说法。[3] 对外使用谦称来称呼自己及亲人，刻意贬低自己来抬高别人是中国传统文化的固有特点。库恩此处有意在形式上保留了这种谦称，但并非简单地直译字面意义，而是以其丰富的词汇量，在德语中找到了"Tampel"这个专门形容（女）人笨拙（ein ungeschickter Mensch）的口语贬义词，[4]还以引号表示正话反说，煞费苦心地还原了原文的语境，希望能引起读者对汉语谦称表达的重视。

以上所举的例子都是对直系亲属的称谓。汉语的称谓语有亲属和非亲属称谓的区别，但有把用亲属称谓称呼没有血缘关系的人，以拉近距离、表示亲切的倾向。试看对好友的称呼：

例 50：

原文：鲁提辖道："阿哥，你莫不是史家村甚么九纹龙史大郎了？"[5]

译文：»Dann seid Ihr wohl der Schi, den man › neuen Drachen gestreiften Junker ‹ nennt? «[6]

回译："您就是人称'九纹龙容克'的史先生吗？"

---

① 施耐庵著，陈曦钟、侯忠义、普玉川辑校：《水浒传会评本》（上），北京大学出版社 1981 年版，第 162 页。

② Kuhn, Franz: *Die Räuber vom Liang Schan Moor*. Leipzig: Insel Verlag, 1975, S. 69.

③ 李法白、刘镜芙编著：《水浒语词词典》，上海辞书出版社 1989 年版，第 155 页"拙荆"词条。

④ 叶本度：《朗氏德汉双解大辞典》，外语教学与研究出版社 2002 年版，第 1710 页，及潘再平主编：《新德汉词典》（修订本），上海译文出版社 2000 年版，第 1177 页。

⑤ 施耐庵著，陈曦钟、侯忠义、普玉川辑校：《水浒传会评本》（上），北京大学出版社 1981 年版，第 85 页。

⑥ Kuhn, Franz: *Die Räuber vom Liang Schan Moor*. Leipzig: Insel Verlag, 1975, S. 12.

例 51：

原文：鲁智深扯出戒刀，把索子都割断了，便扶起林冲叫："兄弟，俺自从和你买刀那日相别之后，洒家忧得你苦。"[①]

译文：»Bruder, was habe ich mich all die Zeit um Euch gesorgt, seit wir uns das letzte Mal trennten, damals als Ihr dem Unbekannten das alte Schwertabkaufen wolltet! «[②]

回译："兄弟，自从上次您要从那个陌生人手里买剑时一别以来，我一直在担心你。"

"兄弟"本是以血缘关系界定的宗法伦理概念，《水浒传》中的"兄弟"大多没有亲缘关系，而是泛化为一般男子相见后亲密关系的基本称呼。库恩遇到原文中梁山好汉间"阿哥""贤弟""兄弟"等非亲属称谓时，在不同情况下灵活选用了不同的翻译策略。在例 50 中，鲁达和史进初次相见，鲁达为了表示亲热而称呼史进为"阿哥"。库恩并没有翻译字面意，而是根据德国人第一次见面时的场景，用德语旧时以第二人称复数表尊称"您"(Ihr)的形式来作为二人间的称呼，很有年代感，客气有余，亲热不足，在德国读者看来完全符合这一交际场景。而更多时候，库恩会采用例 51 中的异化方式，保留原文表达，以字面意对译，让读者领略原汁原味的中国称谓关系及其复杂性，用意在于暗示读者：中国人最重视的是家庭伦理关系，用血亲间的称谓来称呼陌生人，把他视作一家人，是最为亲切的说法。

例 52：

原文：本州有个六案孔目，姓王名正，却是毛太公的女婿。[③]

译文：Es traf sich, dass › Auge des Konfuzius ‹, der Justitiar des Präfekten, ein gewisser Wang Tschong, der Schwiegersohn des

---

① 施耐庵著，陈曦钟、侯忠义、普玉川辑校：《水浒传会评本》(上)，北京大学出版社 1981 年版，第 189 页。

② Kuhn, Franz: *Die Räuber vom Liang Schan Moor*. Leipzig: Insel Verlag, 1975, S. 89.

③ 施耐庵著，陈曦钟、侯忠义、普玉川辑校：《水浒传会评本》(上)，北京大学出版社 1981 年版，第 903 页。

Gutsherrn Mao war.[①]

回译：凑巧"孔夫子的眼睛"——行政长官的法律顾问王正，是毛庄主的女婿。

汉语以单音节字为基本的构词单位，每个字都有自己的特定含义，但由多个字组成的固定词语之含义并非是单个字意义的叠加，大多与原来的单字的意义相脱离。此外，汉字中每个字并非只有一个含义，一字多义的现象非常普遍。此处的官名"孔目"就是这样一个典型的例子。"孔目"本是小吏的官名，在衙门里负责文书、档案工作，[②]因事无巨细，一"孔"一"目"都要照顾到，故以"孔目"为名。此处的"目"并非它的基本义"眼睛"，而是与"孔"同义复指，都表示"洞""缝隙"之意。库恩只选用了两个单字最基本的意义，将其直译为"孔夫子的眼睛"，在后面阐述了自己对这一职能的理解——法律顾问。除了官职名称外，库恩在其他地方也多次运用了拆字对应的翻译方法，如例 48 中的"厚意"就被拆解为"深厚的好意"(dicke Güte)[③]，"百姓"译作"一百个家庭"(hundert Familien)[④]，甚至连"黄昏"有时也会保留"黄"的字面义，译为"黄色的傍晚"(gelbe Dämmerung)[⑤]。库恩这样做，有时确实是因为对汉语词汇的构成仅有模糊的认识，在没有中方合作伙伴、只能依靠字典的有限条件下，很难准确把握汉字一字多义的现象而出现这样的误会；而有时是在理解意义的情况下，故意制造出一种陌生的语境，说明译者希望用最直观的方法将汉语的表述引入德语，以达到展示语言文化差异的翻译目的。

四、其他文化意象翻译

例 53：史进在茶肆初遇鲁达时，描写鲁达相貌的原文及译文如下：

原文：史进看他时，……腮边一部络腮胡须。[⑥]

① Kuhn, Franz: *Die Räuber vom Liang Schan Moor*. Leipzig: Insel Verlag, 1975, S. 661.
② 李法白、刘镜芙编著：《水浒语词词典》，上海辞书出版社 1989 年版，第 53 页"孔目"词条。
③ Kuhn, Franz: *Die Räuber vom Liang Schan Moor*. Leipzig: Insel Verlag, 1975, S. 82.
④ Kuhn, Franz: *Die Räuber vom Liang Schan Moor*. Leipzig: Insel Verlag, 1975, S. 633.
⑤ Kuhn, Franz: *Die Räuber vom Liang Schan Moor*. Leipzig: Insel Verlag, 1975, S. 666.
⑥ 施耐庵著，陈曦钟、侯忠义、鲁玉川辑校：《水浒传会评本》(上)，北京大学出版社 1981 年版，第 85 页。

译文：... roter zottiger Vollbart von der Art, wie ihn die Barbaren des Nordens tragen. ①

回译：一副红色而蓬松的全腮胡，像北方来的野蛮人。

译者在此运用了归化策略。所谓归化，它的表面现象是用极其自然、流畅的译入语去表达原著的内容，但是在深处却程度不等地都存在着一个用译入语文化“吞并”原著文化的问题。② 库恩在描述鲁达的外貌时，自己添加了“红胡子”的细节，还补充了“像北方来的野蛮人”这样的评价，这些都是为了便于译文读者理解和想象，有意而为之。《外国民间故事》中有《智擒红胡子》的故事，这里的“红胡子”就是西方文化中杀人不眨眼的强盗的代名词。而“野蛮人”(Barbar)一词本是古希腊人和古罗马人对邻族(日耳曼人)以及亚洲一些民族的带有侮辱性的称呼，与“北方”(Norden)结合在一起，更容易让人联想到位于德国以北的北欧海盗，与德语标题中的“强盗”(Räuber)相对应。通过这样夸张的描写，一个身材魁梧、不通文墨、凶神恶煞的粗人形象跃然纸上，显得形象生动。

例 54：林冲与朱贵相遇时，朱贵自报家门：

原文：小人是王头领手下耳目。③

译文：Ich... diene unserem Anführer Wang Lun als Auge und Ohr, als Späher und Kundschafter. ④

回译：我是我们头领王伦的耳目，即密探和侦查员。

有意的误译则是译者为了迎合本民族读者的文化心理和接受习惯，故意而为之。有时译者出于推介原语文化模式和语言表达的目的，会不顾语言和文化规则，强行翻译，生造出译入语中原本没有的词汇和表达方式，这也是有意识误译的一种表现形式。例 54 即属于这种情况，德语中并没有以“耳朵”和“眼睛”来表示“侦查

① Kuhn, Franz: *Die Räuber vom Liang Schan Moor*. Leipzig: Insel Verlag, 1975, S. 11.

② 谢天振：《译介学导论》，北京大学出版社 2007 年版，第 77 页。

③ 施耐庵著，陈曦钟、侯忠义、普玉川辑校：《水浒传会评本》(上)，北京大学出版社 1981 年版，第 224 页。

④ Kuhn, Franz: *Die Räuber vom Liang Schan Moor*. Leipzig: Insel Verlag, 1975, S. 127.

员”的用法，但库恩为了保留原语文化特色，按字面义直译，因此出现有意识误译。在保留原语表达形式的基础上，译者又进一步解释了何谓“耳目”，避免译文读者误解。

本章讨论的是库恩在微观层面对《水浒传》中各类文化现象及富有文化内涵的语言的处理方式。翻译一方面是一种我族中心主义行为，另一方面则又是一种文化对另一种文化的侵越，这就注定了翻译必然是归化和异化的辩证统一，而不存在纯粹的归化或异化翻译。[①] 与施莱尔马赫对归化或异化非此即彼的人为割裂不同，库恩的翻译策略无论在整体上，还是在单个现象上，都不存在绝对的归化和绝对的异化，而是综合考虑原文的语境、译入语读者的知识储备与接受期待及译者主观想达到的翻译目的，在原语与译入语间自由转换，融入了自己的创造性劳动，从而为中德跨文化交际架起了一座桥梁。

① 唐艳芳：《赛珍珠〈水浒传〉翻译研究：后殖民理论的视角》，复旦大学出版社 2010 年版，第 138 页。

第六章　影响翻译策略的因素及《水浒传》库恩译本在德语国家的接受

库恩在翻译过程中将原著内容重新整合，分出章节，以一个独立的名词代替原文的对偶文字标题；并根据自己对中国传统文化的了解，综合运用归化、异化、有意识误读等翻译策略，选取认为值得向德语国家读者推荐的中国特有的文化现象（如民俗、韵文等）进行翻译。这是译者在翻译内、外部因素的共同影响下做出的必要选择。翻译并非译者以一己之力完成的任务，在翻译过程中，除译者外，出版商、译文读者、社会文化环境等都会直接参与或间接地影响翻译过程。译者受到特定社会环境的影响，会选择必要的翻译策略。而当译文出版后，这样的翻译策略又反过来对译入语读者从整体把握和感知《水浒传》施加了影响。

第一节　对《水浒传》进行翻译改造的原因与前提

总体来说，库恩翻译《水浒传》时延续了编译的整体策略，没有进行全译，但在具体细节的处理上比翻译《金瓶梅》《红楼梦》时的归化倾向更为明显，注重文本可读性与读者易接受性的程度要高于直接传递中国文化现象的意图。库恩的这一做法受到主、客观各方因素的影响，是社会文化环境、赞助人约束、意识形态、诗学观念及译者主体性共同作用的结果。

一、社会文化环境

根据埃文-佐哈尔提出的多元系统理论(polysystem theory),文学、语言等作为一种由符号支配的人类交际形式,并非由互不相干的元素组成的混合体,而是一个系统。这里所指的系统不同于单一、封闭、静态的结构,而是由不同成分组成,具有开放、动态的特征,表现为一个由若干个不同的系统组成的多元系统(polysystem)。在这个多元系统内部,各个系统“互相交叉,部分重叠,在同一时间内各有不同的项目可供选择,却又互相依存,并作为一个有组织的整体而运作”①。构成多元系统的各子系统之间并不平等,它们在多元系统中的地位有中心与边缘之分,地位的不同也决定了各子系统在多元系统内部的活跃程度与相互关系。处于中心的系统相对活跃,在一定程度上支配、影响着处于边缘的系统。这种等级划分也并非一成不变,而是根据不同条件,始终处于动态变化中。居于中心的系统有可能丧失领导地位,沦为边缘系统;而边缘化的系统在特定条件下,也有可能转化为多元系统的核心。以文学系统为例,翻译文学就是文学中的重要因素之一,它与系统内部译入语文化的社会、文学及历史等系统相互作用,相互影响。多数情况下,它在文学这个多元系统中位于从属地位,受其他文学样式的影响,不过在一定条件下也有可能进入中心位置。② 翻译文学在多元系统中的地位直接影响译者的翻译倾向:当翻译文学位于系统中心,可以支配其他子系统时,译者往往会刻意打破本国文学的既定传统与模式,引入原语中新鲜而陌生的文学样式和表述方式,而不会严格遵循译入语的文学范式,更倾向于选择异化;反之,翻译文学处于边缘时,与译入语的文学规范相比并不具备竞争力,故多会自觉或不自觉地按照本国主流文学模式改造自身,以期符合译文读者的接受习惯,呈现出归化的特征。在文学与文化传统相对强势的国家,翻译文学一般居于边缘位置,深受本国原创文学的影响。

多元系统理论从共时角度出发,同时考虑宿语文化(以译本在该文化中的功能

---

① 〔以〕埃文一佐哈尔:《多元系统论》,张南峰译,《中国翻译》2002 年 7 月第 23 卷第 4 期,第 20 页。

② 〔以〕埃文一佐哈尔:《翻译文学在文学多元系统中的位置》,庄柔玉译,载陈德鸿、张南峰:《西方翻译理论精选》,香港城市大学出版社 2000 年版,第 117—118 页。

为出发点）和历史语境这两个方面，将翻译置于译入语社会的历史、文化语境下进行考察，视翻译生产或整个文学系统内部的历史流变为新的描写对象；以系统变化的观点代替静止机械地研究译本的“规定模式”，着力描写翻译的多维过程。[①] 以多元系统理论来考察《水浒传》库恩译本，可以很好地解释在某一历史时期，影响译者选择特定的翻译作品及翻译策略的历史、文化因素。常鹏曾经指出，库恩翻译实践的历史背景是当时德国文坛盛行的批判现实主义文学；[②]王金波则运用多元系统理论阐释了德国批判现实主义文学的形式对库恩未进行全译的影响。[③] 两位学者只讨论了社会文化环境对编译这一宏观策略的制约，在综合二人观点的基础上，笔者将进一步探讨批判现实主义文学思想上的要求对选题的影响，以及译文读者群的阅读需求与习惯如何影响库恩对文化现象的处理，以此来分析社会文化环境与库恩的宏观与微观翻译策略间的关系。

译者选择具有批判社会现实主题的《水浒传》进行翻译，在宏观上采取的是以删节、改动为主的编译策略，对待文化现象大多以贴近译入语读者的归化策略为主，异化为辅，除了他个人喜爱并关注中国古典文学，希望借助文学翻译向德国受众介绍中国文化，增进东西方文化交流外，社会文化环境也是一大不可忽略的因素。译文读者群的阅读需求与习惯以及主流文学样式——批判现实主义对作品思想与形式的要求在其中发挥了重要作用。

原文、原作者及其代表的原语文化和文学样式，译入语、译者及其代表的译入语文化和文学样式构成了翻译的内部系统，在这个系统中占主导的因素决定了译者翻译选题与翻译策略的方向。在库恩翻译《水浒传》之前，德国经历了第一次世界大战的低潮、短暂的二十年代黄金时代，又陷入资本主义经济危机中，民众普遍对社会现实强烈不满，也对一直以来由我族中心主义支配的西方文明优势论产生了怀疑，因而将目光投向东方，希望得到真实的关于中国的信息。由第三章第一节可知，当时的德国社会和文坛对遥远的中国的关注，以及关于中国的游记、文学译

① 朱安博：《归化与异化：中国文学翻译研究的百年流变》，科学出版社 2009 年版，第 38 页。

② Chang, Peng: *Modernisierung und Europäisierung der klassischen chinesischen Prosadichtung. Untersuchungen zum Übersetzungswerk von Franz Kuhn (1884－1961)*. Frankfurt am Main: Lang, 1991, S. 41－44.

③ 王金波：《弗朗茨·库恩及其〈红楼梦〉德文译本——文学文本变译的个案研究》，博士论文，上海外国语大学，2006 年，第 117－120 页。

作培养的广大的读者群体，为库恩翻译并出版《水浒传》等译作提供了客观条件。虽然德国民众普遍有了解中国文学与中国文化的主观需求，但东方文化并不足以动摇西方文明在他们心中的地位，读者亦不可能摆脱西方文化在头脑中留下的根深蒂固的影响，本民族的文学与文化传统依然占据主导地位，翻译文学与中国文化在多元系统中仍处于从属地位，需要服从于德国原创文学主流样式和德国本民族文化。因此，此时译者的翻译选题必须为译文读者服务，通过对原文做各种改动，除去不符合西方读者阅读习惯的文学样式和文化审美的“脉络”(context)，再次赋予文本以新的意义(meaning)，以满足读者的阅读期待。

梁启超在《佛学研究十八篇》里将佛典汉译划分为三个阶段：早期外国人主译阶段、中期中国人和外国人共同担任主译阶段和后期中国人主译阶段。[①] 除了主译者的构成发生变化外，这三个阶段也象征着原语文化与译入语文化的融合过程。库恩开始翻译中国古典小说时，德语国家对中国文学作品的译介处于起步阶段，他翻译的作品的总和甚至超过了之前所有的德语译文总数。库恩自己对读者群的定位是不懂中文、但对中国感兴趣或者好奇的普通读者，先培养兴趣，然后再逐步引导他们更深入地了解中国文学和中国文化，也符合学习和接受的心理。在一个新学说或一种新的民族文学传入异文化圈的初期，这些新说法在译入语的话语体系中没有对应的表达，文学样式也是读者所不熟悉的，如何让译入语读者减少对陌生事物的畏惧心理，且降低理解难度，令读者易于接受是最重要的。读者只有在易于且乐于接受新的文化现象与文学样式的前提下，才能认可、感兴趣，进而产生深入了解的意愿。特别是在译入语文学与文化体系仍处于强势地位时，强行使用以原语的表述为主的方式更难通行。因此，采用以贴近译入语读者接受习惯的异化为主，套用现成的西方概念辅助译文读者理解陌生的中国文化，并辅之以归化的策略，是完全可以理解的。联想到翻译背景与库恩相近的林纾也采用了类似的翻译策略，也就不难理解库恩的选择了。[②]

如果说德国民众渴望了解中国是库恩翻译中国文学作品的内在动因，那么德国文坛对文学作品的整体要求则决定了库恩必须对作品进行改造、加工。库恩的

① 梁启超：《佛学研究十八篇》，岳麓书社 2010 年版，第 181—195 页。

② 张欣：《〈水浒传〉库恩德语译本中的文化翻译研究》，《文化学刊》2014 年第 1 期，第 128 页。

翻译活动具有承继性，不同时期译作的翻译手法间互有联系，《水浒传》只是诸多译本中的一个，与他之前的其他译本同样受到类似的社会环境的影响。库恩于1932年底开始阅读、研究、翻译《水浒传》，译本正式出版于1934年，而影响、制约他的因素绝不会仅仅出现在这两年之间，一种文学样式从出现到占据主导地位也需要一定时间，所以对德国社会文化环境的考察要上推到之前的时代。从文学史的角度来看，自19世纪30年代浪漫主义随着资产阶级在欧洲的确立而逐步消亡后，取而代之的是批判现实主义文学；从19世纪30年代末起至19世纪末，这一文学流派在欧洲几乎持续占据着统治地位。① 而在德国，随着1871年德国统一、资本主义工业化的进行，德国文学才真正翻开了批判现实主义文学的篇章。② 批判现实主义文学由于与社会现实联系密切，在德国具有强大的生命力，贯穿于1871年之后至第二次世界大战结束的整个时期，逐步成为文学界的主流思潮，即便在20世纪初德国文坛文学流派纷呈的背景下，仍旧占据了举足轻重的地位，即处于文学系统中的主导位置。

从思想与内容上的创作理念看，这一时期的德国批判现实主义文学在唯物论等哲学思想的影响下，一以贯之地发扬着批判精神，深入反映社会生活，塑造典型人物形象，从本质上把握时代特征，揭露资本主义社会的黑暗。同时，作家面对一个政治动荡不断、经济危机频仍、阶级矛盾日益尖锐的社会，必须确定自己对时代所采取的立场并对此作出解释。③ 被誉为德国19世纪批判现实主义首位真正大师的特奥多尔·冯塔纳(Theodor Fontane，1819—1898)就主张“现代小说的任务在于通过描写生活，描写社会和人，毫不歪曲地反映人们所经历的生活”。④ 在这一主张的影响下，作家普遍以批判的眼光关注社会现实，从现实生活中选取素材，尤其重视对社会背景与生活现实的充分描绘，他们或以当代社会为对象，或对历史进行再认识，集中塑造资本主义社会中一个人或一个家族的历史，⑤力图以小见大，真实反映资本主义社会中存在的种种弊端，引发读者的思考和批判。在这种思潮

① 余匡复：《德国文学史》，上海外语教育出版社1991年版，第333页。
② 余匡复：《德国文学史》，上海外语教育出版社1991年版，第384页。
③ 高中甫、宁瑛：《20世纪德国文学史》，青岛出版社1998年版，第52页。
④ 李赋宁总主编：《欧洲文学史》第2卷，商务印书馆2001年版，第560页。
⑤ 李赋宁总主编：《欧洲文学史》第3卷上册，商务印书馆2001年版，第15页。

的影响下，作者会倾向于创作取材于真实历史，反映普通百姓真实生活，且有一定政治寓意，力图表达政治主张的文学作品，如瑞士小说家戈特赫尔夫(Jeremias Gotthelf,1797—1854)因忠实反映社会现实，被称为“出色的人民生活画家”。① 德国作家莱·弗朗克(1882—1961)创作了三部有连续性的长篇小说《强盗帮》(1915)、《奥克森富特的男声四重唱》(1927)及《三百万中的三个》(1932)。作品通过刻画一群男生因对虐待他们的老师和师傅不满，而结成“强盗帮”，后为维持生计，组织了男声四人合唱队，长大后又沦为失业者，在一个充满经济危机的世界到处流浪的经历，对摧残儿童身心和压制个性发展的社会表达了强烈抗议，并认识到造成失业和经济危机的根源正是资本主义制度本身，书中主人公受压迫并试图反抗的经历与《水浒传》的情节有相似主之处。② 冯塔纳的代表作《艾菲·布利斯特》(*Effi Briest*,1895)则借主人公艾菲的婚姻引发的悲剧命运批判了虚伪的普鲁士上流社会。

由于翻译文学处于边缘位置，不可避免地会受到原创文学的支配与制约，译者在策划选题时会刻意在译入语环境中寻找与主流文学创作理念类似的文学作品。《水浒传》取材于史籍中的记载，虽然大部分人物和情节都是虚构且经过艺术加工的，但仍有其历史和地理背景，真实地反映了中国宋代的现实生活，在译者本人看来具有相当的文献价值，可以用作学者了解中国民俗、军事、历史等方面的参考资料。③ 此外，库恩在翻译过程中充分认识到原作者的政治倾向性，文中人物从受客观社会现实所迫，最终觉醒，起义反抗腐败的政府到失败的全过程也恰好符合批判现实主义关于创作选题的主张。在库恩之前编译《水浒传》的埃伦施泰因虽在创作手法上属于表现主义，但他改编的目的同样是为了借书中内容表达政治理念，反映社会现实。鉴于此，库恩在主流文学创作理论的影响下选中《水浒传》，并将其引入德语世界有其必然性。

从形式上看，批判现实主义对叙事文学的创作提出了如下要求：布局应该严

---

① Wüst, Karl-Heinz: *Geschichte der deutschen Literatur*. Beijing: Foreign Language Teaching and Research Press, 2008, S. 140.

② 高中甫、宁瑛：《20 世纪德国文学史》，青岛出版社 1998 年版，第 56—57 页。

③ Kuhn, Franz: „Rezension über All Men Are Brothers von Pearl Sydenstricker Buck.“. in: *Sinica* 11, 1936, S. 58—60, hier S. 60.

谨，与风格和谐统一。现实主义作家在纷繁的现象中进行现实体验的同时，应该牢记思想上的同一性，叙事作品必须力图在这两极间达成平衡或寻找折中。因此，各种细节、个人思考以及其他无法融入小说的插叙被排斥在作品之外。[①] 这类作品结构缜密，作者往往会舍弃详细的感性体会和外部环境描写，通过长对话，借书中人物之口间接表达作者本人的观点与意愿，[②]一切描写均为文章主旨服务。

当时很多作家都在文学创作中实践了这一原则。西方小说本来就有围绕单一主人公展开情节的线型结构传统，到了批判现实主义作家这里，这一传统被发挥到了极致，任何与反映作品主题无关的次要情节、次要人物都会被去除。瑞士现实主义作家戈特弗里德·凯勒（Gottfried Keller，1819—1890）所著的发展小说（Entwicklungsroman）《绿衣亨利》（*Der grüne Heinrich*，1854/1855）以主人公作为书名，全书围绕亨利为了成为艺术家，克服生活中各种困难这一主线展开。这种单一主人公的模式到了 20 世纪初期有所突破，如托马斯·曼（Thoman Mann，1875—1955）的长篇小说《布登勃洛克一家》（*Buddenbrooks*，1901）就描写了一个大家族历经四代的兴衰史，以家庭琐事为核心，塑造了一系列栩栩如生的人物形象。因作品中人物众多，线索复杂，常有人将其与《红楼梦》相提并论。

突出主线、强化主人公形象的创作实践影响了很多同时期作家，甚至让他们动手加工、改编自己的作品。[③] 常鹏、王金波等学者对该问题有深入阐述，此处不再赘述。

批判现实主义文学的创作理念也给翻译文学带来了深远的影响。当翻译文学处于边缘时，译者常常会套用本国文学中现成的二级模式，着眼于“可接受性”。[④]库恩翻译《水浒传》时，翻译文学处于文学多元系统的边缘位置，因此，其翻译策略

---

① Chang, Peng: *Modernisierung und Europäisierung der klassischen chinesischen Prosadichtung. Untersuchungen zum Übersetzungswerk von Franz Kuhn (1884－1961)*. Frankfurt am Main: Lang, 1991, S. 41. 中文翻译在参照王金波译文基础上修改，其译文见王金波：《弗朗茨·库恩及其〈红楼梦〉德文译本——文学文本变译的个案研究》，博士论文，上海外国语大学，2006 年，第 118 页。

② Wüst, Karl-Heinz: *Geschichte der deutschen Literatur*. Beijing: Foreign Language Teaching and Research Press, 2008, S. 141.

③ 王金波：《弗朗茨·库恩及其〈红楼梦〉德文译本——文学文本变译的个案研究》，博士论文，上海外国语大学，2006 年，第 118 页。

④ 〔以〕埃文-佐哈尔：《多元系统论》，张南峰译，《中国翻译》2002 年 7 月第 23 卷第 4 期，第 19－25 页，此处引自第 19 页。

难免会主动迎合占主导地位的批判现实主义的要求，如选择符合其主张的文学选题（见第三章第三节与第六章第一节），放弃全译，对原文进行删节，对题材进行改造（见第四章第一节）；精简情节与人物关系，去除与主线关系不大的旁枝末节（见第四章第二节）；大幅压缩对白，或将直接引语变为间接概括（见第四章第一节）等。而由于20世纪初期的批判现实主义文学在新的时代背景下有了新发展，出现了一批如《布登勃洛克一家》一般情节繁复、人物众多的文学作品，并能被读者所接受，也为库恩没有像埃伦施泰因一样将多个人物的经历生搬硬套到一个人身上，而是在一定程度上保留了《水浒传》原文群体主人公形象提供了支持。

总之，库恩在整体上编译原文，对具体的翻译现象采取以归化为主、异化为辅的策略，并非完全是个人意志的再现，而是在很大程度上受到译入语社会文化环境，包括译语读者的需求和占主导地位的文学样式的制约。

多元系统理论只是从整体上强调了翻译文学与社会历史、文化语境间的动态关系，没有具体阐述社会文化环境究竟是怎样具体影响翻译的。同样以多元系统理论为研究基础的翻译学家勒菲弗尔则完善了这一层面，他认为，所有翻译均是对原文的改写，而所有的改写，无论目的如何，都是特定社会中的某种意识形态和诗学以某种方式对原文的控制。[①] 这一提法肯定了译者的创造性劳动，更将翻译放置于广阔的政治、经济、意识形态与文化背景中，以描写研究的手法深入探讨具体的翻译环境中影响翻译策略、进程的各种因素，指出“意识形态”“赞助人”和“诗学”三要素对翻译的操纵（manipulation）。在库恩的翻译实践中，这三个因素均有不同程度的体现。前人学者曾用这一理论分析过库恩《红楼梦》译本。笔者在德期间搜集到的未有人使用过的原始档案文献进一步还原了库恩1925—1934年与岛屿出版社合作期间的翻译环境，下面将就三要素对库恩翻译活动的操纵情况作深入探究，并着重揭示出版商赞助机制对翻译的制约。

二、出版商赞助机制

赞助人（patronage）是勒菲弗尔提出的影响翻译（改写）进程的三大文学系统

---

① Bassnett, Susan & Lefevere, André (eds.), *Constructing Cultures. Essays on Literary Translation*, Shanghai: Shanghai Foreign Language Education Press, 2001, vii.

外部制约因素之一，指“任何可能有助于或妨碍文学作品的阅读、写作以及重写的力量”[①]。这种力量可以是团体，如宗教集团、皇室、政党、政府部门、出版社，以及报纸、杂志、电视台等大众传媒机构，也可以由个人承担。赞助机制通过控制作品的意识形态、经济收入和社会地位，来左右译本形成的全过程。具体来讲，赞助人根据社会主流意识形态的需要，决定翻译主题，限制文学作品形式及内容，为实施写作或文本改写的专业人士创造工作机会，通过支付稿酬、版税等经济手段，向他们提供必要的生活保障。在译本出版后，赞助人通过一系列宣传，使译者和出版社获得相应的社会地位。有时，意识形态、经济收入和社会地位会统一于同一个赞助人，如古代皇室和现代极权国家领袖，但也有分开的时候，由不同的赞助人控制不同方面，平衡各种因素，以维持社会系统的稳定。[②]

库恩是一名签约译者，以稿酬为唯一生活来源，只有满足出版社要求，高质量、快节奏地完成订单，才能保障基本生活，进而实现自己通过文学翻译传播中国文化的理想。他的译作需要经过出版社的运作才能走向市场，其翻译活动必然受到以出版商个人为代表的出版社的限制。具体来说，库恩自 1926 年出版《好逑传》起直到翻译《水浒传》为止，几乎都在与岛屿出版社合作。在相同的工作环境下，出版商对他这一时期的选题策划及翻译不同译作时的策略的影响趋向于一致，且基彭贝格与库恩一同将库恩翻译的一系列小说称为“我们的（中国）小说系列”（unsere Romanreihe）[③]，说明这些译作已经构成了一个完整的整体，《水浒传》是这一有机体中的一部分。故在对《水浒传》库恩译本做个案研究时，可以将库恩与岛屿出版社合作时期的文献材料整合在一起，进行综合分析、比较。

谈到出版商赞助机制，就不能不提赞助人——岛屿出版社社长基彭贝格的重要影响。出版商基彭贝格 1874 年出生在德国不来梅（Bremen），1890 年起在家乡一家书店当学徒，学习图书发行，1898 年进入莱比锡大学学习日耳曼学专业，辅修音乐史、罗曼学和美学，三年后获得日耳曼学博士学位。1904 年基彭贝格加入莱

---

① Lefevere, André, *Translation, Rewriting and the Manipulation of Literary Fame*, Shanghai: Shanghai Foreign Language Education Press, 2004, p. 15.

② Lefevere, André, *Translation, Rewriting and the Manipulation of Literary Fame*, Shanghai: Shanghai Foreign Language Education Press, 2004, p. 1

③ Brief von Franz Kuhn an Anton Kippenberg am 13 01. 1933, in: Goethe- und Schiller-Archiv, Insel Verlag, Schriftwechsel, Kuhn, Franz, 1933 (Signatur: 50/ 150).

比锡岛屿出版社，1906年开始任该社社长，直到1950年去世。基彭贝格在德国被称为“文化出版商”(Kulturverleger)，同时也是知名的歌德收藏家(Goethe-Sammler)[①]。他既有图书出版策划的实践经验，又受过专业的学术训练，拥有博士头衔，在商界唯利是图的商人和学术界儒雅的知识分子之间转换自如。在他近半个世纪的领导下，岛屿出版社形成了以经典文学作品为主打的出版特色，1912年推出“岛屿书系”(Insel Bücherei)丛书，汇集了一系列优秀的德语乃至世界文学作品。在社会对中国主题书籍的兴趣的驱动下，岛屿出版社也将目光投向了中国与中国文学。

在库恩之前，岛屿出版社曾出版过亚历山大·乌拉尔(Alexander Ular)对《道德经》思想的解读[②]等与中国相关的作品，但反响一般。[③] 直到基彭贝格于1925年结识库恩，[④]在看过库恩的《好逑传》翻译样章后，基彭贝格表示非常感兴趣，并与之签约，委托库恩将《好逑传》直接从中文翻译成德语，结果大获成功。从此，基彭贝格开始与库恩合作，相继出版了《二度梅》《金瓶梅》等一系列中国古典文学作品，部分译作也被收入“岛屿书系”。

基彭贝格作为赞助人，既是库恩的伯乐，又干预他的翻译活动，直接影响他的

① 基彭贝格集毕生精力搜集各类与歌德相关的文献与物品，并建立了以他与妻子命名的基金会(Anton-und-Katharina-Kippenberg-Stiftung)，负责管理这些收藏品。该基金会现位于德国杜塞尔多夫(Düsseldorf)，建有一座歌德博物馆(Goethe-Museum-Düsseldorf)，长期展出基彭贝格的收藏。

② *Die Bahn und der rechte Weg des Lao-Tse. Der chinesischen Urschrift nachgedacht von Alexander Ular*. Leipzig: Insel Verlag, 1903.

③ Sarkowski, Heinz / Jeske, Wolfgang: *Der Insel Verlag 1899—1999*. Frankfurt a. M. und Leipzig: Insel Verlag, 1999, S. 260.

④ 笔者目前所见的库恩传记、通信集等材料都没有提及二人相识的过程，仅能根据通信集中的第一封信(讨论《好逑传》参照法文译本，在中国人的帮助下由中文译成德语的翻译方式)的时间1925年11月16日，确定二人的合作开始于1925年。王薇在其博士论文《〈红楼梦〉德文译本研究兼及德国的〈红楼梦〉研究现状》(山东大学，2006年)第24页提出库恩在东方书店看到《金瓶梅》中文译本，因无力购买，而向岛屿出版社求助，因此结识了“很有声望的编辑”基彭贝格，从而出版《金瓶梅》译本。原文未标明出处。笔者在《金瓶梅》译后记(Kuhn, Franz: „Nachwort“, in: *Kin Ping Meh*. Frankfurt am Main und Leipzig: Insel Verlag, 1977, S. 907.)和《岛屿出版社1899—1999》(Sarkowski, Heinz / Jeske, Wolfgang: *Der Insel Verlag 1899—1999*. Frankfurt a. M. und Leipzig: Insel Verlag, 1999, S. 262.)两本书中找到了岛屿出版社协助库恩购买《金瓶梅》的记录，但王薇将《金瓶梅》当作库恩与基彭贝格相识的契机，认为基彭贝格询问库恩是否会中文的谈话发生在由《金瓶梅》引发的首次见面恐与史实不符。档案材料中还能找到库恩在与岛屿出版社合作后的1925年12月委托岛屿出版社通过哈拉索维茨出版社(Harrassowitz Verlag)搜集《红楼梦》和《金瓶梅》的中文本，但一无所获的记录。

翻译策略。基彭贝格不懂中文，故对微观层面的翻译干涉不多，只要保证文字流畅易懂又不失美感即可。他对库恩翻译活动的制约主要体现在宏观层面，即以翻译合同的形式规定译文的翻译进度、篇幅等内容，确定编译的总体翻译策略。这些要求非常严格，有些规定甚至不近人情。库恩翻译好初稿后，基彭贝格[有时由出版社主任弗里德里希·米夏埃尔(Friedrich Michael)或他人代劳]就是译文的第一个读者，他需要通读初稿，从整体把关，提出修改意见，他的意见在很大程度上左右着库恩翻译策略的贯彻与调整。

库恩于1932年出版《红楼梦》后开始阅读和研究《水浒传》，在1933年初向基彭贝格提交了审读报告，很快获得批准，经面谈后与之达成了口头协议。基彭贝格在1933年1月26日写给库恩的信中以书面形式详细复述了翻译要求，即初步的翻译合同：

1. 您(笔者注：库恩)负责为我们将小说《水浒传》从汉语翻译成德语，并将译作的版权转让给我们，时效以现行著作权法保护规定期限为准。

2. 这本书应当这样删节：德语译本为600页，以您《金瓶梅》译本的格式和版式为准(相当于37.5大印张)。这600页必须要保证交付。但是根据我对全部手稿的理解，我坚持建议继续压缩至500页左右。

3. 首版刊印10,500册，出版社有权按其意愿只刊印一部分。您所得报酬为6000马克。

(1)签订合同后即可得1200马克。

(2)每提交与《金瓶梅》译本格式相同的一大印张手稿，即可得125马克。如果提交的手稿与《金瓶梅》印张样式不完全相同，则按比例换算报酬。如提交4.25大印张，折合531.25马克。

(3)德语译本出版后获得余款。

4. 如果未达到符合《金瓶梅》样式的600页，则相应减少每大印张的报酬；如果篇幅超过600页，超出部分恕无稿酬。

5. 您应从今年7月1日起，平均每月提交4大印张译稿，最后一份译稿应在1934年1月1日左右送抵我们手中。

6. 如刊印量超过10,500册,您将获得精装本市价的5%,起初以每千册为单位。出版社亦有权在不支付稿酬的情况下加印5%。

7. 您的译本转译为其他语言的协商事宜由岛屿出版社负责。利润由您和岛屿出版社各得一半。电影改编利润亦然。

8. 您将获得30本样刊。[①]

这份苛刻的合同对译文篇幅、交稿数量及最终完工的时间、纸张排版、稿酬计算、版权归属等都有明确规定,而这一规定并非只针对《水浒传》。从《好逑传》开始,删节一直是合同里频频出现的字眼,但早期的翻译合同并没有如此复杂,《好逑传》和《二度梅》的翻译合同只是简单地议定了稿酬和交稿时间。[②] 从翻译《金瓶梅》起,基彭贝格完善了合同样式。因篇幅所限,此处仅摘录与编译有关的内容如下:

2.(《金瓶梅》)全书的篇幅不应超过1200页,一旦超过这一规模,超出部分恕无义务支付稿酬。

……

5. 您应负责从今年4月1日起,每月提交100页译稿。一旦不能维持这一速度,我们的合同即告失效。[③]

从翻译《金瓶梅》开始,赞助人以翻译合同的形式明文规定了翻译应该以编

---

① Brief von Anton Kippenberg an Franz Kuhn am 26. 01. 1933, in: Goethe- und Schiller-Archiv, Insel Verlag, Schriftwechsel, Kuhn, Franz: 1933 (Signatur: 50/ 150). s. auch: Kuhn, Hatto: *Dr. Franz Kuhn (1884－1961). Lebensbeschreibung und Bibliographie seiner Werke*. Unter Mitarbeit von Martin Gimm. Wiesbaden: Franz Steiner Verlag, 1980, S. 24－25 (nur ein Teil davon).

② Brief von Anton Kippenberg an Franz Kuhn am 18. 12. 1925, in: Goethe- und Schiller-Archiv, Insel Verlag, Schriftwechsel, Kuhn, Franz: 1925－1927 (Signatur: 50/ 142－144) und Brief von Anton Kippenberg an Franz Kuhn am 15. 09. 1926, in: Goethe- und Schiller-Archiv, Insel Verlag, Schriftwechsel, Kuhn, Franz: 1925－1927 (Signatur: 50/ 142－144).

③ Brief von Anton Kippenberg an Franz Kuhn am 01. 03. 1929, in: Goethe- und Schiller-Archiv, Insel Verlag, Schriftwechsel, Kuhn, Franz: 1928－1929 (Signatur: 50/145－146). s. auch: Kuhn, Hatto: *Dr. Franz Kuhn (1884－1961). Lebensbeschreibung und Bibliographie seiner Werke*. Unter Mitarbeit von Martin Gimm. Wiesbaden: Franz Steiner Verlag, 1980, S. 24 (nur ein Teil davon).

译(即删节)的形式进行,严格控制译文篇幅,一旦超过要求,则多余部分不付报酬;同时要求分期交稿,以便边审读边排版,加快出版进度。在《金瓶梅》大获成功后,基彭贝格认为这种运作模式很适合当时的图书市场,自然希望延续下去,而未作大幅改动,所以接下来的《红楼梦》和《水浒传》的合同均是在《金瓶梅》的基础上产生的,这样也就不难理解合同中总会出现"以《金瓶梅》为准"之类的字样了。我们不妨来看一下 1931 年 3 月《红楼梦》的翻译合同:

> 2. 这本小说应该这样删节:德语译本总共大约 800 页,以您《金瓶梅》译本的格式和版式来算,相当于 50 大印张。……超出部分将不会支付稿酬。
>
> ……
>
> 5. 您应从今年 7 月 1 日起,平均每月提交 4 大印张译稿,最后一份稿件应于 1932 年 7 月 1 日送抵我们手中。[①]

三份合同的内容大同小异,甚至连编号都没有变化。删节的原则始终未变,唯一的变化就是篇幅在不断缩小,从《金瓶梅》的 1200 页,《红楼梦》的 800 页,到《水浒传》的 600 页,赞助人个人仍希望压缩至 500 页……出版商如此在意译文页数的原因有三:首先,作为商人,基彭贝格在任何情况下都会以谋求利润,即以用最短的时间、尽可能少的投入获得最大的产出与回报为首要目的,缩小篇幅无疑是最直接的节省成本的方法。其次,从社会大环境来看,翻译《水浒传》期间,纳粹实行与政治宣传紧密结合的文化政策,为达到禁锢人民思想、便于统治的目的,对出版物严加审查,限制出版物的数量与篇幅,这导致文学出版业很不景气。在特殊情况下,赞助人也必须配合政府的要求,因此更要开源节流。[②] 最后,更为重要的是,为了贴合德语读者的阅读习惯和购买力。库恩译文的目标读者群是受过基础教育,但

① Brief von Anton Kippenberg an Franz Kuhn am 17. 03. 1931, in: Goethe- und Schiller-Archiv, Insel Verlag, Schriftwechsel, Kuhn, Franz: 1931 (Signatur: 50/ 148). s. auch: Kuhn, Hatto: *Dr. Franz Kuhn (1884 — 1961). Lebensbeschreibung und Bibliographie seiner Werke*. Unter Mitarbeit von Martin Gimm. Wiesbaden: Franz Steiner Verlag, 1980, S. 24—25 (nur ein Teil davon).

② Brief von Franz Kuhn an Anton Kippenberg am 31. 12. 1933, in: Goethe- und Schiller-Archiv, Insel Verlag, Schriftwechsel, Kuhn, Franz, 1933 (Signatur: 50/ 150).

不懂汉语、不了解中国的普通民众，他们阅读外文小说，更多地是为了消遣娱乐、感受异国情调，对中国文化知识有基本了解即可，不会像汉学家一样深究。如果篇幅太长，会严重削弱他们的阅读兴趣。目前，有学者建议中译外文学作品不宜超过300页，[①]这个标准放在80年前的德国同样适用。另外，较长的篇幅会带来高成本，这意味着书价必须提高，可能会流失部分读者，而如果不提高价格，受损失的就只能是出版社。1930年，《金瓶梅》译本的定价为14马克，在《金瓶梅》获得巨大成功后，比它篇幅略短的《红楼梦》译本出版时的售价不涨反降，仅为12马克，以当时的市价来算非常便宜。[②] 从这个趋势来看，《水浒传》的价格很可能还会降低。库恩翻译《水浒传》时，基彭贝格一直在信中向库恩提及市场行情不好，读者的购买力不足，甚至不想买书，[③]用意也在于暗示库恩必须严格控制篇幅，从而降低成本。《水浒传》定稿时比《红楼梦》还多50页，但库恩所得的报酬却只比《红楼梦》的一半略多。[④]

掌控译文风格、提出修改意见也是赞助人的工作内容。库恩对《水浒传》第8章进行反复修改时，由于在意篇幅，过多地使用了间接引语，被审读人——出版社主任米夏埃尔指出不够形象生动。为了方便库恩调整措辞，米夏埃尔在手稿上做了批注，并将自己的改动作为范例与原稿一并寄回，由库恩再作推敲。[⑤] 由于这些手稿今已不存，我们无法得知最终定稿的第8章到底有多少内容出自审读者的手笔，但可以肯定的是，赞助人介入了这一章情节的删改与文风的调整，直接干涉了翻译活动。

赞助人对翻译行为的干预还体现在书名的选择上。《水浒传》译本的标题是库恩个人拟定的，然而最终决定权还是在赞助人手中。基彭贝格曾通过其他工作人

---

① 李雪涛：《对国家社科基金“中华学术外译项目”的几点思考》，《云南师范大学学报》（对外汉语教学与研究版）2014年第1期，第1—4页，此处引自第3页。

② Sarkowski, Heinz / Jeske, Wolfgang: *Der Insel Verlag 1899 — 1999*. Frankfurt a. M. und Leipzig: Insel Verlag, 1999, S. 262 und 264.

③ Brief von Franz Kuhn an Anton Kippenberg am 31. 12. 1933, in: Goethe- und Schiller-Archiv, Insel Verlag, Schriftwechsel, Kuhn, Franz, 1933 (Signatur: 50/ 150).

④ Brief von Franz Kuhn an L. Lilienfein am 09. 10. 1934, in: Goethe- und Schiller-Archiv, Schiller-Stiftung, Schriftwechsel, Kuhn, Franz (Signatur: 134/ 139, 12).

⑤ Brief von Dr. M. / R. an Franz Kuhn am 16. 08. 1934, in: Goethe- und Schiller-Archiv, Insel Verlag, Schriftwechsel, Kuhn, Franz, 1934 (Signatur: 50/ 151).

员转告库恩，他对库恩最初拟定的标题《梁山泊的强盗/反叛者》[*Die Räuber (Rebellen) vom Liang Schan Moor*]并不满意。① 后来库恩又提议将"Räuber"一词改为"Piraten"，但因为容易让人联想到德国作家格斯特克(Friedrich Gerstäcker，1816—1872)的《密西西比河上的盗贼》(*Flusspiraten vom Mississippi*，1848)而被再次否决。在找不到更好的选择的情况下，出版社只能选用库恩的译名。② 而之前赞助人则直接决定了译本的标题。库恩在岛屿出版社出版的前几部译作都有副标题，他原本给《金瓶梅》拟定的副标题是"一部宋代风俗小说"(„Ein Sittenroman aus der Sungzeit")；③而《红楼梦》在库恩眼中并非单纯的爱情小说，而是佛、道教思想的集中体现，所以为之取名为"描写清代早期爱情落空和遁世的小说"(„Eine Erzählung von Liebeswahln und Weltflucht aus den frühen Tagen der Tsing")。④ 库恩起的副标题从大处着眼，虽然很贴切，但过于平实，更像是学术文章的标题。基彭贝格考虑到市场和卖点，删除了《红楼梦》的副标题，《金瓶梅》的副标题也被改成了庸俗但有噱头的"西门与其六妻妾的传奇故事"(„Die abenteuerliche Geschichte von Hsi Men und seinen sechs Frauen")。后来这个副标题被误认为是库恩所起，库恩因此遭到了汉学家海尼士的批评，海尼士认为题目中的"abenteuerlich"与西方读者期待的冒险故事没有关系，名不副实。⑤

除了在翻译合同中直接决定整体编译策略、控制篇幅外，赞助人为了加快出版运作，还会对合同中没有规定的各种形式的细节进行干预，例如手稿的形式。上文提到的《水浒传》和《红楼梦》的翻译合同中均出现了"以《金瓶梅》的格式和版式为准"的字样，说明排版已经以《金瓶梅》为标准形成了固定的流水线作业模式，打字员和排版人员也希望作者主动按照出版社最终的排版格式来规范自己的手稿样

---

① Brief von Mertens von Insel-Verlag an Franz Kuhn am 08. 08. 1934, in: Goethe- und Schiller-Archiv, Insel Verlag, Schriftwechsel, Kuhn, Franz, 1934 (Signatur: 50/ 151).

② Brief von Dr. M. / R. an Franz Kuhn am 16. 08. 1934, in: Goethe- und Schiller-Archiv, Insel Verlag, Schriftwechsel, Kuhn, Franz, 1934 (Signatur: 50/ 151).

③ Brief von Franz Kuhn an Anton Kippenberg am 05. 09. 1929, in: Goethe- und Schiller-Archiv, Insel Verlag, Schriftwechsel, Kuhn, Franz, 1928—1929 (Signatur: 50/ 145—146).

④ Brief von Franz Kuhn an Anton Kippenberg am 17. 08. 1932, in: Goethe- und Schiller-Archiv, Insel Verlag, Schriftwechsel, Kuhn, Franz, 1932 (Signatur: 50/ 149).

⑤ Haenisch, Erich: „Rezension über Kin Ping Meh". in: *Asia Major*, Vol. 5, Fasc. 1/2, 1928, S. 571—573, hier S. 571.

式，以减轻工作负担，而现实并非如此。库恩翻译时不喜欢用打字机，而喜欢用铅笔手写，交稿后由出版社安排打字员负责识别手稿和排版打印。手写稿件随意性很强，可以任意涂改，很难在无人提醒的情况下，自觉遵循某种规则。据档案显示，在库恩翻译《水浒传》时，工作人员为了提高工作效率、加快进度，甚至对手稿的写法都做了规定：手稿在每行的字符数和行宽上应严格遵循《金瓶梅》的版式。① 在未引起库恩重视的情况下，出版社只得强制要求必须用钢笔单面书写，按排版方要求编排页码。排版方还因为库恩字迹潦草加收了人工费。②

赞助商首先是一个商人，利润、市场开发、读者群对他才是最重要的。在合作后期，基彭贝格日益趋向于保守，库恩提出的一些改革或创新性意见都被他回绝，如提前支付版税，为《水浒传》承担风险等。③ 库恩有意开拓海外市场，意图推出《金瓶梅》和《红楼梦》的匈牙利语转译本，也被基彭贝格否决，因为那里的人可以直接阅读德语，而且在匈牙利当时的社会氛围下，《金瓶梅》可能会因内容敏感而受到限制。④ 基彭贝格此时并不是代表个人，而是为出版社的整体利益考虑，不可以冒进，只能规避风险。

赞助人除了监控翻译活动本身外，对译者的与翻译相关的活动也会加以限制。库恩翻译《水浒传》期间，经济状况非常糟糕，生活无以为继。为了增加收入，也为了提前推销自己的译作，库恩在《水浒传》没有完全定稿时，在各类报纸、期刊上发表了五个片段，这在其翻译生涯中是非常罕见的。基彭贝格发现后认为这样做提前泄露了翻译内容，可能会影响译本的销量，因而禁止库恩继续发表译文片段。⑤

另外，赞助人对翻译活动的监控和调整并非只存在于赞助人与译者之间的互动中，基彭贝格在与库恩合作期间，经常请教其他汉学家、译者、出版商以及对中国

---

① Brief von Insel Verlag an Franz Kuhn am 01. 03. 1933, in: Goethe- und Schiller-Archiv, Insel Verlag, Schriftwechsel, Kuhn, Franz, 1933 (Signatur: 50/ 150).

② Brief von Insel Verlag an Franz Kuhn am 07. 04. 1933, in: Goethe- und Schiller-Archiv, Insel Verlag, Schriftwechsel, Kuhn, Franz, 1933 (Signatur: 50/ 150).

③ Brief von Anton Kippenberg an Franz Kuhn am 07. 07. 1933, in: Goethe- und Schiller-Archiv, Insel Verlag, Schriftwechsel, Kuhn, Franz, 1933 (Signatur: 50/ 150).

④ Brief von Insel Verlag an Franz Kuhn am 30. 01. 1933, in: Goethe- und Schiller-Archiv, Insel Verlag, Schriftwechsel, Kuhn, Franz, 1933 (Signatur: 50/ 150).

⑤ Brief von Anton Kippenberg an Franz Kuhn am 26. 07. 1934, in: Goethe- und Schiller-Archiv, Insel Verlag, Schriftwechsel, Kuhn, Franz, 1934 (Signatur: 50/ 151).

感兴趣的人士，如他曾向汉学家叶乃度请教《水浒传》插图本在欧洲的藏本以及在中国出版的情况，以便为库恩的译本寻找合适的插图；[①]又如，邀请对中国文学与哲学很感兴趣、与岛屿出版社亦有密切合作的赫尔曼·黑塞（Hermann Hesse，1877—1962）为库恩译本撰写书评；[②]还应库恩要求，给胡适、瑞典文学史教授弗雷德里克·布克（Frederik Böök，1883—1961）、挪威印度学家科瑙（一作柯诺夫，Sten Konow，1867—1948）等名家寄去《水浒传》译本。[③] 赞助人从多方了解中国文学在中国本土、德国乃至欧洲的传播与接受，为选题提供客观依据，咨询出版策划中涉及的汉学专业知识及与中国相关的信息，及时获得库恩译本的反馈情况，也为库恩及其译作进行了宣传。

总而言之，以基彭贝格为代表的岛屿出版社为译者提供翻译机会、支付相应的报酬，以求翻译活动符合自己的预期目标。出于对自身经济利益和市场开发战略的保护，赞助人以详尽的翻译合同约束译者，严格限定了译文的篇幅和翻译的工作方式，直接导致《水浒传》译文只能以编译本，而非全译本的形态问世。此外，他对合同未涉及的翻译进程中及其他与翻译相关的诸多细节都进行了控制，使译者的一举一动都能在自己的掌控范围内，一旦发现译者做出有损出版社利益的行为，就会及时制止。同时，在前期调研和后期加工、反馈中调动了一切能利用的力量，保证译本的专业性与趣味性，使之能顺利出版，并通过一系列推广活动赢得市场。

三、意识形态

由于翻译涉及两种文化的融合与碰撞，因此翻译研究中的“操纵”不仅是对文本形式与内容的操纵，更是对意识形态（ideology）和诗学观念（poetics）的操纵。比起诗学观念，赞助人更在意的是文学作品的意识形态。[④] 赞助人不仅给予译者生

① Brief von Anton Kippenberg an Franz Kuhn am 27. 06. 1934, in: Goethe- und Schiller-Archiv, Insel Verlag, Schriftwechsel, Kuhn, Franz, 1934 (Signatur: 50/ 151).

② Brief von Anton Kippenberg an Hermann Hesse am 06. 11. 1934, in: Goethe- und Schiller-Archiv, Insel Verlag, Schriftwechsel, Hesse, Hermann, 1933—1934 (Signatur: 50/ 150—151).

③ Brief von Anton Kippenberg an Franz Kuhn am 12. 12. 1934, in: Goethe- und Schiller-Archiv, Insel Verlag, Schriftwechsel, Kuhn, Franz, 1934 (Signatur: 50/ 151).

④ Lefevere, André, *Translation, Rewriting and the Manipulation of Literary Fame*, Shanghai: Shanghai Foreign Language Education Press, 2004, p. 15.

活保障和发表译作的机会，还根据实际翻译环境中占主流地位的意识形态，对译者提出种种要求和限制，迫使他们接受，甚至主动按照意识形态的要求来改造翻译文本。译者的意识形态（无论是自愿配合，还是某种赞助机制强加给译者的）限制了译者的基本翻译策略。① 库恩关于文学翻译的意识形态表现在认同以编译为整体翻译策略和删除、改写色情描写两方面，既有恰好与主流意识相符的一面，也有将赞助人的制约内化为自身意识的一面。

在库恩与岛屿出版社签订《水浒传》翻译合同之前，基彭霍伊尔出版社(Kiepenheuer Verlag)也曾联系过他，有意出版《水浒传》译文，且开价 7000 马克，比库恩与岛屿出版社最终议定的价格还高，然而这一要求被库恩拒绝了。② 除了出版社本身的地位，之前的偶有龃龉，以及与岛屿出版社总体良好的合作关系外，在库恩看来，岛屿出版社所代表的意识形态，如翻译策略、对市场的定位、对出版时机的把握等方面，与自己心中的翻译出版理念基本吻合，③这才是保证他们顺利合作的基础。

不推出全译本，而是以编译的形式发表译作，并在翻译合同上明确规定这一条件是岛屿出版社惯用的手法。由于编译不仅在篇幅上对原文进行压缩，还要求译者根据出版社的要求对形式与内容进行改动，如改编情节、增删人物与内容等，这都需要译者花费更多的精力来处理文本，给译者带来了额外的负担，所以并不是每个译者都乐意接受。那么，库恩对出版社强加给他的编译要求态度如何呢？库恩从与岛屿出版社合作《好逑传》起就一直遵循编译的原则，虽然他并未完全摆脱全译的影响，也有付诸实践的设想（详见第六章第一节），但从未公开强烈表示过对这一翻译策略的不满，反而多次在文章中表示支持和赞同。他早在 1928 年评论基巴特兄弟的《金瓶梅》德文节译本时就流露出这样的思想：

---

① Lefevere, André, *Translation, Rewriting and the Manipulation of Literary Fame*, Shanghai: Shanghai Foreign Language Education Press, 2004, p. 41.

② Brief von Franz Kuhn an Anton Kippenberg am 31. 12. 1933, in: Goethe- und Schiller-Archiv, Insel Verlag, Schriftwechsel, Kuhn, Franz, 1933 (Signatur: 50/ 150) und Brief von Franz Kuhn an Anton Kippenberg am 10. 02. 1933, in: Goethe- und Schiller-Archiv, Insel Verlag, Schriftwechsel, Kuhn, Franz, 1933 (Signatur: 50/ 150).

③ Brief von Franz Kuhn an Anton Kippenberg am 31. 12. 1933, in: Goethe- und Schiller-Archiv, Insel Verlag, Schriftwechsel, Kuhn, Franz, 1933 (Signatur: 50/ 150).

> 如果今天有一家文艺出版社决定将一部中国叙事文学作品以欧洲文字译本的形式呈现给广大读者，从一开始就要同意做出某种妥协。相关出版社作为需要赢利的企业，必须考虑市场畅销性和利润。它有权要求负责推出的译本适合我们西方人的品位，令人满意。因此迫使译者有时需自由处理原文。①

从引文来看，库恩并不反对编译和适度地自由处理原文，他认为在当时的社会环境下，针对特殊读者群体的现实情况，出版社要求译者采取编译是合理且恰当的选择。这里的“品味”(Geschmack)指的就是译文读者的偏好，特别是意识形态方面的内容。就《水浒传》德文译本而言，译者对小说内容的删节改动、保留取舍大多出于意识形态的考虑。译者尽量采取归化策略，使原本的意识形态符合欧洲读者的审美情趣、价值观与伦理道德标准，同时在一定程度上满足他们对异域文化的好奇心，如在保留原文本身具有的、易于德语国家读者接受的线型结构的基础上，通过分卷分章深化原文暗含的逻辑层次(见第四章第二节)；结合强盗小说中的主人公在西方读者头脑中的固有印象，深化、改造人物形象，突出人物行侠仗义的优点，而讳言负面性格(见第四章第二节)。在微观层面，放弃解释熟语中的个别典故(见第五章第四节)，人物的样貌迎合西方人想象中的中国人形象(见第五章第五节)，中国兵器被改造成西方人熟悉的武器样式(见第五章第五节)等，都是译者为了贴近译入语读者的喜好所做的改动，也是译者审美意识的体现。

另外，赞助机制是特定社会文化主流意识形态的代言人，它们会直接干预翻译过程，对涉及道德、伦理、思想等基本观念的内容进行审核，如果发现有不符合主流意识形态的内容出现，就会命令译者删除或做相应改动——尤其是涉及色情的文字——以免在正式出版后遭遇政府查禁，对出版社造成不良影响。作为库恩译稿的首位(批)读者，赞助人及出版社的工作人员在通读译稿时会提出各种修改意见，对情节进行把关。在当时的社会环境下，色情描写虽能在一定程度上迎合、满足译本读者的阅读偏好，却是政府书报审查制度明令禁止的内容。库恩之前出版的《金

① Kuhn, Franz: „Bücherbesprechung über Djin Ping Meh". in: *Asia Major*, Volumen V, S. 278－279, hier S. 278.

瓶梅》译本虽然在德语国家乃至欧洲大受欢迎，但因为涉嫌格调低下的色情描写险些被查禁。《红楼梦》中的色情文字相较于《金瓶梅》已经少了很多，也更为隐晦，可当库恩译出其中一段在他看来“相当淫秽”的文字时，还是要征求基彭贝格的意见，并由他最终定夺是否要删除。[①]

到翻译《水浒传》时，基彭贝格非常担心会面临相同的问题，在翻译刚开始时就在信中向库恩强调：

> 我请求您，尽可能删除色情内容，或者至少要处理得让人无法产生联想。《金瓶梅》的处理方式遭人非议，在我看来似乎并非不公正的。最好能在删除这些内容之后还能继续流畅地阅读下去。[②]

赞助人在这里向译者提出了两个要求：一是删除或改造色情描写，以免带来严重后果；二是在删节的基础上仍要保证上下文的情节贯通，保证流畅的阅读效果。在听到库恩关于《水浒传》中色情场景的汇报后，基彭贝格进一步表达了自己的意见：

> 非常高兴从您那里得知《水浒传》的色情元素都在背景里。我们已经展示了足够多的中国色情的一面。除此之外，我对我们的《金瓶梅》译本遇到的危险也不太乐观。我们没有人为制造争议，因为色情内容而翻译这本书，这当然是正确的。特别是我之前对它的内容一无所知。[③]

---

① Brief von Franz Kuhn an Anton Kippenberg am 28. 05. 1932, in: Goethe- und Schiller-Archiv, Insel Verlag, Schriftwechsel, Kuhn, Franz, 1932 (Signatur: 50/ 149). s. auch: Kuhn, Hatto: *Dr. Franz Kuhn (1884 — 1961). Lebensbeschreibung und Bibliographie seiner Werke*. Unter Mitarbeit von Martin Gimm. Wiesbaden: Franz Steiner Verlag, 1980, S. 22 (nur ein Teil davon).

② Brief von Anton Kippenberg an Franz Kuhn am 17. 03. 1933, in: Goethe- und Schiller-Archiv, Insel Verlag, Schriftwechsel, Kuhn, Franz, 1933 (Signatur: 50/ 150). s. auch: Kuhn, Hatto: *Dr. Franz Kuhn (1884 — 1961). Lebensbeschreibung und Bibliographie seiner Werke*. Unter Mitarbeit von Martin Gimm. Wiesbaden: Franz Steiner Verlag, 1980, S. 22.

③ Brief von Anton Kippenberg an Franz Kuhn am 31. 03. 1933, in: Goethe- und Schiller-Archiv, Insel Verlag, Schriftwechsel, Kuhn, Franz, 1933 (Signatur: 50/ 150). s. auch: Kuhn, Hatto: *Dr. Franz Kuhn (1884 — 1961). Lebensbeschreibung und Bibliographie seiner Werke*. Unter Mitarbeit von Martin Gimm. Wiesbaden: Franz Steiner Verlag, 1980, S. 22.

但在实际的翻译过程中，库恩还是因为色情文字而被迫对原文做了大幅度删改。如果仔细看译本，会发现第8卷明显比其他卷的篇幅少了很多，原因在于这一卷涉及潘巧云与裴如海通奸一事。库恩的初稿被审读者打回，审读意见是“在我看来，这样一部小说中出现色情描写，与其他部分的风格不符”①。经过基彭贝格等人的讨论，出版社建议库恩删除整卷。库恩早就考虑到这个问题，并且专门向《文学世界》的主编咨询过处理方法，所以特意先将完全没有删节过的原文呈上，由基彭贝格定夺。在之后的两次回信中，库恩阐述了自己的想法及修改意见：

> 我也认为，我们不应该让这本书处于危险境地，应该向正确的方向妥协。……我会对第8卷做相应的修改和删节。或许会删除1至2章。②
>
> 很遗憾，我们把相关段落人为地制造出完整的假象，实际上是自欺欺人。但是我们不能拿整本书冒险，必须向新的、现行的正确方向妥协。但是最好不要完全删除第8卷，因为三个人物——石秀、杨雄和时迁在第9卷及以后会发挥重要作用。我建议，将第8卷删除3或2章，使之也可以成为青少年读物。③

库恩在回信时虽然对人为删节的行为有所不满，但还是从大局出发，主动迎合当时的主流意识形态，做出必要的妥协与牺牲。在客观条件限制下，库恩仍然坚持了自己的想法，为了上下文的连贯，没有草率地将石秀等三个人物全部删除，而是

---

① Brief von Anton Kippenberg an Franz Kuhn am 08. 08. 1934, in: Goethe- und Schiller-Archiv, Insel Verlag, Schriftwechsel, Kuhn, Franz, 1934 (Signatur: 50/ 151). s. auch: Kuhn, Hatto: *Dr. Franz Kuhn (1884—1961). Lebensbeschreibung und Bibliographie seiner Werke*. Unter Mitarbeit von Martin Gimm. Wiesbaden: Franz Steiner Verlag, 1980, S. 22 (nur ein Teil davon).

② Brief von Franz Kuhn an Anton Kippenberg am 09. 08. 1934, in: Goethe- und Schiller-Archiv, Insel Verlag, Schriftwechsel, Kuhn, Franz, 1934 (Signatur: 50/ 151). s. auch: Kuhn, Hatto: *Dr. Franz Kuhn (1884—1961). Lebensbeschreibung und Bibliographie seiner Werke*. Unter Mitarbeit von Martin Gimm. Wiesbaden: Franz Steiner Verlag, 1980, S. 22 (nur ein Teil davon).

③ Brief von Franz Kuhn an Anton Kippenberg am 10. 08. 1934, in: Goethe- und Schiller-Archiv, Insel Verlag, Schriftwechsel, Kuhn, Franz, 1934 (Signatur: 50/ 151). s. auch: Kuhn, Hatto: *Dr. Franz Kuhn (1884—1961). Lebensbeschreibung und Bibliographie seiner Werke*. Unter Mitarbeit von Martin Gimm. Wiesbaden: Franz Steiner Verlag, 1980, S. 22—23 (nur ein Teil davon).

只删除直接涉及色情的内容，对剩下的部分做变通处理，将这一部分改编成青少年也能接受的版本。库恩的这一举动既体现出了意识形态对翻译策略的控制，也为后来推出进一步删节暴力和色情场景的青少年版《水浒传》打下了基础。

四、诗学观念

诗学观念(poetics)也可译作文学观念，就是研究文学是什么，应该呈现怎样的文本特征。[①] 在文学翻译中，译入语内部的主流文学样式与文学观念不可避免地会影响翻译，就《水浒传》的德译而言，就是体裁上由中国章回体小说向西方长篇小说转化，题材上由绿林小说向强盗小说转化的过程，这在一定程度上也受到德国文坛流行的批判现实主义文学样式的影响。

由对第4章全章及第5章个别小节的分析我们可以发现，章回体小说与西方长篇小说存在本质区别，绿林小说与强盗小说又有一定联系，《水浒传》在进入西方世界时，也被译者刻意按照译入语读者所习惯的文学样式加以改造，主要体现在以下几个方面：

1. 起源不同导致传播媒介不同。

中国的章回体小说脱胎于宋元时期说书艺人的“讲史话本”，从元到清末，一直在逐步由听觉媒介向视觉媒介转化。而《水浒传》作为我国第一部长篇白话章回体小说，又有漫长的民间流传历史，文人创作定稿时尚不敢完全脱离固有的话本模式，所以保留了大量的说书曲艺因素。作者想象自己在给听众讲故事，以说书人口吻连贯讲述以情节为中心的故事，在形式上使用由对偶文字组成的回目和说书人专用语。小说是西方叙事文学中最重要的体裁，也是普通读者最容易接受的文学样式之一，自文字形成后，西方小说从最早的英雄史诗起一直以视觉为传播媒介。由于大众受教育程度较高，读者通过阅读书面文字，而非听别人口述了解故事情节，听觉媒介难以施加影响，因此也没有说书曲艺产生的必要条件，小说自然在形式上未体现出听觉艺术的特征。西方小说的标题语言简单，对韵律、修辞都没有严格限制。

---

① Lefevere, André, *Translation, Rewriting and the Manipulation of Literary Fame*, Shanghai: Shanghai Foreign Language Education Press, 2004, p. 14.

体现在《水浒传》的翻译上，译者将回目改成词语或短句，除极个别保留说书人用语外，其余均予以删除。

2. 主要人物与情节设置不同。

为配合曲艺形式的需要，章回体小说人物众多，关系繁复，多条线索交织，即使是《水浒传》这样的线型结构，相较于西方小说的线型结构仍显得十分复杂。蒲安迪称之为“缀段性”(episodic)，在他看来，《水浒传》就像是“由一些出自民间的故事素材杂乱拼接在一起的杂烩”[①]。章回体小说划分章节的标准并非完整的事件，而是到高潮戛然而止。

西方小说呈现出单一主人公、单一线索叙事的线型结构，故事情节围绕主人公展开，按事件来划分章节。

译者保留了《水浒传》天然的线型结构，并通过分卷、按事件和时间分章，迎合西方读者对线型结构的认识，集中塑造主要人物，简化人物关系，大幅压缩和删节次要情节。

3. 叙事视角、叙事顺序与叙事方式不同。

章回体小说的叙事视角以说书艺人全能视角为主，在民国之前少有突破；[②]擅长以预示性神话故事开篇；韵散结合叙事；因听觉媒体无法回溯，故不厌其烦地描述不同人物视角下的同一事件的始末。

而西方小说多种叙事视角并存；不擅长带有预言性质的预述，更喜欢采用按时间顺序的顺叙或倒叙；有文字作为保障，随时可以翻看。

译者针对二者叙事上的不同，也几乎都以西方的叙事传统来改造文本，如去除说书人全能视角和神话故事，根据韵文对烘托主题的作用而决定是否保留、翻译，删掉对西方读者而言属于冗余信息的对同一事件的多角度描述。

4. 题材上的联系。

绿林小说与强盗小说都是通俗文学(Trivialliteratur)的分支，主要人物都是游走在社会边缘的强人或强盗。强盗小说往往将主人公设置为“高尚的强盗”，强调他们为强权所不容，遭受迫害，但行侠仗义，或刻意模糊道德边界，只追求冒险经历

① 转引自张同胜：《〈水浒传〉叙事结构的文化阐释》，《明清小说研究》2006年第4期，第137—146页，此处引自第138页。

② 陈平原：《中国小说叙事模式的转变》，北京大学出版社2003年版，第63页。

的紧张刺激，[①]这恰好与《水浒传》中的人物形象与情节设置有一定共通之处。库恩抓住了这一联系，以塑造梁山好汉被迫落草的冒险经历为主线，忽略人物性格中的负面因素，塑造正面形象，并通过大量的礼俗描述，突出人物的“侠义”精神，让读者读后自然能够联想到强盗小说，从而获得和强盗小说类似的阅读体验。

此外，当时德国文坛盛行的批判现实主义文学更是将西方小说的特质发挥到了极点，它强调集中塑造主要人物，减少人物数量，删减旁枝末节，故事情节主要围绕主人公推进，采取线型结构等，按照时间顺序推进的观念也和库恩对文本的改造倾向不谋而合。

五、译者主体性

关注译者主体在翻译过程中发挥的作用是近年来翻译研究的重要内容之一。译者主体性（subjectivity of translator）包括两方面的内涵：[②]其一是主动性，如查明建和田雨指出“译者主体性是指作为翻译主体的译者在尊重翻译对象的前提下，为实现翻译目的而在翻译活动中表现出的主观能动性，其基本特征是翻译主体自觉的文化意识、人文品格和文化、审美创造性”[③]；许钧则认为，所谓翻译主体性，[④]是指“翻译的主体及其体现在译作中的艺术人格自觉，其核心是翻译主体的审美要求和审美创造力”[⑤]。其二是受动性，即受到客观条件的制约，如屠国元和朱献珑在定义“译者主体性”时强调译者主观能动性的发挥“受边缘主体（指原文作者与译文读者）或外部环境及自身视域的影响制约”[⑥]；吴波则列举了影响译者主体性的6

① Dainat，Holger：*Abaellino，Rinaldini und Konsorten. Zur Geschichte der Räuberromane in Deutschland*. Studien und Texte zur Sozialgeschichte der Literatur 55. Tübingen：Niemeyer，1996，S. 11—13.

② 葛校琴：《后现代语境下的译者主体性研究》，上海译文出版社2006年版，第6页。

③ 查明建、田雨：《论译者主体性——从译者文化地位的边缘化谈起》，《中国翻译》2003年1月第24卷第1期，第19—24页，此处引自第22页。

④ 许钧此处将翻译的主体分为广义与狭义两类。译者是狭义的翻译主体，而原作者和读者可看作是广义的翻译主体（参见许钧：《“创造性叛逆”和翻译主体性的确立》，《中国翻译》2003年1月第24卷第1期，第6—11页，此处引自第11页）。

⑤ 许钧：《“创造性叛逆”和翻译主体性的确立》，《中国翻译》2003年1月第24卷第1期，第6—11页，此处引自第9页。

⑥ 屠国元、朱献珑：《译者主体性：阐释学的阐释》，《中国翻译》2003年11月第24卷第6期，第8—14页，此处引自第9页。

种内因与5种外因，在她看来，内外因之间并非绝对对立，而是交互影响。①

作为翻译主体的译者如何在外部影响下选定翻译题目及文本，其个人意志与审美情趣怎样在翻译策略和翻译过程中得到贯彻，他对翻译对象做了哪些改造与加工，这种互动以何种形式影响翻译等内容都可纳入译者主体性的研究中。具体到库恩的翻译活动，无论是宏观还是微观层面，都有译者将客观要求内化为主观意愿，并运用到翻译中的成分。如果说赞助人通过意识形态与诗学观念更多地影响了翻译的宏观策略，但具体的实施者和操作人仍是译者个人，因此，翻译的微观层面几乎都是译者在客观因素作用下发挥主观能动性所进行的创造性劳动。其中不可避免地会有受动性的一面，不过更多地体现了创造性。这种主体性主要体现在选题与翻译过程两个方面。

(一)译者主体性在选题中的体现

库恩翻译中国小说的选题过程与今天出版社和签约译者之间的选题流程大同小异，首先由赞助人确定"中国小说系列"出版的总体思路，然后挑选合适的译者。在推出每部译作时，初步选题由译者推荐，译者通读文本后向出版社递交审读报告，经出版商审定后决定是否展开下一步的翻译工作。由于基彭贝格没有受过任何专业的汉学学术训练，无法阅读一手文献，他只能根据库恩的审读意见对选题做最终判断。虽然译者选题必须要考虑出版社的意志和读者的反应，但译者本人对选题的确有相当的自主权，有时即使出版商从其他渠道听到了他认为合适的选题，译者仍有权拒绝翻译。例如岛屿出版社早在1926年就向库恩打听过《聊斋志异》，并在信中将其比作"中国的《一千零一夜》"，②但这之后，岛屿出版社并没有将《聊斋志异》列为翻译选题，也没有出版过《聊斋志异》译文的单行本。原因直到一年后才由库恩在《红楼梦》审读报告中揭晓：原来库恩虽然考虑到《聊斋志异》在中国的受欢迎程度，但当时已有的几个西文节译本，如翟理斯的英译本③和施密特(E.

① 吴波：《论译者的主体性》，博士论文，华东师范大学，2005年。

② Brief von D H. / W. an Franz Kuhn am 07. 09. 1926, in: Goethe- und Schiller-Archiv, Insel Verlag, Schriftwechsel, Kuhn, Franz, 1925－1927 (Signatur: 50/ 142－144).

③ Pu, Songling: *Strange Stories from a Chinese Studio*. trans. by Giles, H. A.. London: De La Rue&Co., 1880.

Schmitt)的德译本[①],纷纷遇冷。据库恩分析,这可能是由《聊斋志异》的情节太过光怪陆离,内容不能令人满意造成的。[②] 库恩以市场反响不好为由拒绝了《聊斋志异》的翻译,至于他认为《聊斋志异》的内容可能不受德语读者喜爱的观点只能看作一家之言,[③]在此不作讨论。但从这个例子可以看出,译者在决定选题上是有最终发言权的。《水浒传》的选题亦是如此。

库恩最初选择翻译《水浒传》的灵感源自汉学家及满学家海尼士的推荐。[④] 海尼士在阅读了《金瓶梅》库恩译本后,在《泰东》(*Asia Major*)期刊上发表书评[⑤],从文本的可读性、对中国民俗的介绍和普及等角度予以大力肯定,并表示"非常期待由他来翻译《水浒传》——一部元代扣人心弦的强盗小说"[⑥]。此时,库恩正在翻译《红楼梦》,看到这篇书评后,立即把《水浒传》列为下一部译作的首选。从库恩与基彭贝格的通信集中可以发现,库恩在《红楼梦》出版后就立即投入到新译作的翻译筹备中。在经过对七十回本的前二十回的通读后,库恩确定以《水浒传》作为下一部译作的选题,并于 1933 年初向赞助人提交了第一份审读报告。二人在经过面谈后最终确定了这一选题。译者进行翻译选题时要考虑到文本本身的因素,也要与之前出版的译作做综合比较。结合库恩在岛屿出版社出版的几部译作来看,之前的选题具有以下几个共同点:

1. 内容对德国读者(至少是知识分子阶层)来说并非完全陌生,但译本并不尽如人意。如《好逑传》和《二度梅》很早就被引入欧洲,其法语和英语译本在欧洲风行一时,最早的德语译本也是从法语文本转译而来,反响良好,很受歌德等人推崇,但没有直接从中文翻译过来的较为完整的译本。《红楼梦》之前只有英、德文片段,

---

① P'u Sung-Ling: *Seltsame Geschichten aus dem Liao Chai*. übers. und hrsg. von Schmitt, E.. Berlin: Häger 1924.

② Brief von Franz Kuhn an Anton Kippenberg in August 1927,, in: Goethe- und Schiller-Archiv, Insel Verlag, Schriftwechsel, Kuhn, Franz, 1925－1927 (Signatur: 50/ 142－144).

③ 与库恩持相反意见的有德国诗人布瑟,前文第二章第二节曾提到他在其《世界文学史》中忽略《水浒传》等长篇著作,反而列出了《今古奇观》《聊斋志异》等短篇小说和故事集,认为后者至少在篇幅上更容易受欧洲人青睐。

④ Kuhn, Franz: „Nachwort", in: *Die Räuber vom Liang Schan Moor*. Leipzig: Insel Verlag, 1975, S. 862.

⑤ Haenisch, Erich: „Rezension über Kin Ping Meh". in: *Asia Major*, Vol. 5, Fasc. 1/2, 1928, S. 571－573.

⑥ Haenisch, Erich: „Rezension über Kin Ping Meh". in: *Asia Major*, Vol. 5, Fasc. 1/2, 1928, S. 571－573, hier S. 572.

英语节译本和很少有人知道的德语戏剧，[①]《金瓶梅》虽有基巴特兄弟的节译本，但在库恩看来，译者不是专业出身，常犯知识性错误，文字也缺乏美感，尚有改进和完善的空间。

2. 在《金瓶梅》之后，库恩倾向于翻译文笔优美、文学价值高的长篇小说。《金瓶梅》是第一部让库恩扬名全欧洲的译作，原文本身的文本特征和翻译这部作品所采用的策略都对后面的译作起到了示范作用，库恩也是从翻译《金瓶梅》时开始积累应对长篇章回体小说的经验，最终确立了自己的翻译策略及翻译风格。

3. 选题迎合世俗口味，又能体现译者个人向读者传播中国文化，引起读者对中国的兴趣的意愿。库恩是一名依靠稿酬生活的签约译者，读者的阅读喜好是选题时必须要参考的重要指标。《好逑传》和《二度梅》体现了传统婚恋习俗和伦理观念，《金瓶梅》和《红楼梦》以封建家庭生活为中心，这些与中国民俗和现实生活有关的题材都是德国读者喜闻乐见的内容，译作的销量和再版量也证明了这一选题策略的正确性。

库恩的选题并非仅以读者需求作为唯一考量，小说本身蕴含的文化因素也是库恩希望传达给读者的内容。库恩最初阅读中国小说时，认为它“是一种能够在西方读者群中获得成功，不仅能激发对中国的兴趣，也能带来美学享受的文学样式。它展现了精彩的生活画面，读起来非但不无聊，反而有趣，甚至扣人心弦”[②]。落实到翻译实践中，他认为“对我们来说新鲜的和具有文化、历史趣味的细节，我将细致地全力再现”。

《水浒传》与库恩之前翻译的小说同属于一个系列，选题标准具有连续性。按照上述三条标准，《水浒传》具有如下优势：

1. 有早期片段和译本做基础，读者有一定了解，但这些译本在库恩心中都不完美，特别是在1927年和1931年相继出版的相对完整的埃伦施泰因译本及据此改编而成的广播剧，对原文所作的改动过大，令库恩非常反感。他希望借专业的翻译告诉大家真正的《水浒传》到底在说什么。

2. 文风清新自然，文学价值高。库恩在译后记中将《水浒传》和《金瓶梅》《红

---

① 姚珺玲：《〈红楼梦〉在德国的传播与翻译》，博士论文，北京外国语大学，2010年，第31页。

② Kuhn, Hatto: *Dr. Franz Kuhn (1884 — 1961). Lebensbeschreibung und Bibliographie seiner Werke.* Unter Mitarbeit von Martin Gimm. Wiesbaden: Franz Steiner Verlag, 1980, S. 13.

楼梦》并称为“中国古典小说中三部伟大的著作”[①]，他在审读报告中认为“这部小说不仅引人入胜，扣人心弦，叙述方式也很吸引人。它生动的情节、惊险的故事，与我们之前的小说略带拖沓、包罗万象的描述有本质区别”[②]。可见其对《水浒传》的文学价值的肯定。

3. 题材既迎合世俗，又有新颖之处。库恩一向喜欢挑战自我，不喜欢一味重复。他在海尼士的启发下初读《水浒传》时就联想到了强盗小说。强盗小说本就是通俗文学里很受欢迎的类型之一，主人公的侠义心肠，游走在法律与道德边界的设定，扣人心弦的冒险经历迎合了普通读者消遣娱乐时爱冒险、爱刺激的阅读心理。而且先前的小说多以女性角色或女性化的男性（如贾宝玉）为主体，《水浒传》则以男性人物的经历为主要情节，即使有女性形象，也作了弱化和贬低处理，在库恩看来，这样的人物设置能带给读者欧洲英雄史诗般的感觉。[③] 另外，在库恩看来，小说本身对“强盗团伙的组织，他们奇特的风俗习惯，他们的活动和行为，以及有趣的地理背景”[④]的详细描述也是欧洲读者闻所未闻的，这样新鲜的内容值得介绍给译入语读者。

除此之外，库恩在选择用于参照的原文版本时也有自己的考虑因素。当时可供库恩使用和选择的有 3 个七十回本及 1 个一百二十回本，他最终确定以七十回本的内容为翻译主体，之后的情节以概述的方式呈现给读者，还专门托人寻找有精美插图的译本。库恩选择底本的原则是文学性、学术性与趣味性并重。所谓文学性，就是剔除译本外部的因素，仅着眼于文本本身的文学价值。从前文库恩对赛珍珠译本结局设置的诟病来看，库恩坚持不选用七十回本的结尾部分，也不同意赛珍珠的处理方法，是因为它破坏了小说的整体结构，从文学的角度来讲，不像一部文学作品应有的结局。在库恩看来，叙事有始有终，清楚交代人物最终命运的一百二十回本才最符合他心目中的结局，与赛珍珠更看重七十回本在政治思想上的统一性截然不同。

---

① Kuhn, Franz: „Nachwort“, in: *Die Räuber vom Liang Schan Moor*. Leipzig: Insel Verlag, 1975, S. 862.

② Brief von Franz Kuhn an Anton Kippenberg am 13 01. 1933, in: Goethe- und Schiller-Archiv, Insel Verlag, Schriftwechsel, Kuhn, Franz, 1933 (Signatur: 50/ 150).

③ Kuhn, Franz: „Nachwort“, in: *Die Räuber vom Liang Schan Moor*. Leipzig: Insel Verlag, 1975, S. 862.

④ Brief von Franz Kuhn an Anton Kippenberg am 13 01. 1933, in: Goethe- und Schiller-Archiv, Insel Verlag, Schriftwechsel, Kuhn, Franz, 1933 (Signatur: 50/ 150).

库恩对一百二十回本推崇有加，除了文学因素外，这一版本当时在中国刚发现不久，对外国人和绝大多数中国人来讲都是陌生而新颖的，它的推广人——胡适又具有超群的学术地位，这些也是重要原因。库恩在批评赛珍珠、基巴特等人时，最常提出的问题就是译者并非专业出身，在他看来，即便译文的读者并非专业群体，从事翻译的人也必须是专业人士，精通汉语，且对中国文化有一定了解，不能犯常识性错误。库恩自己是汉学科班出身，再加上专家推荐的新版本，在学术上增加了底气，更有说服力。

库恩的译本一向图文并茂，他非常重视插图的作用。在译文的相应位置插入版画，不仅能增添异域情调，吸引读者眼球，也能"帮助欧洲读者从本质上理解遥远的历史事件，当然也会成为取悦中国艺术爱好者的一条途径"①。

(二)译者主体性在翻译过程中的体现

赞助人对翻译活动的控制集中在宏观层面，具体到微观层面的翻译策略则都是由译者个人决定的。不懂中文的赞助人只能在审读初稿时，以译文第一个读者的身份提出自己看不懂或读不通顺的地方，由译者进一步修改。这一过程只是德语单方向的审读，赞助人不会对照原文做校对的工作，提出具体的操作意见。在库恩与基彭贝格近十年的通信中几乎找不到二人关于具体某个字词的翻译的讨论记录，也可能这些讨论仅在口头进行，或在手稿里有体现。但依据现存文献资料，无法证明这一点。故笔者只能结合翻译的实际情况和常理推断译者在翻译过程中体现的译者主体性。

首先来看译者个人的翻译观念与翻译策略。库恩对翻译本身的认知散见在日记、各译本的译后记和各类评论文章中。他在日记中认为，仅仅靠游览和在中国生活得到的感性认知来和中国人进行思想上的交流是远远不够的。② 为了加深对中国的了解，必须选择合适的引入途径。他无意中发现的中国小说就是这样一种"能够在西方读者群中获得成功，不仅能激发对中国的兴趣，也能带来美学享受的文学

---

① Kuhn, Franz: „Nachwort", in: *Die Räuber vom Liang Schan Moor*. Leipzig: Insel Verlag, 1975, S. 857.

② Kuhn, Hatto: *Dr. Franz Kuhn (1884 – 1961). Lebensbeschreibung und Bibliographie seiner Werke*. Unter Mitarbeit von Martin Gimm. Wiesbaden: Franz Steiner Verlag, 1980, S. 9.

样式”①。而要突破书面语这一思想交流的壁垒，唯一能做的就是翻译。②

在库恩看来，他个人学习中文书面语、从事文学翻译的动机是为了交流，向西方介绍中国，提升西方读者对中国的认识。他在《水浒传》译后记中就如何实现这一目的的问题，指出中国小说进入欧洲的两种翻译方式及各自针对的不同读者群体，并说明了自己的选择：

> 将中国古典小说翻译为欧洲文学，只有两种方法可供考虑：或是完整的、严格遵循语文学的、供专业界使用的翻译，或是一种自由翻译，一种针对卖书和买书的大众，有生命力的新创作。我的任务是，为德国读者将原文从在中国的民间故事转变为德式的民间故事。所以我的译本在逐字翻译、艺术转述和自由加工间变换。③

库恩所选择的是针对普通读者，在整体上舍弃全译，对原文进行改动且体现创造力的编译手法，而为何采取这一策略，按什么标准来编译，库恩也有自己的原则：

> ……为一本供读者消遣娱乐的书添加大量注释总是一件不幸的事情。假如涉及像《金瓶梅》这样的文学里程碑式的重要作品，在普及本以外还提供一个针对汉学专业群体的语言准确无误的直译本，这种理想状态无疑是最好的。然而，实现这一目的所必需的资金在哪里？汉学家中又有哪一个是百万富翁，能够承担这种无利可图的事情？
>
> 优秀文学翻译的艺术与任务在于充分发挥表达自由，保存原文的特色，绝不可删除本质内容，也不能用毫无意义的复述加以歪曲。④

---

① Kuhn, Hatto: *Dr. Franz Kuhn (1884 — 1961). Lebensbeschreibung und Bibliographie seiner Werke.* Unter Mitarbeit von Martin Gimm. Wiesbaden: Franz Steiner Verlag, 1980, S. 13.

② Kuhn, Hatto: *Dr. Franz Kuhn (1884 — 1961). Lebensbeschreibung und Bibliographie seiner Werke.* Unter Mitarbeit von Martin Gimm. Wiesbaden: Franz Steiner Verlag, 1980, S. 13.

③ Kuhn, Franz: „Nachwort", in: *Die Räuber vom Liang Schan Moor.* Leipzig: Insel Verlag, 1975, S. 857.-858.

④ Kuhn, Franz: „Bücherbesprechung über Djin Ping Meh". in: *Asia Major*, Volumen V, S. 278—279, hier S. 278.

库恩很反对将大量注释引入译文，而是尽可能以更为灵活的方式来解释，代替注脚。《水浒传》译本仅在翻译暗含宋江名字的谶语时使用过一次注释来展示汉字的魅力(见第五章第三节例 27)，面对需要解释的典故只在文内阐释(见第五章第五节例 40)，面对称谓、礼俗也尽量选择文内音译加阐释、直译加阐释，或只通过上下文暗示而不加解释的方法(见第五章第一节例 9—12、第五章第五节例 47—52)。

而对于删节的原则与具体内容，库恩也结合翻译实践作了说明。他在《金瓶梅》译后记中表示：

> 《金瓶梅》一方面具有无可估量的时代和文化文学价值，另一方面，它编年体般的叙事风格引入了个别与主要情节关系不大的内容和人物，(使叙事)产生拖沓和重复，冲淡了情节，让读者，特别是欧洲人无法集中精力来阅读。所以我们的复述中存在必要的删节和凝练。[①]

库恩在日后的翻译过程中尽可能遵循这一原则，对原文作合理的改动，同时还要解决因删节造成的问题，如《水浒传》第 8 章因色情内容需要大幅压缩，而又要保持前后文连贯，[②]为保证篇幅而大量采用复述，又不能失去直接引语鲜活的表现力。[③]

编译是贯穿库恩整个翻译生涯的整体翻译策略，这一策略最初由赞助人基彭贝格个人根据社会环境和读者阅读习惯制定，并写入翻译合同。库恩本人是默许并贯彻实施的，但这种支持不乏妥协的嫌疑，毕竟为了维持生计，译者必须接受出版社强加给自己的要求。而库恩心中始终没有放弃过全译的努力，从《金瓶梅》《红楼梦》《水浒传》的翻译内容中不难发现，库恩总是集中精力细致处理原文的前半部分，而大幅删节后半部分，如《水浒传》第五十七至一百二十回的内容就是以极其精

---

① Kuhn, Franz: „Nachwort“, in: *Kin Ping Meh*. Frankfurt am Main und Leipzig: Insel Verlag, 1977, S. 907.

② Brief von Anton Kippenberg an Franz Kuhn am 10. 08. 1934, in: Goethe- und Schiller-Archiv, Insel Verlag, Schriftwechsel, Kuhn, Franz, 1934 (Signatur: 50/ 151). s. auch: Kuhn, Hatto: *Dr. Franz Kuhn (1884－1961). Lebensbeschreibung und Bibliographie seiner Werke*. Unter Mitarbeit von Martin Gimm. Wiesbaden: Franz Steiner Verlag, 1980, S. 22－23 (nur ein Teil davon).

③ Brief von Dr. M. / R. an Franz Kuhn am 16. 08. 1934, in: Goethe- und Schiller-Archiv, Insel Verlag, Schriftwechsel, Kuhn, Franz, 1934 (Signatur: 50/ 151).

炼的概述方式交代的,《红楼梦》后四十回的内容所占篇幅很有限,《金瓶梅》也是以前半部分的内容为主,有"虎头蛇尾"的嫌疑。如果说处理《金瓶梅》是由首次严格执行限制篇幅的规定,经验不足所致,而后面两次仍是如此,并且是在分期交稿、有机会及时调整的情况下进行的删节,就不能不让人想到库恩在潜意识里一直是抱着全译的态度来处理文本的,只是受制于篇幅和交稿期限,每次到了最后关头,不得不腰斩原文的后半部分,只能保证让文章在一个适宜做结局的地方终结,或以尾声的形式交代原文结局。库恩在自己的《水浒传》译本问世后,曾呼吁学术性强的全译本的诞生,[①]而他对《金瓶梅》始终有全译或修订的打算,[②]——"如果这部作品物有所值,我们可以考虑对日后的版本做某种程度的补充"[③]。但因为战争、与岛屿出版社的合作关系终止等原因,库恩的愿望没有实现,只能在战后转而全译了《金瓶梅》的续集《隔帘花影》。

在微观层面,库恩面对原语的语言表述及文化现象,主要采取了满足译入语读者期待视野的归化策略,选择符合读者阅读口味和文化心理的表述,但也不放过任何向读者介绍中国文化特色的机会,通过细节引起读者的注意,启发他们思考。此时,译者主观能动性发挥的程度与水平由译者本人的双语语言素养和对中国文化的了解来决定。

文学翻译是在不同语言和文化间进行信息接受、理解、转换与表达的过程,译者要想看懂并理解原文,必须具备良好的外语能力和对原语文化的必要了解。而信息的输出过程又要求译者兼具用译入语进行文学创作的能力。

库恩的中文语言能力在翻译过程中逐步提高。他在岛屿出版社翻译第一部译作《好逑传》时有中国人从旁协助,赞助人在给库恩写信商讨翻译报酬时明确提到

① Kuhn, Franz: „Rezension über All Men Are Brothers von Pearl Sydenstricker Buck.". in: *Sinica* 11, 1936, S. 58—60, hier S. 60.

② 王金波:《弗朗茨·库恩及其〈红楼梦〉德文译本——文学文本变译的个案研究》,博士论文,上海外国语大学,2006年,第132页。

③ Brief von Franz Kuhn an Anton Kippenberg am 19. 12. 1929, in: Goethe- und Schiller-Archiv, Insel Verlag, Schriftwechsel, Kuhn, Franz, 1928—1929 (Signatur: 50/145—146). s. auch: Kuhn, Hatto: *Dr. Franz Kuhn (1884—1961). Lebensbeschreibung und Bibliographie seiner Werke*. Unter Mitarbeit von Martin Gimm. Wiesbaden: Franz Steiner Verlag, 1980, S. 20 (nur ein Teil davon).

了这一未留下名字的中国助手的存在，[1]而之后基本是库恩自己翻译。从初期“每两个字就会遇到不认识的字，要查阅厚重的字典，(翻译时)几乎要睡着”[2]，到翻译《水浒传》时认为自己的语言知识足以胜任独立的翻译工作，甚至主动提出每个月可以提供比合同要求更多的手稿，[3]库恩识记和掌握汉字的能力有了长足的进步。阅读中文书籍，感受汉语从形体到表述上带来的“一个完全陌生的思想境界”[4]，已经成为库恩生活中不可缺少的一部分。

据库恩的侄子哈托·库恩在其传记中介绍，基彭贝格初见库恩时曾提出了这样的问题：“您会汉语，那您也会德语吗？”(So，Sie können Chinesisch. -Können Sie auch Deutsch？)[5]。档案的记载也证实，赞助人对首次合作的库恩的德语能力并不敢完全放心，为了保证语言的流畅和优美，专门请知名诗人对译稿中的诗歌进行了润色。[6] 这说明，当时的出版商对译者的母语水平提出了很高的要求。

作为一名文学翻译家，译者不仅要准确地传递出原文的含义，更要纯熟地运用母语中的文学用语，为译文增色。而库恩的作品之所以在德语国家，乃至整个欧洲都有很大影响，与其出色的双语能力，特别是出众的德语能力是分不开的。例如以语体暗示人物身份，将《红楼梦》中元、迎、探、惜四姐妹名字中的“春”翻译为高雅的诗歌专用语“Lenz”；[7]前文列举过的，在保留原文口语化风格及褒贬义的前提下，套用德语中的现有词汇来翻译“拙荆”“拼命三郎”及部分俗语。由此可知，库恩可以根据不同情境，在德语中寻找符合原文语境的词汇，在日常口语与书面文字之间轻松转换，在内容上做出适当的增删、更改而不影响阅读，甚至有时比原文更加简

---

① Brief von Anton Kippenberg an Franz Kuhn am 18. 12. 1925，in：Goethe- und Schiller-Archiv，Insel Verlag，Schriftwechsel，Kuhn，Franz，1925－1927 (Signatur：50/ 142－144).

② Kuhn，Hatto：*Dr. Franz Kuhn (1884－1961)*. *Lebensbeschreibung und Bibliographieseiner Werke*. Unter Mitarbeit von Martin Gimm. Wiesbaden：Franz Steiner Verlag，1980，S. 15.

③ Brief von Franz Kuhn an Anton Kippenberg am 16. 03. 1933，in：Goethe- und Schiller-Archiv，Insel Verlag，Schriftwechsel，Kuhn，Franz，1933 (Signatur：50/ 150).

④ Kuhn，Hatto：*Dr. Franz Kuhn (1884－1961)*. *Lebensbeschreibung und Bibliographieseiner Werke*. Unter Mitarbeit von Martin Gimm. Wiesbaden：Franz Steiner Verlag，1980，S. 15

⑤ Kuhn，Hatto：*Dr. Franz Kuhn (1884 － 1961)*. *Lebensbeschreibung und Bibliographie seiner Werke*. Unter Mitarbeit von Martin Gimm. Wiesbaden：Franz Steiner Verlag，1980，S. 17.

⑥ Sarkowski，Heinz / Jeske，Wolfgang：*Der Insel Verlag 1899 － 1999*. Frankfurt a. M. und Leipzig：Insel Verlag，1999，S. 261.

⑦ Kuhn，Franz：*Der Traum der roten Kammer*. Leipzig：Insel Verlag，1948，S. 34.

洁流畅。正如德国当代翻译家、汉学家高立希(Ulrich Kautz)所言,翻译家很少有语言大师(Sprachmeister),而库恩就是其中之一。[①]

综上所述,编译是特定环境下面对特殊读者的权宜之计,在德国民众普遍需要了解中国,却又缺乏相应的背景知识,不适合全面、直接引入中国文学作品时,库恩只能顾及读者的实际情况,以读者需求为导向进行节译;[②]同时,根据自己的翻译理念与语言能力发挥主观能动性,对原文进行创造性的改编,这在某种程度上相当于二次创作,做好必要的铺垫和普及工作,使读者循序渐进地了解中国文学作品及文化内涵;待时机成熟后,再在编译本的基础上推出语文学意义上的全译本。

第二节　《水浒传》库恩译本的反响

翻译亦是文化交流的一种,评价翻译译文及翻译活动亦不能脱离文化交流与接受的视角。1941年9月24日,胡适在芝加哥大学50周年庆典会上做了题为"中西思想交流"("The Exchange of Ideas betweens the Occident and the Orient")的演讲,提出了文化交流的三大原则,其中大众的接受原则是文化交流得以完成的核心因素。[③] 由此可见,在分析译文的影响时,大众的接受程度是不容忽视的。库恩通过翻译中国古典小说,吸引广大读者阅读,引导读者从译文中了解中国文化。他的译本对德语国家读者产生的影响可以说在某种程度上反映了其对中德文化交流所作的贡献。同时,库恩忠实于原文的精神,有意对译文的形式、内容、文化现象做了贴近译文读者的改造,在保证文字通俗、阅读流畅的前提下,初步介绍了中国的文化现象,既符合赞助机制的要求,又遵循自己的翻译原则。这种创造性劳动在读者的反馈中也有所体现。本节将以《水浒传》为主的库恩译文受众按职业与对中国

---

① Kautz, Ulrich: „Dert denn der das? "-Franz Kuhn, Bahnbrecher der chinesischen Literatur in Deutschland, im Widerstreit der Meinung. in: Kohlmauer, Rainer/ Pöckl, Wolfgang (Hrsg.): *Literarisches und mediales Übersetzen. Aufsätze zu Theorie und Praxis einer gelehrten Kunst*. Peter Lang, 2004, S. 136.

② Motsch, Monika: „Lin Shu und Franz Kuhn-zwei frühe Übersetzer. " in: *Hefte für Ostasiatische Literatur* 5, 1986, S. 76—87, hier S. 84.

③ Hu Shi: *The Exchange of Ideas betweens the Occident and the Orient*, 周至平、韩荣芳整理:《胡适全集·英文著述四》第38卷,第291—320页。转引自翼爱莲、郭炳通:《胡适海外汉学观研究》,《安徽史学》2010年第3期,第95页。

的了解程度划分为三类人群，以德语报纸、期刊、专著、网络中搜集到的对《水浒传》译文的评论为主要材料，结合笔者与部分德国汉学家的联系邮件，梳理德语国家不同年代、不同群体的读者对《水浒传》库恩译文的反馈情况，试图了解译者的翻译意图与翻译策略对译文接受的影响。[①]

一、专业汉学家的肯定

在20世纪上半叶的德国，汉学研究的主流是对中国历史、哲学、宗教等领域的研究，亦有学者从事文学研究和文学史（实际上是文献史）的撰写，但文学翻译从来都不是热门话题。甚至到了50年代，东德部分老派汉学家尚以从事新文学翻译为耻（更多是出于对现代汉语的排斥）。[②] 不过这并不代表汉学家们完全不关注中国文学作品翻译成德语的情况，有些学者即使自己不从事中国文学的德语翻译工作，也有可能为译者和出版社充当顾问，提供专业意见或协助寻找与中国相关的文献、材料等。前文第六章第一节提到的汉学家叶乃度就是其中之一。

叶乃度在阅读库恩的《水浒传》译文后发表评论，对这一翻译成果予以肯定。他首先结合库恩之前翻译的《金瓶梅》和《红楼梦》，指出库恩的翻译选材时间跨度大，涉及中国社会的各个阶层，“并非单纯具有历史价值，同时描绘了一个很大程度上在今天仍然生机勃勃的中国”[③]；然后从文学角度称赞《水浒传》的选材更贴近生活，读来感到身临其境；宋江也很容易让读者联想到西方强盗小说对主人公的常见设定——“高尚的强盗”。最后叶乃度还结合自己的研究专长，肯定了《水浒传》对于民俗学和文化学的文献价值，认为“凡是对东亚文化感兴趣的人，都不该错过这部小说”[④]。

叶乃度主要从事宗教、历史与民俗研究，长篇小说研究并不是他的专长。前文第二章第二节曾提过，他早在1922年出版过一本正文只有82页的《中国文学》

---

① 本节部分内容见于张欣：《〈水浒传〉库恩译本的翻译策略及其文化传播价值》，《云南师范大学学报（对外汉语教学与研究版）》2014年第1期，第10－14页，有较大改动。

② 〔德〕尹虹：《对民主德国中国文学翻译的回顾》，李雪涛译，载〔德〕马汉茂等主编：《德国汉学——历史、发展、人物与视角》，大象出版社2005年版，第605－626页，此处引自第607页。

③ Erkes, Eduard, in: *Artibus Asiae* 5, 1935, S. 91/ 2.

④ Erkes, Eduard, in: *Artibus Asiae* 5, 1935, S. 91/ 2, hier S. 92.

(*Chinesische Literature*)[①],在谈到元代之后长篇小说的发展时,只列举了历史小说的代表——《三国演义》和世情小说的代表《金瓶梅》《红楼梦》,[②]并没有提到《水浒传》,说明当时的他还没有意识到《水浒传》的文学价值。

叶乃度和库恩一样,很推崇胡适,他在《中国文学》中有两处提到胡适,一次是将胡适列为"现代哲学的代表者,他第一个写了概括这个民族整个精神演变的中国哲学史"[③],另一次指出了他是"新旧诗体过渡中的无韵白话诗的代表"[④],关注点都不在小说上,自然也没有发现胡适对《水浒传》研究的贡献,乃至他对库恩的影响。而库恩翻译《水浒传》时,叶乃度却参与了翻译活动——担任基彭贝格的临时顾问。基彭贝格曾写信请教过他《水浒传》的版本问题,叶乃度应该也是从这时开始关注库恩的《水浒传》翻译的。

库恩希望达到的翻译目的在叶乃度的评论中也有所体现。库恩在初读《水浒传》时就发现了它与《金瓶梅》在时间、人物与情节上的天然联系,同时认为《水浒传》"吹来了乡间野外的新鲜空气"[⑤],取材于民间,流传在民间。翻译了前5章后,库恩更认识到它客观反映了宋代真实的民间生活,希望将"他们奇特的风俗习惯、他们的活动和行为,以及有趣的地理背景"[⑥]都翻译出来。作为读者的叶乃度也看到了自《金瓶梅》起三部小说的时间跨度,以及对中国古代现实生活的展示。库恩在选题时强调了《水浒传》真实的历史、地理背景及传奇的冒险经历,并通过强化这些信息,按读者对强盗小说的审美要求,突出冒险经历,大幅删节无关紧要的情节,加快叙事节奏,以求带给读者身临其境的感觉,这一点也得到了叶乃度的肯定。译者除了发现了《水浒传》的文学价值外,还把它当作一部有学术价值的百科全书来

---

① Erkes,Eduard:*Chinesische Literatur*. Ferdinand Hirt in Breslau,1922.

② Erkes,Eduard:*Chinesische Literatur*. Ferdinand Hirt in Breslau,1922,S. 72.

③ Erkes,Eduard:*Chinesische Literatur*. Ferdinand Hirt in Breslau,1922,S. 80. 转引自范劲:《二十世纪二三十年代德国汉学对胡适的接受》,《文艺理论研究》2006年第5期,第93—107页,此处引自第94页。

④ Erkes,Eduard:*Chinesische Literatur*. Ferdinand Hirt in Breslau,1922. S. 81. 转引自范劲:《二十世纪二三十年代德国汉学对胡适的接受》,《文艺理论研究》2006年第5期,第93—107页,此处引自第94页。

⑤ Kuhn,Franz:„Nachwort",in:*Die Räuber vom Liang Schan Moor*. Leipzig:Insel Verlag,1975,S. 862.

⑥ Brief von Franz Kuhn an Anton Kippenberg am 13 01. 1933, in: Goethe- und Schiller-Archiv, Insel Verlag,Schriftwechsel,Kuhn,Franz,1933 (Signatur:50/ 150).

看待，希望书中详细的习俗、生活、军事场景等描写能对专业人士有所帮助。[①] 作为民俗与宗教研究专家的叶乃度恰好也提到了《水浒传》的文献参考价值，可见，译者的意图在一定程度上通过翻译策略得以实现，读者的阅读感受与译者希望达到的效果比较接近。

专业的汉学家除了作为读者关注译本带给他们的感受外，还会从专业角度思考译者的翻译策略。1984 年，当时的波鸿大学汉学系学生伊莱娜·达姆(Irene Damm)在其硕士论文《翻译批评的模式：以〈水浒传〉为例》[②]中曾将库恩的《水浒传》译文誉为“对欧洲读者产生最大影响的《水浒传》译本”[③]，但也因为库恩删节的部分过多，只翻译了原文的三分之一，[④]而没有把它列为译本间比较对照的研究对象。

德国汉学家、翻译家屈汉斯(Hans Kühner)早年也读过库恩的《水浒传》译本，给他感触最深的就是这个译本归化的翻译风格。他在给笔者的邮件中写道：“库恩的翻译风格是有争议的，但却是以一种非常成功、几近天才的形式；(这一风格)非常贴近目标群体，即德语读者，因此在当时也很成功。当然他通过这种翻译方式营造出了一个具有异域特色的空间，这对原文并不公平。但是我个人把以译入语读者为中心的导向视为一个非常重要的方面。”[⑤]

另一位汉学家余蓓荷(Monika Übelhör)在近半个世纪前也曾看过库恩的《水浒传》。她指出当时只是把《水浒传》看作一部侦探小说(Krimi)，后来继续研究库

---

① Kuhn, Franz: „Rezension über All Men Are Brothers von Pearl Sydenstricker Buck.“. in: *Sinica* 11, 1936, S. 58—60, hier S. 60.

② Damm, Irene: *Modell einer Übersetzungskritik am Beispiel des klassischen chinesischen Romans "Am Ufer des Flusses"* (*Shuihu zhuan*). Bochum: Brockmeyer, 1984.

③ Damm, Irene: *Modell einer Übersetzungskritik am Beispiel des klassischen chinesischen Romans "Am Ufer des Flusses"* (*Shuihu zhuan*). Bochum: Brockmeyer, 1984, S. 2.

④ Damm, Irene: *Modell einer Übersetzungskritik am Beispiel des klassischen chinesischen Romans "Am Ufer des Flusses"* (*Shuihu zhuan*). Bochum: Brockmeyer, 1984, S. 2.

⑤ 德语原文为“Die Kuhn'sche Art zu übersetzen ist umstritten, aber in ihrer Art brillant, fast genial; sehr orinetiert am Zielpublikum, den deutschen Lesern, und deshalb damals auch erfolgreich. Natürlich schafft er durch die Art seiner Übersetzung einen exotischen Raum, und wird damit dem original nicht gerecht, aber ich halte die Orientierung am Zielpublikum für einen wichtigen Aspekt.”

恩的翻译时，才发现他经常概述大意或改写，都是为了迁就广大的译入语读者的习惯。[①] 由于年代久远，余蓓荷已经不记得小说中的细节，只能回忆起小说带给她的阅读感受。侦探小说虽然与《水浒传》的内容实质相去甚远，但它所具有的引人入胜、扣人心弦的紧张刺激感却是与库恩对《水浒传》的第一印象相吻合的。库恩大幅删节无关情节，压缩对白，简化人物关系，也是想保留并深化原文的特质，使之更符合德国读者的阅读口味。从这一点来说，库恩按供读者消遣娱乐的需要改造原文的用意已经实现了。

由于库恩《水浒传》译本没有被转译成英语，所以英语世界的汉学家关于这个译本的评论比较少见。笔者只在常鹏的博士论文中找到了汉学家理查德·格雷格·欧文(Richard Gregg Irwin)的简短评论：虽然过于自由，但很成功。[②]

二、德国作家的评价

库恩的译文还影响到了本身不懂汉语，但对中国感兴趣的作家。德国作家、诺贝尔文学奖获得者赫尔曼·黑塞非常喜爱中国文化，并阅读了大量关于中国的书籍，他的书房里辟有与中国相关的图书专区，用于收藏关于中国宗教、文学、哲学等领域的译本。这些藏书主要有两大来源，除了大部分为卫礼贤翻译的中国宗教、哲学著作外，也有不少库恩翻译的中国古典小说。黑塞深受卫礼贤偏向于学术型翻译策略的中国思想典籍译著的影响，但这并不妨碍他成为大众文学的传播人——库恩的忠实读者，每次阅读完库恩的译文后还发表书评予以肯定。同时，岛屿出版

---

① 德语原文为“Was ich vor mehr als einem halben Jahrhundert(!) bei der Lektüre der „Räuber“ empfand, weiß ich heute nicht mehr. Ich denke, ich habe das Buch wie einen Krimi gelesen. Aus meiner späteren Beschäftigung mit Fr. Kuhns Übersetzungen weiß ich, dass er häufig raffend oder paraphrasierend übersetzte, wohl um den von ihm angenommenen Lesegewohnheiten des hiesigen Lesepublikums entgegen zu kommen.”

② Irwin, Richard Gregg: *The Evolution of a Chinese Novel: Shui-hu-chuan*. (Harvard-Yenching Institute Studies X.) Cambridge, Mass.: Harvard University, 1953, p. 95. s. auch in: Chang, Peng: *Modernisierung und Europäisierung der klassischen chinesischen Prosadichtung. Untersuchungen zum Übersetzungswerk von Franz Kuhn (1884—1961)*. Frankfurt am Main: Lang, 1991, S. 4.

社也会定期给黑塞寄去新近出版的图书，邀请他撰写书评。[①] 据笔者目前掌握的材料，黑塞至少发表过四篇针对库恩译作的书评，分别是1926年对《好逑传》、1931年对《金瓶梅》、1932年对《红楼梦》和1935年对《水浒传》的评论。

1935年，黑塞在《新评论》(*Die neue Rundschau*)期刊上发表《新书摘要》一文，这是一篇针对新出版的多部新书发表的系列书评，其中专门提到了库恩的《水浒传》译本。黑塞认为，这个译本是艺术与形式巧妙结合的例子，"阅读这个发生在13世纪、人物众多的冒险故事，就像在观赏一幅哥白林织锦或是古老的东方画作。对我而言，历史内容尽管也很有趣，但并不是最重要的。重要的是像漫步在一座充满冒险和发现，布局精巧的超现实花园中。与我们幼稚的自然主义相反，这部小说反映的是镜子影像中的现实。故事情节隐藏在一个神秘的屏幕后、一个魔镜后展开，一切都围绕着古典的人生智慧和宗教礼仪交织进行。孔夫子和菩萨端坐在情节的云端上。"[②]黑塞的评论体现了读者的个人倾向，他并非历史爱好者，所以对《水浒传》中的历史背景并不感兴趣。在他看来，贯穿《水浒传》的主线是以儒家思想为基础的封建伦理和宗教情怀，这也是库恩通过代表封建等级的礼俗、体现主人公间的兄弟情谊的称谓、宗教场景描写营造出的译本氛围。接着，黑塞从文学的角度出发，将《水浒传》与强调客观、机械地描摹现实的自然主义(Naturalismus)文学作对比，肯定了《水浒传》在史料上所做的艺术加工。他认为，这样的处理增强了文学性与神秘感，也满足了对中国传统哲学和宗教感兴趣的读者的阅读期待。

黑塞于1926年发表了关于《好逑传》库恩译本的书评，他从一个西方读者的角度出发，对小说的主旨和译本的翻译风格作了如下评价：

> 这个在一个崇尚最高德行的时代所写的故事对于我们这些生活在一个道德沦丧、分崩离析的时代的人而言，无比奇异，也非常发人深省。对

---

① Brief von Anton Kippenberg an Hermann Hesse am 29. 09. 1926, in: Goethe- und Schiller-Archiv, Insel Verlag, Schriftwechsel, Hesse, Hermann, 1920 — 1932 (Signatur: 50/ 137 — 149), Brief von Anton Kippenberg an Hermann Hesse am 06. 11. 1934, in: Goethe- und Schiller-Archiv, Insel Verlag, Schriftwechsel, Hesse, Hermann, 1933—1934 (Signatur: 50/ 150—151). usw. 基彭贝格在《好逑传》出版前曾主动寄样稿给黑塞，询问他的意见，之后黑塞一直关注库恩的译作，还曾主动索要过《金瓶梅》译本。

② Hesse, Hermann: „Notizen zu neuen Büchern". in: *Die neue Rundschau*. 46 (1935), 1. 325—336. hier S. 331—332.

我们西方读者来说，重要的不在故事的离奇和其中的浪漫氛围，而是其伦理道德和仪式框架，对祖先的崇敬、对权威的敬重。小说的笔法优雅绮丽，中国古代家庭生活、爱情生活在书中显现无遗，读来亲切喜人。①

1932 年，《红楼梦》译本出版后，他发表书评，称赞该书“不仅是德国的第一个译本，而且是欧洲的第一个最完整的译本”，“阅读这部长篇巨著，是莫大的享受，而且受益匪浅”。黑塞认为，“译者以其巨大的劳动立下了功绩。他的转述很优美，语言虽然不能说是充满诗意，但统一而流畅。也许有些小问题可以讨论，但总的来说，阅读它是一大享受。”②

很明显，黑塞意识到了卫礼贤和库恩在翻译选题及策略上的不同倾向，因此对阅读目的与期待视野作了相应调整。如果说卫礼贤的译著让黑塞从思想和理论层面了解中国，库恩的小说则是通过文学作品中的社会现实给予他直观的感受。黑塞抱着以消遣娱乐为主、学习思考为辅的目的来阅读库恩的小说，他从自己同为作家的身份出发，更多地是从文学创作技巧上对译作做出评价。受到小说题材的影响，他对文中的民俗学和儒家伦理观念颇感兴趣，更期待获得美学享受。库恩的小说译作虽没有像卫礼贤的译著那样在思想上深刻地影响着黑塞这样的社会精英，但为无法直接接触中国的他们提供了印证自己对中国的想象和阅读卫礼贤译著时建立起的对中国的认知的机会，也让他们领略了儒家典籍之外的俗文化与江湖文化。

三、普通读者的反馈

库恩的译作也对普通读者产生了影响。截至 2013 年，《水浒传》译文在岛屿出版社出版 8 次，在其他出版社经授权出版 2 次，还出现了专供青少年阅读的版本和由德国插图画家配图的英德对照插图本，每次至少发行几千册，也有欧洲其他语种

① 〔德〕赫尔曼·黑塞：《〈冰心和中玉〉或〈圆满的选婿故事〉》，收于〔德〕赫尔曼·黑塞著，〔德〕孚克·米谢尔斯编选：《黑塞之中国》，谢莹莹译，人民文学出版社 2011 年版，第 145 页。黑塞原文发表于 1926 年 11 月 28 日的《法兰克福报》。

② Hesse, Hermann: „Rezension über Franz Kuhn“, in: *Neue Zürcher Zeitung*, Nr. 2348, 14, 12, 1932.

的转译本问世。[①] 此外，据统计，《水浒传》库恩译本自问世至1980年，德国普通读者在各类报纸、期刊上共发表相关书评53篇。[②] 在距首版已有近80年的今天，仍有热心读者在西方较有影响的亚马逊书店网页上发表书评，多数为赞扬、肯定意见。[③]

在20世纪上半叶的德国，对很多读者而言，阅读库恩的译文就意味着与古老的中国及其传统文化进行第一次接触。这些读者中也不乏在看过库恩的译文后，对中国语言文化产生了浓厚兴趣，进而走上专业研究道路的人。德国汉学家傅海波（Herbert Franke，1914—2011）就是其中之一。他在给库恩侄子哈托·库恩（Hatto Kuhn）所撰的库恩传记作序时提到，自己走上汉学道路是受了库恩的影响。傅海波在中学期间第一次读到了库恩的译作，并由此产生了学习汉语，独立阅读原文，并了解中国文化的意愿。1934年，他还帮助库恩借到了科隆东亚艺术博物馆收藏的插图本《水浒传》，这是库恩所依据的四个原文版本之一，译本中的插图也大多出自这个版本。后来傅海波与库恩一直保持书信联系，还曾有过几次会面。[④]

以亚马逊网页的书评为例，在网上就《水浒传》译文发表书评的大多为对中国文化感兴趣，但缺乏深入了解的普通读者，这很符合库恩对读者群的设定。他们的意见最能直接体现库恩译文的影响。读者的正面评论主要集中在以下几个方面：高度评价了译文的可读性，肯定了《水浒传》中体现的反抗精神的现实意义，认为译文有助于读者了解中国古代社会和文化等。一位署名为“Wushu”的奥地利读者的评论比较具有代表性，他因为喜欢中国功夫而关注《水浒传》，在他看来，“尽管语言有时显得过时而古怪，但读起来非常流畅……读者有如身临其境，又能对中国文

① Kuhn，Hatto：*Dr. Franz Kuhn（1884－1961）. Lebensbeschreibung und Bibliographie seiner Werke*. Unter Mitarbeit von Martin Gimm. Wiesbaden：Franz Steiner Verlag，1980，S. 59－61. 译本出版及转译情况详见附录3及附录4.

② Kuhn，Hatto：*Dr. Franz Kuhn（1884－1961）. Lebensbeschreibung und Bibliographie seiner Werke*. Unter Mitarbeit von Martin Gimm. Wiesbaden：Franz Steiner Verlag，1980，S. 62－65 und S. 125.

③ „12 Rezensionen zu Die Räuber vom Liang Schan Moor“. in：http://www.amazon.de/R%C3%A4uber-Liang-Schan-insel-taschenbuch/dp/3458318917/ref=cm_cr_pr_pb_t. zuletzt eingesehen am 11. 04. 2014.

④ Franke，Herbert：„Geleitwort“，in：Kuhn，Hatto：*Dr. Franz Kuhn（1884－1961）. Lebensbeschreibung und Bibliographie seiner Werke*. Unter Mitarbeit von Martin Gimm. Wiesbaden：Franz Steiner Verlag，1980，S. 3.

化，特别是荣誉与声望，有初步的了解。书中有些情节很残暴、直接，并非所有人物都像铁牛（李逵）一样正直，但对我而言很真实可信。这部小说对于对中国文化和历史感兴趣的人来讲很值得一读。我肯定会再次阅读这本850多页的书的”[①]。由此可知，库恩一直坚持迎合译入语读者的口味，保证译文的流畅性，也确实给读者带来了一定的阅读享受。

当然，网络上也不乏对库恩《水浒传》译本的批评之声，特别是对译者删节过多，没有全译表示不满。在库恩的编译本问世后，德语世界和英语世界相继有全译本诞生。全球化时代的读者获得信息的方式更为便捷，很多人不满足于只阅读一个译本，而是会比较不同语言的多个译本，寻找异同，在此基础上发表意见。有一名懂汉语的读者在认真比对原文、德语译文及英语译文以后，认为库恩的译文根本不能称之为“翻译”，而是一部完全自由的、大幅删减的改编，有库恩自己独特的风格。他对库恩删除对下文有重要预示意义的楔子，还有武松的人物形象整体消失非常不满，也注意到了库恩过分照顾译者的阅读感受，但凡可能引起阅读障碍的地方，都一一去除，词汇表达也以归化为主，鲜少忠实地保留原文语言形式。他建议读者去阅读沙博理等人的英译本，以便了解完整的故事情节。[②] 有读者在他的建议下转而去寻找沙博理译本，才惊讶地发现原来库恩省略了很多内容。[③] 言外之意，如果没有人提醒，读者可能并未感觉到情节上有明显的缺失或脱节。

不难发现，批评库恩的人往往以全译为标准，将原文神圣化，把译文是否忠实地再现原文视为鉴别译本优劣的重要依据。如果没有逐字逐句翻译原文，保留原文的形式和全部内容，即被视为不合格的翻译。他们并没有考虑译本产生的社会文化背景、赞助机制等文本外部的因素对译者的制约，更没有看到译者本人的翻译理念在文本中的投射，以及译者为方便读者阅读而付出的努力。上文中的热心读

① Wushu:„Spannendes Buch über die Geschichte im alten China“. http://www.amazon.de/product-reviews/3458318917/ref=cm_cr_pr_top_link_1?ie=UTF8&showViewpoints=0&sortBy=bySubmissionDateDescending. zuletzt eingesehen am 11.04.2014.

② Helmut Barro:„Abenteuer im alten China“. http://www.amazon.de/product-reviews/3458318917/ref=cm_cr_pr_top_link_1?ie=UTF8&showViewpoints=0&sortBy=bySubmissionDateDescending. zuletzt eingesehen am 11.04.2014.

③ Helfried Kammerhuber:“Kommentar zu Helmut Barro“. http://www.amazon.de/product-reviews/3458318917/ref=cm_cr_pr_top_link_1?ie=UTF8&showViewpoints=0&sortBy=bySubmissionDateDescending. zuletzt eingesehen am 11.04.2014.

者批评库恩的翻译过于“自由”，与之相对的观念就是“忠实”。其实以全译和忠实为鉴别标准的翻译评价体系也是一定历史条件下，特定意识形态和诗学观念相结合的产物，并非放之四海而皆准的绝对真理。正如勒菲弗尔所言，它“只不过是多种翻译策略中的一种……把它提升为唯一可能，甚至是唯一允许实施的翻译策略，是不切实际的，也是毫无意义的”①。库恩的翻译策略是特定历史条件下，由赞助人通过意识形态与诗学观念操纵，再经译者与个人意愿相结合的混合产物。库恩虽确实对原文从形式、内容到具体的文化现象都做了删节和更改，但并非抛弃原文，任意处置译本，而是遵循着一定原则，根据语境灵活处理，“在逐字翻译、艺术转述和自由加工间变换”②，对于译文读者可能感兴趣的内容，或者译者认为非常重要的情节，译者仍然会坚持逐字逐句地全译。正因为库恩并未僵化地遵循唯一标准，而是根据实际情况作出合理选择和调整，他的译本才会在特定时期获得成功，得到读者的认可。

① Lefevere, André, *Translation, Rewriting and the Manipulation of Literary Fame*, Shanghai: Shanghai Foreign Language Education Press, 2004, p. 51.

② Kuhn, Franz: „Nachwort", in: *Die Räuber vom Liang Schan Moor*. Leipzig: Insel Verlag, 1975, S. 858..

第七章　结语

在20世纪上半叶的德国，库恩作为自由译者，以通过中国文学向德语国家普通读者传播中国文化，促进两国间的相互了解为己任，终生坚持中国文学作品的德译工作。库恩以灵活的翻译策略将大量中国文学文本及蕴含在文本中的文化因素以独特的方式传递给德语读者，为中德文化交流作出了巨大贡献。而与库恩译本在民间广受好评截然不同的是，长期以来，库恩由于其译文并不是传统意义上忠实于原文的逐字全译，而在翻译学界饱受争议，尽管近年来部分翻译学家、译者纷纷呼吁重新认识库恩及其译作的价值，[①]但他所付出的努力和取得的成就仍很难得到公正的评价和理性的研究。他的代表作之一，《水浒传》的德语译本——《梁山泊的强盗》(*Die Räuber vom Liang Schan Moor*, 1934)在德语国家反响良好，翻译策略亦有代表性，可惜也并未引起学术界的足够重视。鉴于此，笔者以《水浒传》库恩译本为典型个案，在文化翻译学派相关理论的指导下，研究该译本的翻译、在德语国家的传播与接收的全过程，希望解决库恩翻译研究及其《水浒传》译本中的一些基本问题，为发现、肯定库恩编译本对中国文学德译、中国文化海外传播的意义提

① Kubin, Wolfgang: *Die Stimme des Schattens. Kunst und Handwerk des Übersetzens*. München: Edition global, 2001, S. 101－102. s. auch Kautz, Ulrich: „, Derf denn der das? ' – Franz Kuhn, Bahnbrecher der chinesischen Literatur in Deutschland, im Widerstreit der Meinung ". In: Kohlmayer, Rainer/ Pöckl, Wolfgang (Hrsg.): *Literarisches und mediales Übersetzen. Aufsätze zu Theorie und Praxis einer gelehrten Kunst*. Frankfurt am Main: Peter Lang, 2004, S. 133－145.

供视角。下面笔者就本书的主要结论、不足之处及今后的研究设想等内容进行总结和梳理。

第一节 本书的主要结论

一、库恩的翻译策略概述

在将中国小说转化为欧洲文字时，译者始终面临“美人不忠，忠人不美”的两难境地：语文学意义上的逐字翻译很难引起普通读者的阅读兴趣，而符合读者审美观念的题材仅是原文的概述，丧失了原文本来的表现力。而库恩灵活的翻译策略较好地解决了这一问题。库恩本人是翻译实践家，并非理论家，他关于自己翻译观念和翻译策略的概述文字非常有限，但笔者通过对其译后记、书评等文字及翻译文本进行解读发现，库恩已经形成了自己的翻译观，也有一套相对成熟的应对接受环境的翻译策略。

译者在对原文做加工处理时，所依据的是二大参照体系，首先是原语与译入语的语言特征、文学传统，原文与译文的文化环境；然后是《水浒传》本身与之前自己翻译的其他作品间的比较；最后，参考当下翻译《水浒传》的实践与之前自己翻译其他作品，或前人翻译《水浒传》时的经验。

库恩在翻译中国小说时，始终在整体上采取编译策略，即放弃逐字逐句的对等全译，对原文进行大幅度删节，同时根据一定需要，对原文的语句和情节做出改动和调整，有时甚至会补充一些原文并没有出现过的细节；而对于具体的微观现象，没有墨守成规，而是在贴近译入语读者的归化和保留原文特色的异化之间综合考虑、自由转换，灵活地根据语境采用不同的表述翻译同一类，甚至同一个文化现象。

从对《水浒传》的文本操作来看，译者综合考虑原文与译文、《水浒传》与已翻译过的其他作品、自己与前人的翻译实践，制定了相应的翻译策略，有继承和延续，也有突破和创新，无论是宏观还是微观层面，都呈现出“稳中求变”的特点。

在宏观层面，库恩延续了一贯的整体翻译策略——编译，但在细节处理上则放弃了以往形式上的异化倾向，将原文的章回体形式比照西方小说的模式进行改造，以适应译文读者的阅读习惯，如舍弃回目对偶文字的形式，根据内容拟定小标题；

去除西方叙事文学中不存在的说书艺人全能视角；根据自己对书中人物形象的定位翻译书名；在保留原文本身具有的、易于德语国家读者接受的线型结构的基础上，通过分卷分章深化原文暗含的逻辑层次，通过情节的整合与删节，突出冒险经历主线，坚持译文流畅易懂的特点；结合强盗小说中的主人公在西方读者头脑中的固有印象，深化、改造人物形象等。

在微观层面，库恩仍然综合选用归化和异化两种倾向，未将二者绝对对立，但明显以贴近译入语读者的归化策略为主，来展现原语的修辞手段和文化现象；保留原本的中国文化色彩的机会相应减少，只是在不会产生理解障碍的前提下，选择性通过直译引入浅显的意象，或通过选用合适的词汇给读者暗示。整体上，融入了自己的创造性劳动。

在这种翻译策略的影响下，《水浒传》原本的面貌发生了巨大改变，原文的篇幅明显缩短，伴随着量变的还有质的改变：由一部产生于中国民间的章回体小说变为了从形式到内容都在向西方文学传统靠拢的近代意义上的小说，仅通过一些不影响阅读的细节透露中国文化元素，便于读者感受异国情调，其他均与一部德国民间故事无异，实现了"去脉络化"与"再脉络化"的转换。

二、影响库恩翻译策略的因素

翻译并非在真空中进行，库恩的翻译活动受到社会文化环境、赞助机制通过意识形态和诗学观念的约束及译者主体性的共同影响。

库恩翻译《水浒传》时，德国社会关注中国，民众渴望了解中国，这种需要成为库恩翻译中国小说、介绍中国文化的动力。而当时在德国文坛占统治地位的是批判现实主义，它对文学创作的要求对处于次要地位的翻译活动产生了深远的影响，翻译家只得仿照这一模式，对所翻译的外国文学作品进行删节与简化。同时，库恩的读者群希望了解中国，又对中国文化缺乏必要的背景知识，赞助商从经济利益角度考虑，严格规定了翻译的时间和篇幅，利用话语权，在意识形态和文学观念上直接操纵翻译的宏观层面；译者个人也对翻译有自己独特的理解，将客观限制内化为主观能动性，做了大量译前调研与文本改动工作，在选题和翻译过程中体现出译者主体的创造性和受动性。这些都决定了库恩在宏观上采用编译，在微观上采用以归化为主、辅之以异化的翻译策略。

总之，库恩坚持编译的原则，对《水浒传》原文从形式、内容到文化现象上既有保留，也进行了相应改动。他所做的保留并非完全照搬原文形式、逐字全译，改动也不是抛弃原文，完全按个人意志处理的大肆删节，而是有自己的原则。库恩所有改编都是将社会环境要求、译文读者需求、赞助人限制内化为译者主体行为的表现。

三、《水浒传》库恩译本的接受

《水浒传》库恩译本自产生以来，对德语国家读者了解中国古代社会、政治、军事、文化等内容都作出了一定贡献，库恩借译本反映出的对《水浒传》的理解及该译本的影响在表现文学史和文学辞典的相关词条都有体现，该译本直到今天仍有相当规模的读者群。从不同身份的读者在不同时期的反馈来看，《水浒传》库恩译本无论在可读性与文学性方面，还是在传播中国文化、塑造中国文学在德国乃至欧洲的地位方面都是成功的。通过改动原文，译者希望施加给读者的翻译目的大多得以实现，很多读者通过阅读《水浒传》，对中国社会与文化产生了浓厚兴趣，进而阅读了其他中国小说译本，意图通过各种渠道进一步了解中国；也有人受其影响，走上了专业的汉学研究道路。

四、库恩翻译活动的启示

近年来，随着我国综合国力的增强和国际地位的提升，世界范围内对汉语和中国文化的需求与认同也在逐渐升温。为顺应这一形势，国家大力推进对外汉语教学与典籍外译事业，弘扬中华文化，推动中华文化走出去，争取汉语乃至中华文化的国际话语权，进而提升国家“软实力”。就典籍外译而言，当前正是开展这项工作的极好时机。而在20世纪上半叶的德国，在中德两国的政治、经济、文化势力均不对等的情况下，库恩及其赞助方岛屿出版社投入相当的精力，策划出版了“中国小说”系列，长期而系统地将中国古典文学直接由中文翻译成德语，引入以德语国家为主的西方世界，并获得了巨大成功，这在中国典籍外译史上都是极其罕见的。总结他们翻译合作模式中的经验教训，可以为中国典籍外译提供必要启示，使外译活动更有针对性。

首先是选题方面的启发。以《水浒传》为例，库恩选择翻译《水浒传》，既是根据它在原语环境中的传播，肯定了原文的文学价值，也是发现了它作为客观反映历史与民间生活的文献的价值，结合译文读者的期待视野，选取他们感兴趣的民间故事，借文学翻译进行俗文化的初步介绍与普及工作。如果仅以原文在原语世界中的重要性作为选题标准，而忽略译文读者的阅读兴趣，就会出现事倍功半的情况。所以我们在做典籍外译选题时，必须充分考虑到译文读者的阅读兴趣，避免以我们的主观臆断来判断方向。另外，中国古籍的翻译必然会涉及版本问题，译者必须具备一定的版本学知识及鉴别意识，而不是随意选择一个版本就着手翻译。当时库恩有多个版本的《水浒传》可供参照，他对版本的选择也是慎之又慎的。为了顾及赞助人对篇幅的要求，库恩以七十回本为翻译的主要内容；因这个版本的结局不是文学意义上的结局，不符合译文读者的阅读习惯，选择将一百二十回本的结局以概述的形式呈现给读者；库恩还专门找到带木版画的版本，引入插图，并配上相应的文字说明，让读者在阅读文字的同时得到艺术享受。库恩对于版本的选择是译者综合文学审美、学术价值与美学享受的结果，他选择版本时还参考过胡适等中国学者的研究成果，他的选择标准及与原语国家学者进行交流的意识对现在的汉译外工作都具有重要的借鉴意义。

其次是翻译策略选择的启示。翻译并非在真空中进行的简单的语言转换，而是译者在具体的社会环境中，通过带有创造性的改写所做的语言与文化层面上的双重转化。译者对翻译策略的选择既体现了个人的翻译观念与美学倾向，也受到客观条件的种种限制。在库恩所处的时代，中德文学与文化交流的渠道与范围有限，翻译策略必然会以译文所处的社会环境与读者需求为导向，为适应大众读者的阅读习惯，只能舍弃全译，采取编译。在读者普遍缺乏对原语文化背景的必要了解时，只能以归化为主，异化为辅。在信息日益过剩、生活节奏加快的当今社会，读者的阅读方式也发生了一定的变化，篇幅较长的全译本并不一定是唯一正确的选择，而编译本在某种程度上对于普及文学作品具有更大的优势。此外，库恩从未将归化与异化截然分开，而是根据不同的语境与接受环境灵活选用。我们在典籍外译时，也不必将归化与异化绝对对立，过分拘泥于其中一方，而要视具体情况，该归化时归化，该异化时异化，既要设身处地为译文读者设想，又要坚持一定的文化自信，无须妄自菲薄。

第二节　今后的研究方向

库恩一生的译著量非常庞大，另有不计其数的评论、研究类文章以及档案材料，有许多可供研究的原始资料和一手文献，这也为我们提供了广阔的研究前景。关于库恩及其《水浒传》译本研究，本书所论述的只是一些基本问题，库恩《水浒传》译本研究刚刚起步，尚有许多值得深入挖掘的领域，在原始资料的搜集、整理与分析，研究方法与角度等方面也有待扩展和创新。笔者认为，结合本书的研究思路与不足之处，可以从以下几个方面做进一步的探索与研究：

1. 译者库恩翻译思想研究：库恩尽管不是专业的翻译学家，但他在长期的翻译实践中逐步形成了自己的翻译观念、翻译策略与方法，在进行文学翻译之余，将自己对翻译的看法零散地呈现在译后记、评论文章、日记、通信集中。这些材料亟待搜集、整理与系统分析，进而结合库恩翻译生涯的不同阶段，围绕库恩翻译思想的形成、发展与成熟，翻译经验的总结、调整与反馈展开研究。

2. 库恩不同译作间的对比研究：目前对库恩译作的分析大多是个案研究，缺少若干个译本间的对比分析，以宏观全景式研究为内容的专著也只有常鹏的《中国古典小说的现代化与欧化：弗朗茨·库恩译作研究》一部而已。除《隔帘花影》外，库恩绝大多数情况下都在用编译的手法翻译中国小说，不同译作，特别是临近时期同体裁译作的翻译策略互有联系，如本书初步涉及、但未展开论述的《金瓶梅》《红楼梦》《水浒传》，三者之间原本在题材和风格上既有共性，又有区别，《金瓶梅》与《水浒传》在内容上有明显的承继关系，三者在翻译策略上也有共通之处，《金瓶梅》的翻译模式还直接影响了《水浒传》与《红楼梦》，因此可以将三个译本视为一个系统，以《金瓶梅》的翻译模式为主导，全面、深入地比较它们之间在宏观上增删变通，在微观上对同类或同一个文化现象进行处理的异同。

3.《水浒传》不同译作间的对比研究：本书中已经出现对比库恩与赛珍珠译本的初步意识，但有待进一步深化。同样，也可以变换角度，对比同种语言、不同形态的译本，如库恩的编译本与赫茨菲尔德的全译本，研究不同翻译理念指导下译本呈现的不同面貌，以及对具体内容的把握与翻译等。

4. 赞助人机制对库恩翻译影响的深入研究：在库恩与岛屿出版社合作阶段，

赞助人代表基彭贝格对库恩的翻译观念、策略的形成施加了重要影响，这是研究库恩个人及这一时期的译本无法回避的问题。本书对这一影响过程的论述主要依据的是《水浒传》翻译时期，即二人合作后期的档案，虽然之前的档案材料也有所涉及，但多从细节着眼，没有建立整体观念。因此有必要系统梳理1926—1935年间基彭贝格与库恩间的通信集，结合关于基彭贝格个人出版与学术生涯的研究成果，了解赞助人的个人翻译观、出版经营理念等，从整体上把握赞助人与译者之间的互动关系。

5. 更为系统的《水浒传》在德国的翻译、接受研究：限于篇幅，笔者仅能就掌握的材料对《水浒传》在德国的翻译、接受情况按时间分期做简要的评述；其中，接受情况是之前的学者鲜少涉及的，笔者只选取了文学史和文学辞典两类体裁作为代表，还有部分搜集到的研究性文章、博士论文尚未使用。笔者希望借对史料的梳理，抛砖引玉，期待后来学者进一步补充、完善。

附 录

附录1 译本与原著相应回目与内容对照表

德译本章节	原著相应回目	内容翻译处理方法
第1卷 第1章	第一、二回	1. 删除楔子 2. 从第二回史进入渭州起至金老收拾行李全译 3. 第一回史进、王进、高俅之事在史进与鲁达谈话时概述
第1卷 第2章	第二回	1. 从第二回“次早”至“一溜烟走了”全译(鲁提辖拳打镇关西) 2. 删除追究
第1卷 第3章	第二、三回	从第二回“且说鲁达自离了渭州”至第三回“自此无人敢说”全译(做和尚)
第1卷 第4章	第三回	1. 从第三回“鲁智深在五台山寺中不觉搅了四五个月”至第四回“果然是个莽和尚”全译(大闹五台山) 2. 删除“九里山前作战场,牧童拾得旧刀枪。顺风吹动乌江水,好似虞姬别霸王。”
第1卷 第5章	第五、六回	1. 删除第四回鲁智深闹桃花村一事、第五回一部分 2. 从第五回“只说智深自往东京”至第六回“众人看了,一齐喝采”全译
第2卷 第6章	第六回	从第六回“智深正使得活泛”至“自此,每日与智深上街吃酒,把这件事都放慢了”全译

续表

德译本章节	原著相应回目	内容翻译处理方法
第 2 卷 第 7 章	第六回	从第六回“且说高衙内”至回末全译
第 2 卷 第 8 章	第七、八回	1. 删除第七回开头至“只得准了” 2. 从“就此日”至“张教头同邻居取路回家,不在话下”简译 3. 删除董超、薛霸之事 4. 自第七回“第二日天明起来”至第八回“方才得知是实”全译
第 2 卷 第 9 章	第八回	1. 从第八回“三人当下离了松林”至“回东京去,不在话下”选译 2. 删除棒打洪教头
第 2 卷 第 10 章	第八、九回	从第八回“只说林冲送到牢城营内来”至第九回“林冲也自心下慢了”全译
第 2 卷 第 11 章	第九回	从第九回“到第六日”至回末全译
第 2 卷 第 12 章	第十回	从第十回回首至“回庄上去了”全译
第 2 卷 第 13 章	第十回	1. 从第十回“且说林冲与柴大官人别后”至“那几个小喽啰自把船摇到小港里去了”全译 2. 概括诗歌大意
第 2 卷 第 14 章	第十、十一回	从第十回“林冲看岸上时”至第十一回“愿通姓名”全译 2 删除第十回回末诗
第 2 卷 第 15 章	第十一、二回	1. 从第十一回“那汉道”至“不在话下”全译 2. 概括杨志卖刀杀牛二(第十一回末)、比武(第十二回大半)之事
第 3 卷 第 16 章	第十二、十五回	1. 从第十二回“适逢端午”至“自此不在话下”全译 2. 从第十五回“却说北京大名府”至“取大路往东京进发”提前翻译
第 3 卷 第 17 章	第十二、三回	从第十二回“却说山东济州”至第十三回“当时晁盖提了灯笼,自出房来”全译
第 3 卷 第 18 章	第十三回	从第十三回“只见窗子外射入天光”至“立住了脚”全译

续表

德译本章节	原著相应回目	内容翻译处理方法
第3卷 第19章	第十三、四回	1. 从第十三回“看那人时”至第十四回“明日晌午可到那里”全译 2. 删除第十三回回末诗
第3卷 第20章	第十四回	从第十四回“至三更时分”至“明日起个五更，一齐都到晁天王庄上”全译
第3卷 第21章	第十四、五回	从第十四回“次早起来”至第十五回“至期不可有误”全译
第3卷 第22章	第十五回	从第十五回“五七日后”至“赶入松林里来喝一声道”全译
第3卷 第23章	第十五、六回	1. 从第十五回“你这厮好大胆”至第十六回“一直下冈子去了”全译 2. 删除第十五回回末诗
第3卷 第24章	第十六回	从第十六回“那十四个人”至“自回家去了”全译
第3卷 第25章	第十六、七回	1. 从第十六回“却说那押生辰纲老都管并这几个厢禁军”至“作眼拿人”全译 2. 简化何涛、何清之事
第4卷 第26章	第十七回	1. 从第十七回“一同何观察”至“飞也似望县里来了”全译 2. 简化宋江走后众兄弟的对话
第4卷 第27章	第十七、八回	1. 从第十七回“再说宋江飞马去到下处”至第十八回“一齐奔石碣村来”全译 2. 删除第十七回回末诗
第4卷 第28章	第十八回	从第十八回“且说晁盖、公孙胜，自从把火烧了庄院”至“回济州去了”全译
第4卷 第29章	第十八回	1. 从第十八回“且说晁盖、公孙胜和阮家三弟兄”至回末全译 2. 删除回末诗
第4卷 第30章	第十九回	从第十九回回首至“准备抵敌官军”全译

续表

德译本章节	原著相应回目	内容翻译处理方法
第 4 卷 第 31 章	第十九回	1. 从第十九回“忽一日”至“吴用当下调拨众头领，分派去办，不在话下”全译 2. 简化晁盖与吴用间关于宋江、白胜的对话
第 4 卷 第 32 章	第十九回	从第十九回“却说济州府太守”至“宋江只推事故不上门去”全译
第 4 卷 第 33 章	第十九回	1. 第十九回“忽一日将晚”至回末全译 2. 删除回末诗
第 4 卷 第 34 章	第二十回	从第二十回回首至“奔回阎婆家里来”全译
第 4 卷 第 35 章	第二十回	1. 从第二十回“且说这婆惜听得宋江出门去了”至回末全译 2. 删除回末诗
第 4 卷 第 36 章	第二十一回	1. 从第二十一回回首至“尽数保放宁家”全译 2. 简译审案、搜庄之事 3. 删除解释宋江家有地窖的文字
第 4 卷 第 37 章	第三十一回	1. 删除第二十二至三十一回宋江告别武松前的文字 2. 将宋江对武松口述逃难过程改为间接描写 3. 从第三十一回“且说宋江……转身投东”至“每日好酒好食管待，不在话下”全译
第 4 卷 第 38 章	第三十一回	从第三十一回“时当腊月初旬”至回末全译
第 4 卷 第 39 章	第三十二回	1. 从第三十二回回首至“兄长错救了这等不贤的人”全译 2. 删除“宋江听了，便劝道”至“又备酒食筵席管待” 3. 从“宋江自到花容寨里”至“把做郓城虎张三解上州里去”全译
第 4 卷 第 40 章	第三十二回	从第三十二回“却说相陪宋江的体己人”至“宋江自连夜挨去”全译
第 4 卷 第 41 章	第三十二回	从第三十二回“再说刘知寨”至“明白休要枉害人性命”全译
第 4 卷 第 42 章	第三十二、三十三回	1. 从第三十二回“当时黄信与刘高都上了马”至第三十三回“不在促忙”全译 2. 删除第三十二回回末韵文及回末诗

续表

德译本章节	原著相应回目	内容翻译处理方法
第 4 卷 第 43 章	第三十三回	从第三十三回“且说都监黄信”至“便驱一行军马奔东南角上来”全译
第 4 卷 第 44 章	第三十三回	从第三十三回“看看天色晚了”至“次后陷马坑里活捉了秦明”全译
第 4 卷 第 45 章	第三十三回	从第三十三回“当下一行小喽啰”至“飞奔清风镇来”全译
第 4 卷 第 46 章	第三十三、三十四回	从第三十三回“却说黄信自到清风镇上”至第三十四回“因此无人敢来阻当”全译
第 4 卷 第 47 章	第三十四回	从第三十四回“且说宋江、花荣”至“寻个大客店歇了等候”全译
第 4 卷 第 48 章	第三十四回	1. 从第三十四回“次日辰牌时分”至“准备抵敌官军,不在话下”全译 2. 删除燕顺解释宋江未来的原因的内容 3. 简化排座次
第 4 卷 第 49 章	第三十四、三十五回	1. 从第三十四回“却说宋江自离了村店”至第三十五回“自回家中侍奉父亲宋太公,不在话下”全译 2. 删除第三十四回回末诗
第 4 卷 第 50 章	第三十五回	从第三十五回“只说宋江”至“众头领回上山去”全译
第 5 卷 第 51 章	第三十五回	从第三十五回“三个人在路约行了半夜之上”至“取路望江州来”全译
第 5 卷 第 52 章	第三十五、三十六回	1. 从第三十五回“三个人行了半日”至第三十六回“往林木深处小路上只顾走”全译 2. 删除第三十五回回末诗
第 5 卷 第 53 章	第三十六回	从第三十六回“走了一个更次”至“望着江里”全译
第 5 卷 第 54 章	第三十六回	从第三十六回“只见江里”至“各自回家,不在话下”全译
第 5 卷 第 55 章	第三十六、三十七回	从第三十六回“原来那江州知府”至第三十七回“因此人都称作神行太保戴宗”全译

续表

德译本章节	原著相应回目	内容翻译处理方法
第 5 卷 第 56 章	第三十七回	从第三十七回“当下戴院长”至“就观江景则个”全译
第 5 卷 第 57 章	第三十七回	从第三十七回“当时三人便望琵琶亭上来”至“我倒敬他真实不假”全译
第 5 卷 第 58 章	第三十七回	从第三十七回“却说李逵”至“张顺却自来了琵琶亭陪侍宋江”全译
第 5 卷 第 59 章	第三十七、三十八回	1. 从第三十七回“宋江谢道”至第三十八回“自在房里睡卧，不在话下”全译 2. 删除李逵伤玉莲之事
第 5 卷 第 60 章	第三十八回	从第三十八回“且说这江州对岸”至“分付酒保休要刮去了”全译
第 5 卷 第 61 章	第三十八回	从第三十八回“次日饭后”至“先来到牢城营里”全译
第 5 卷 第 62 章	第三十八回	从第三十八回“迳入抄事房”至“寸步不离”全译
第 5 卷 第 63 章	第三十八回	从第三十八回“次日起个五更”至“没两个时辰，早到城里”全译
第 5 卷 第 64 章	第三十八回	从第三十八回“寻问圣手书生肖让住处”至“登程去了”全译
第 5 卷 第 65 章	第三十八、三十九回	1. 从第三十八回“且说吴用”至第三十九回“连夜下山望江州来”全译 2. 删除第三十八回回末诗
第 5 卷 第 66 章	第三十九回	从第三十九回“且说戴宗扣着日期”至“自无为军去了”全译
第 5 卷 第 67 章	第三十九回	从第三十九回“次日蔡九知府升厅”至“也走了五七里路”全译
第 5 卷 第 68 章	第三十九回	从第三十九回“前面望见”至“这个唤做白龙庙小聚义”全译
第 5 卷 第 69 章	第四十回	1. 从第四十回“却值顺风”至“宋江分拨已定”全译 2. 删除江州兵攻打白龙庙之事

续表

德译本章节	原著相应回目	内容翻译处理方法
第 5 卷 第 70 章	第四十回	从第四十回“薛永、白胜”至“自投穆弘庄上来”全译
第 5 卷 第 71 章	第四十回	从第四十回“却说江州城里”至“与众头领做醒酒汤”全译
第 5 卷 第 72 章	第四十回	1. 从第四十回“众多好汉看割了黄文炳”至“自投梁山泊来”全译 2. 简译欧鹏等四兄弟归顺
第 6 卷 第 73 章	第四十、 四十一回	1. 从第四十回“且说四个守山寨的头领”至第四十一回“只顾走”全译 2. 删除第四十回回末诗 3. 简化宋江、晁盖推让首领之位一事
第 6 卷 第 74 章	第四十一回	第四十一回“少间风扫薄云”至“众人都望村口去了”全译
第 6 卷 第 75 章	第四十一回	第四十一回“只说宋江”至“容日专当拜还心愿”全译
第 7 卷 第 76 章	第四十一、 四十二回	1. 从第四十一回“第三日”至第四十二回“自投山路里去了”全译 2. 简化梁山泊大宴三天
第 7 卷 第 77 章	第四十二回	从第四十二回“比及赶到董店东时”至“寻路慢慢的走过岭来”全译
第 7 卷 第 78 章	第四十二回	从第四十二回“只见五七个猎户”至“被他走了”全译
第 7 卷 第 79 章	第四十二、 四十三回	从第四十二回“这沂水县是个小去处”至第四十三回“四筹好汉跟了车仗便行，于路无话”全译
第 8 卷 第 80 章	第四十三回	1. 从第四十三回“次日，四筹好汉”至“两个慌忙去了”全译 2. 删除介绍朱富等人的内容 3. 简化介绍邓飞等人的内容
第 8 卷 第 81 章	第四十三、 四十四回	从第四十三回“石秀起身迎住道”至第四十四回“收过不提”全译
第 8 卷 第 82 章	第四十四回	1. 从第四十四回“明早，果见道人”至“自和潘公、迎儿归家”全译 2. 删除潘巧云与和尚偷情的片段
第 8 卷 第 83 章	第四十四回	从第四十四回“却说这贼秃”至“由他自去了”全译

续表

德译本章节	原著相应回目	内容翻译处理方法
第 8 卷 第 84 章	第四十四、 四十五回	1. 从第四十四回"这石秀却只在近巷内"至第四十五回"投梁山泊去了"全译 2. 删除讥讽和尚的曲子和发现潘巧云尸首的情节
第 9 卷 第 85 章	第四十五回	从第四十五回"再说杨雄"至"押送祝家庄来"全译
第 9 卷 第 86 章	第四十五、 四十六回	从第四十五回"且说杨雄、石秀走到"至第四十六回"杜兴作别了，自回李家庄"全译
第 9 卷 第 87 章	第四十六回	从第四十六回"且说杨雄、石秀取路"至"晁盖自回山寨"全译
第 9 卷 第 88 章	第四十六回	从第四十六回"且说宋江"至"自去屋后草窝里睡了"全译
第 9 卷 第 89 章	第四十六、 四十七回	从第四十六回"却说宋江军马" 至第四十七回"同在村口驻劄"全译
第 9 卷 第 90 章	第四十七回	从第四十七回"却好天明"至"披挂上马"全译
第 9 卷 第 91 章	第四十七回	从第四十七回"且说宋江亲自"至"且战且走"全译
第 9 卷 第 92 章	第四十七回	从第四十七回"宋江自拍马"至回末全译
第 9 卷 第 93 章	第四十八回	从第四十八回回首至"透打关节"全译
第 9 卷 第 94 章	第四十八回	从第四十八回"却说解珍"至"不在话下"全译
第 9 卷 第 95 章	第四十八回	从第四十八回"且说顾大嫂"至"暗通消息解珍、解宝得知"全译
第 9 卷 第 96 章	第四十八回	从第四十八回"次日"至"随后一发便来"全译

续表

德译本章节	原著相应回目	内容翻译处理方法
第 9 卷 第 97 章	第四十八、四十九回	1. 从第四十八回“吴学究商议已了”至第四十九回“管待众人饮酒”全译 2. 简化众人介绍、相识的过程
第 9 卷 第 98 章	第四十九回	从第四十九回“过了一两日”至“撺将下来火焰里”全译
第 9 卷 第 99 章	第四十九回	从第四十九回“祝龙急回马”至 “连夜便回山寨”全译
第 9 卷 第 100 章	第四十九回	从第四十九回“话分两头”至回末全译
第 10 卷 第 101 章	第五十回	从第五十回回首至“山寨体统甚是齐整”全译
第 10 卷 第 102 章	第五十回	从第五十回“再说雷横”至“一哄尽散”全译
第 10 卷 第 103 章	第五十回	1. 从第五十回“原来这白秀英”至“要知具断教雷横偿命”全译 2. 简化审案过程
第 10 卷 第 104 章	第五十、五十一回	1. 从第五十回“因在牢内六十日”至第五十一回“三个临晚辞了柴大官人便行”全译 2. 简化会见过程
第 10 卷 第 105 章	第五十一回	1. 从第五十一回“只说李逵”至“自投梁山泊去了”全译 2. 删除衙内后事
第 10 卷 第 106 章	第五十一回	1. 从第五十一回“却说李逵”至回末全译 2. 删除柴进替李逵善后之事
第 10 卷 第 107 章	第五十二回	从第五十二回回首至“吃了便行”全译
第 10 卷 第 108 章	第五十二回	从第五十二回“话说休繁”至“便问一遭”全译
第 10 卷 第 109 章	第五十二回	从第五十二回“两个童子”至“又强似我的神行法”全译

续表

德译本章节	原著相应回目	内容翻译处理方法
第 10 卷 第 110 章	第五十二回	从第五十二回“真人唤道童”至回末全译
第 10 卷 第 111 章	第五十三回	从第五十三回回首至“杀个尽绝”全译
第 10 卷 第 112 章	第五十三回	1. 从第五十三回“次日”至“尽数装载上山”全译 2. 删除后事
第 10 卷 第 113 章	第五十三、 五十四回	从第五十三回“再说东昌”至第五十四回“杀奔梁山泊来”全译
第 10 卷 第 114 章	第五十四回	从第五十四回“却说梁山泊远探报马”至 “计议军情”全译
第 10 卷 第 115 章	第五十四回	从第五十四回“再说呼延灼”至“上山养病”全译
第 10 卷 第 116 章	第五十四回	从第五十四回“却说呼延灼大获全胜”至“且教做筵席庆贺”全译
第 10 卷 第 117 章	第五十四、 五十五回	从第五十四回“次日厅上”至第五十五回“自投梁山泊去了”全译
第 10 卷 第 118 章	第五十五回	从第五十五回“时迁却把”至“安排筵席作庆”全译
第 10 卷 第 119 章	第五十五、 五十六回	1. 从第五十五回“旬日之间”至“徐宁老小上山”全译 2. 从第五十六回“却说呼延灼”至“提防官兵”全译 3. 删除徐宁教使钩镰枪之事
第 10 卷 第 120 章	第五十六、 五十七回	1. 从第五十六回“却说呼延灼折了不少兵马”至第五十七回“次日轮流做筵席”全译 2. 简化各人物上山经历
尾声	第五十七至 一百二十回	转述、简化众人结局

附录 2 译后记(1934 年版)中文译文[①]

译后记

书名 我们这部小说的中文原名叫《水浒传》(*Schui hu tschuan*),字面意为“水边的故事”。这个书名从上下文中很好理解。故事主要发生在梁山泊岸边。

作者 本书的作者被归为施耐庵。对于施耐庵,我们只知道他生活在 13 世纪,祖籍河南洛阳,更进一步的内容只能通过他的序言来推测。据此推断,他可能是一名富裕的单身汉和私塾教师,生活在河流沿岸——古老的帝都洛阳(今河南府)位于洛水南岸——一座漂亮的农庄里,作为性情开朗的生活艺术家,过着交友和从事文学创作的生活。当他在序中强调,自己避免与朋友讨论一切关于政治的话题时,这种企图博得好感的说法恰好说明,这些谈话的确都与政治有关。他们对政治观点的间接表达很容易在用大量政治性的胡椒和盐调味过的历史小说——《水浒传》的艺术形式中找到。不同的合作者完成了主要现实素材的积累,再与稚嫩的传奇以及神秘占星术的书本知识等元素偶然融合。据推测,可能是 15 个合作编写者共同贡献了自己所有的知识,然后由施耐庵对大部分材料进行加工并最终定稿。

文本 近二百年以来,在中国广为人知的《水浒传》只有于 1642 年刊印的金圣叹七十回本。金圣叹还将其他三部作品收入他的作品集《四大奇书》中。这本集子的其他三部作品分别为:

1.《三国志》,由 Brewitt-Taylor 译成英文,上海,1925 年出版;

2.《西厢记》,由 Vincenz Hundhausen 译成德语,北京,1930 年出版;

3.《金瓶梅》,由弗朗茨·库恩译成德语,由位于莱比锡的岛屿出版社于 1930 年出版。

只有少数中国学者知道更古老的一百回和其他更长的版本的存在。1919—1929 年间,中国文学研究界使得这些古本重见天日。1933 年,北京的文学家、历史

① 德语原文参见 Kuhn, Franz: „Nachwort“, in: *Die Räuber vom Liang Schan Moor*. Leipzig: Insel Verlag, 1975, S. 855－862. 笔者自译。原文无脚注,该部分脚注均为笔者所加,文中注释以注明“译者注”的方式与原文内的个别注释相区分。

学家胡适出版了一百二十回的《水浒传》。胡适和文人鲁迅都是《水浒传》研究领域的知名权威。

关于金圣叹版与胡适版的区别，有以下几点需要注意：它们在内容上（直到结尾）直到胡适版第七十一回都是重叠的。金圣叹版以一个噩梦来结束，没有一个真正的小说的结尾，宋江和他的弟兄们结局如何这一问题完全没有交代清楚。胡适版没有那个噩梦，而是以四十九回的情节来连贯全文，直到真正意义上的小说结局。胡适版交代了封建统治者赦免梁山好汉的重要事实，点明了梁山好汉被召去抗辽，加官晋爵，并在最后讲述了宋江及其兄弟们的结局。此外，胡适版与其他版本的区别在于，在众多出现人物描写、情景描写和事件经过的地方，通过韵文和装饰性语句为简单的叙述打底，增强了故事的叙事性。

我采用的有四个原文版本：

1. 金圣叹的七十回本

(1)一个老的、已经被火略微烧焦的 1734 年（译者注：清雍正十二年）插图本，10 册。现藏于科隆东亚艺术博物馆。①

(2) 一个现代的插图本，上海广益书局出版，16 册。②

(3) 一个现代一册装插图本《水浒传》，上海商务印书馆出版。现藏于波恩大学。该校东方研究中心非常友好地将该版本提供给我使用，特在此致谢。③

2. 现代胡适版一百二十回两册装的《水浒传》，上海商务印书馆 1933 年出版。④

---

① 笔者于 2013 年 5—10 月在德国期间曾通过电子邮件和实地走访，兼向专门研究《水浒传》德国藏中文版本的魏汉茂教授请教，证实科隆东亚艺术博物馆藏本今已不存。据库恩提供的信息，查阅马蹄疾著《水浒书录》，于第 170—171 页可以找到类似内容，笔者推测该版本很有可能是金圣叹评《水浒传》雍正十二年芥子园藏版，书名为《施耐庵先生水浒传：绣像第五才子书》，木板夹共十五册，绣像廿二张。芥子园刊本另有一李贽评《水浒传》版本，一百回（但内容包括一百二十回），据佐藤炼太郎考证，其刊行时间为明末至康熙年间，与库恩所述完全不符。

② 据库恩提供的信息，查阅马蹄疾著《水浒书录》168 页，疑为《足本绘图第五才子书水浒传》，二函十六册，1912 年（民国元年）由上海广益书局出版发行。

③ 笔者在德国波恩大学访学期间曾在校图书馆、汉学系图书馆专门查找过图书卡片、电子目录和现存的购书、赠书登记册，均未找到这个版本的相关记录，也未在《水浒书录》及其他与《水浒传》版本有关的书中查找到与库恩所述完全相符的版本。最接近的版本是《绘图增像第五才子书水浒传》，明施耐庵撰、清金人瑞评译，上海文瑞楼印行石印本，一册。请教方家后怀疑库恩对出版社或出版年代的描述可能有误。

④ 该版本确定为 1932 年（库恩所注年代有误）上海商务印书馆出版的《一百二十回的水浒》。

插图 至少三幅插图出自科隆东亚艺术博物馆所藏的一个稀有版本。非常感谢博物馆对珍本的妥善保管，这一点可以从我们的德语版中看出来。在今天难以复制的、古老的木刻艺术，可以帮助欧洲读者从本质上理解遥远的历史事件，当然也会成为取悦中国艺术爱好者的一条途径。

第二幅插图出自版本(3)。

宋江(第 707 页)和他的两个智囊“入云龙”(公孙胜)和“智多星”(吴用)(第 763 页)的肖像画出自广益书局版。

方法 将中国古典小说翻译为欧洲文学，只有两种方法可供考虑：或是完整的、严格遵循语文学、供专业界使用的翻译；或是一种自由翻译，一种针对卖书和买书的大众，有生命力的新创作。我的任务是为德国读者将原文从在中国的民间故事转变为德式的民间故事，所以我的译本在逐字翻译、艺术转述和自由加工间变换。例如，我把原文中从很久之前的历史讲起的第一回整回用几句扼要的话放在我译文的第 1 章中。我把武松、潘金莲、西门庆三人的全部情节(胡适版第 23 回至 32 回)都删除了，因为我们已经从《金瓶梅》中了解了这段故事的主要情节。我在叙述开始冲破小说简单的形式，延伸发展为止式的战争史时停住了，读者在这里被一股新名字的洪流牢牢地抓住了，情节的发生地扩展到了全中国。我的尾声是对故事结束部分的自由加工。这个译本的卷和章的标题由我拟定并题写。这些题目是我从原著的精神中提炼出来的。我认为，我可以为所有我做的删节、引用和其他自由加工部分在学术与艺术方面负责。

历史方面 中国官修二十五史的一个重要部分称为列传，意为历史上重要人物的生平描述。如果我们从北宋朝(960—1126)的近百个列传中去找我们这部小说里的头领——宋江的原型，明显的记载空白很遗憾地显示出了当时官方历史记载的偏狭，他们认为不值得为反叛者和没有通过科举证明自己的普通百姓写传记，并以此来显示对他们的漠视。无论如何，人们都无法对这样一个重要的人物完全避而不谈。在与宋江有关的皇帝的两位统帅侯蒙和张叔夜的传记中(宋史卷三五一及三五三)可以找到一些有限、但非常重要的关于宋江的线索。根据这些记载，将领侯蒙于宋徽宗(1100—1126 年在位)宣和二年(公元 1120 年)上书言：“江以三十六人横行齐、魏(山东西北部、直隶南部、山西南部、河南北部)，官军数万无敢抗者，其才必过人。今青溪盗起，不若赦江，使讨方腊以自赎。”于是侯蒙被派去对抗宋江,死于中途。他的继任张叔夜贯彻赦免宋江及其同党的政策,将其招降。

这些记载得到了半官方、普及的文献《通鉴纲目》(农历辛丑年,对应我们的公元1121年)的证实。有研究性质的历史词汇表仁慈地同意给反贼宋江缓和的待遇,他没有受过正统的儒家教育,尽管所作所为应被处死,仍可被赦免。

《东都事略》(古老的帝都洛阳的历史,东都指洛阳)中记载了另一条关于宋江的令人惊讶的占领的简短记录。我们小说的主人公是一个历史人物,他的事迹不是虚构的,而是经由历史证明的。

在我们这部小说的胡适版中,我们会发现三个重要的数据:宋江在聚义厅正式受招安是在宣和四年(公元1122年)二月,奉旨征辽(赴对辽的最后一战)是在宣和五年(公元1123年)九月,宋江死于宣和六年(公元1124年)孟夏(五月)。

地点 这部小说的主要地点是在梁山泊。在现代汉语百科全书《辞源》的"梁山"词条中有如下描述:山名,在今山东,位于东平府、寿张县和郓州县之间。因曾为梁孝王(约公元六世纪)的游猎区而得名,方圆二十里(10公里)。宋代为宋江及其同党的聚集地。内有另一沼泽区梁山泊,今已干涸。

在"梁山泊"词条下还有如下记载:"梁山的沼泽地。在北宋时为起义首领宋江及其同党的坚固据点。位于梁山寿春县城(山东省)东南。本为野生沼泽林地,被汶水与济水环绕,并在此汇聚,将更多的土地变成沼泽。至宋代与另一条河巨野泽连成一片。三条河流域的沼泽地方圆数百里。随后,黄河向南改道。这片区域随时间流逝而干涸、堆积。"

上面提及的三座城在任何一张稍大的地图上都不难找到(北纬116°,东经36°)。在华东总参谋部地图上,这一城市三角内的区域被画上了阴影,标注为"湿地三角洲"。在中国海关大地图册上也标注有梁山。

历史和地理信息为《水浒传》的情节奠定了坚实的基础。

书报审查 可以想见,《水浒传》直接抨击在中国占统治地位的士族阶层和官僚的贪污腐败与管理混乱,必然会让这些人正视自己的良知,以至非常紧张。对于置身事外的欧洲观察者来讲,留意这部小说留给我们的隐含在中国戏曲场景背后的东西是很有价值的;然而从中国的立场出发,在某些情况下则意味着暴露尴尬和丢脸。统治阶层希望最好不要让外界获悉任何关于这类肯定的"佞臣——长官——黄马蜂刺(译者注:指黄文炳)"的信息。相应的是,从不缺少重复下达的禁令。18世纪末下达的圣旨要求对印书馆和书店进行严格的搜查，防止可能有“污秽”的《水浒传》流传：

“这些库存连同现有的木刻雕版一并焚毁。凡官员在执业范围内继续私自卖或刻此书者，罚俸半年。凡官员知道或同意继续传播此书者，官降二品并贬谪。如官员参与继续售卖此书，则罢官。如官员为个人需求而购书，则有罪，罚俸一年。”①

概述 《水浒传》《金瓶梅》和《红楼梦》是中国古典小说中三部伟大的著作。前两本描摹的主要是家庭和家族生活，而从《水浒传》里吹来了乡间野外的新鲜空气，送来了事件纷扰的雷声。在这里，我们终于遇到了我们意义中的男人和英雄。《金瓶梅》和《红楼梦》主要是文学上的艺术创造，而《水浒传》是朴实的民间文学，它产生于游吟诗人和说书艺人的口口相传，其后经过文人润色，保留了施耐庵后的几百年间的样子：一部中国民间话本。值得注意的是，第二十二回至第三十一回（武松—潘金莲—西门庆的情节）的全部内容在《金瓶梅》中有逐字对应的重复。《水浒传》可以理解为伟大的母亲河，后来，另一位天才从中写出了《金瓶梅》。

最后要称赞和感谢柏林汉学家、大学教授海尼士在《亚东》1932年第8卷(3)第572页上就《水浒传》的重要性提供线索，这引发了它的德译。

弗朗茨·库恩博士

① 中文原文出自康熙五十三年四月初四日乙亥谕礼部旨意：“凡坊肆市卖一应小说淫词，俱严查禁绝，将板与书，一并尽行销毁。如有违禁造作刻印者，系官革职；买书看者，系官罚俸一年。”转引自石昌渝：《清代小说禁毁述略》，《上海师范大学学报（哲学社会科学版）》2010年第1期，第65—75页，此处引自第67页。

附录 3 《水浒传》库恩译本出版情况一览表①

原版译本出版情况					
序号	出版地	出版社	出版时间	印数(册)	其他信息
1	莱比锡	岛屿出版社	1934	6000	839 页,附有木版画 60 幅,原作者序言 4 页,译后记 10 页,题有"献给我的兄长马克斯",亚麻布脊与皮革纸面装订
2	莱比锡	岛屿出版社	1957	9000 累计 15000	841 页,序言及译后记同首版,精装本
3	美茵河畔法兰克福	岛屿出版社	1964	3000 累计 18000	866 页,附有木版画 60 幅,序言及译后记同首版,皮革与亚麻布装订
4	美茵河畔法兰克福	岛屿出版社	1975	9000 累计 27000	岛屿袖珍本丛书 191 号,两册装,第 1 册 377 页,序言 5 页,插图 24 幅;第 2 册 490 页,译后记 10 页,插图 36 幅
5	美茵河畔法兰克福	岛屿出版社	1978	3000 累计 30000	同上
6	美茵河畔法兰克福	岛屿出版社	1989		861 页,岛屿袖珍本丛书 191 号
7	威斯巴登	岛屿出版社	2003		同上
8	威斯巴登	岛屿出版社	2008		同上

① 本表依据 Kuhn, Hatto: *Dr. Franz Kuhn (1884 — 1961). Lebensbeschreibung und Bibliographie seiner Werke*. Unter Mitarbeit von Martin Gimm. Wiesbaden: Franz Steiner Verlag, 1980, S. 61 — 67, Chang, Peng: *Modernisierung und Europäisierung der klassischen chinesischen Prosadichtung. Untersuchungen zum Übersetzungswerk von Franz Kuhn (1884 — 1961)*. Frankfurt am Main: Lang, 1991, S. 181—191 及网络资源整合而成。

续表

<table>
<tr><th colspan="6">授权出版情况</th></tr>
<tr><th>序号</th><th>出版地</th><th>出版社</th><th>出版时间</th><th>印数(册)</th><th>其他信息</th></tr>
<tr><td>1</td><td>杜塞尔多夫</td><td>德罗斯特出版社</td><td>1953</td><td>5000</td><td>同1934年首版,亚麻布装订</td></tr>
<tr><td>2</td><td>美茵河畔法兰克福、维也纳、苏黎世</td><td>古腾堡图书行会</td><td>1964</td><td>7000</td><td>同岛屿出版社1964年版,有皮革书套</td></tr>
<tr><th colspan="6">其他形态出版情况</th></tr>
<tr><th>序号</th><th>出版地</th><th>出版社</th><th>出版时间</th><th>印数(册)</th><th>其他信息</th></tr>
<tr><td>1</td><td>维也纳、海德堡</td><td>卡尔·于贝罗伊特出版社</td><td>1955</td><td>7500</td><td>青少年版,库恩与劳瓦尔特共同改编,附有威利·魏德曼(Willy Widmann)所绘插图30幅,序言4页</td></tr>
<tr><td>2</td><td>达姆施塔特</td><td>进步出版社</td><td>1960</td><td></td><td>英德节译插图本,88页,奥托·潘考克(Otto Pankok)改编,艾迪特·德索特(Edith De Sort)译为英语,附40幅双色木版画</td></tr>
<tr><th colspan="6">译文片段发表情况</th></tr>
<tr><th>序号</th><th>中文译名</th><th>发表报刊</th><th colspan="2">期数页码</th><th>其他内容</th></tr>
<tr><td>1</td><td>《黄泥岗的袭击》</td><td>《中国学刊》</td><td colspan="2">第8期,1933年,第145—157页</td><td>译文第23章,译自原文第十五回“杨志押送金银担 吴用智取生辰纲”内容</td></tr>
<tr><td>2</td><td>《断头沟事件》</td><td>同上</td><td colspan="2">第9期,1934年,第198—202页</td><td>译文第28章,译自原文第十八回</td></tr>
<tr><td>3</td><td>《宋江加入梁山起义军》</td><td>同上</td><td colspan="2">第9期,1934年,第32—45页</td><td>译文第60—68章节选,译自第三十八回“浔阳楼宋江吟反诗”及第三十九回“梁山泊好汉劫法场”</td></tr>
<tr><td>4</td><td>《神奇的偷盗》</td><td>《岛屿船》</td><td colspan="2">第15卷第4册,1934年,第235—244页</td><td>译文第117章,译自原文第五十四、五十五回时迁到开封盗取徐宁的祖传宝甲一事</td></tr>
<tr><td>5</td><td>《神行者、甲马与煎牛肉》</td><td>《法兰克州报》</td><td colspan="2">1954年2月24日</td><td>译文第107章,译自原文第五十二回戴宗用神行术捉弄李逵一事</td></tr>
</table>

附录 4 《水浒传》库恩译本转译情况一览表①

序号	转译文字	转译本标题	出版地及出版社	出版时间	印数(册)	其他信息
1	弗莱芒语(比利时地区的荷兰语方言)	De rovers van het Liang Schan Moor	安特卫普,De Boekengilde die Poorte 出版社	1935 年 6 月 1936 年 7 月	第 1 册:5000, 第 2 册:5000	A. Demaeckere 译,两册装,第 1 册 290 页,引言 2 页,原作者序言 5 页,10 幅木版画,皮革装订;第 2 册 230 页,皮革书套,1 幅木版画
2	荷兰语	同上	阿姆斯特丹,Wereld-bibliothek 出版社	1936	5150,加印 2175	同上
3	意大利语	I Briganti	都灵,Giulio Einaudi 出版社	1956	9000	译者 Clara Bovero,600 页,Martin Benedikter 所写序言 4 页,译后记 9 页,有木版画,皮革书套
			同上	1974	1808	第 2 版同首版
4	斯洛文尼亚语	Razbojniki iz Movirja Ljanšan	卢布尔雅那,Cankarjeva Založba 出版社	1960	4700	译者 Ivan Skuek,685 页,原作者序言 3 页,皮革封面

① 本表依据 Kuhn,Hatto:*Dr. Franz Kuhn (1884—1961). Lebensbeschreibung und Bibliographie seiner Werke*. Unter Mitarbeit von Martin Gimm. Wiesbaden:Franz Steiner Verlag,1980,S. 61—67,Chang,Peng:*Modernisierung und Europäisierung der klassischen chinesischen Prosadichtung. Untersuchungen zum Übersetzungswerk von Franz Kuhn(1884—1961)*. Frankfurt am Main:Lang,1991,S. 181—191整合而成。

附录5　部分档案文献书影

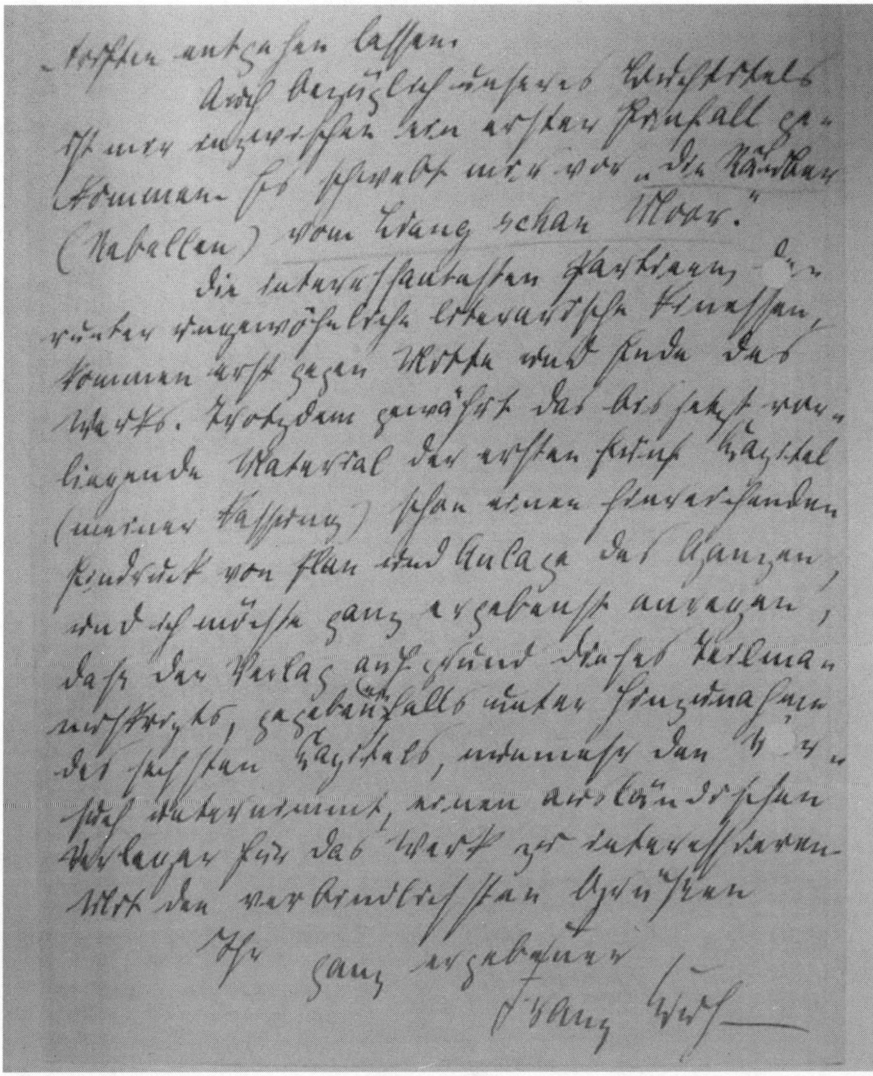

图1　库恩于1933年4月27日写给基彭贝格的信(共4页,此处为第4页),提出自己对《水浒传》标题翻译的建议(第四、五行画线部分)。该档案现藏于德国魏玛歌德与席勒档案馆。①

Kuhn, Franz: Brief an Anton Kippenberg am 27. IV, 1933, in: Goethe- und Schiller-Archiv, Insel Verlag, Schriftwechsel, Kuhn, Franz, 1933 (Signatur: 50/ 150).

---

① 因该档案馆禁止拍照,只提供复制服务,此处仅能提供复印件的照片。该档案馆只对档案袋进行统一编号,对每份档案并未作编号和排序。文中引用时将列出寄信人、收信人、日期和档案袋编号,予以区分。

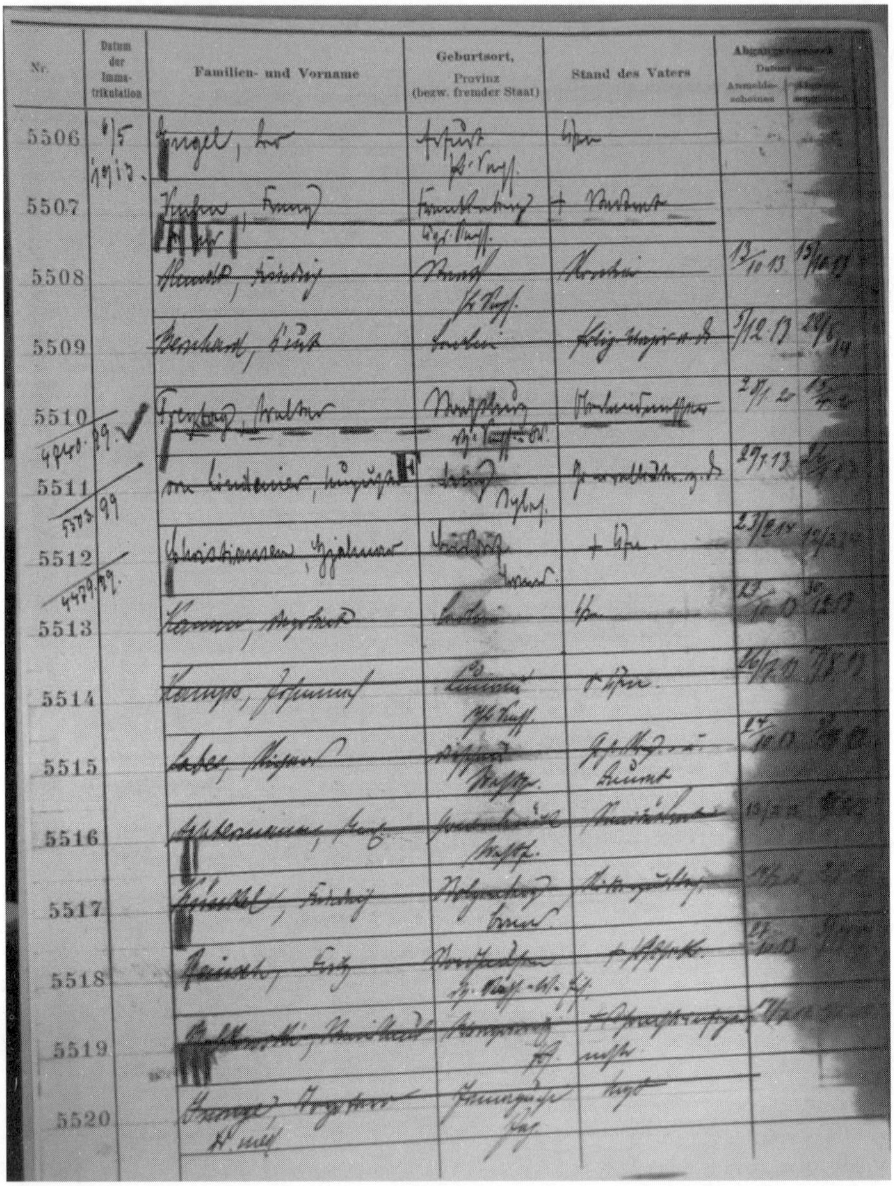

Nr.	Datum der Imma-trikulation	Familien- und Vorname	Geburtsort, Provinz (bezw. fremder Staat)	Stand des Vaters	Abgangsvermerk
5506	6/5 1913				
5507					
5508					
5509					
5510					
5511					
5512					
5513					
5514					
5515					
5516					
5517					
5518					
5519					
5520					

图 2　库恩于 1913 年进入柏林帝国大学汉学系就读时的学籍卡(部分,第二行,编号为 5507)。该档案现藏于德国柏林洪堡大学档案馆。[①]

HUB,UA,103. Rektorat,16.10.1912—13.10.1913,Franz Kuhn,Nr.5507.

① 因该档案馆禁止拍照,只提供复制服务,故此处仅能提供复印件的照片。

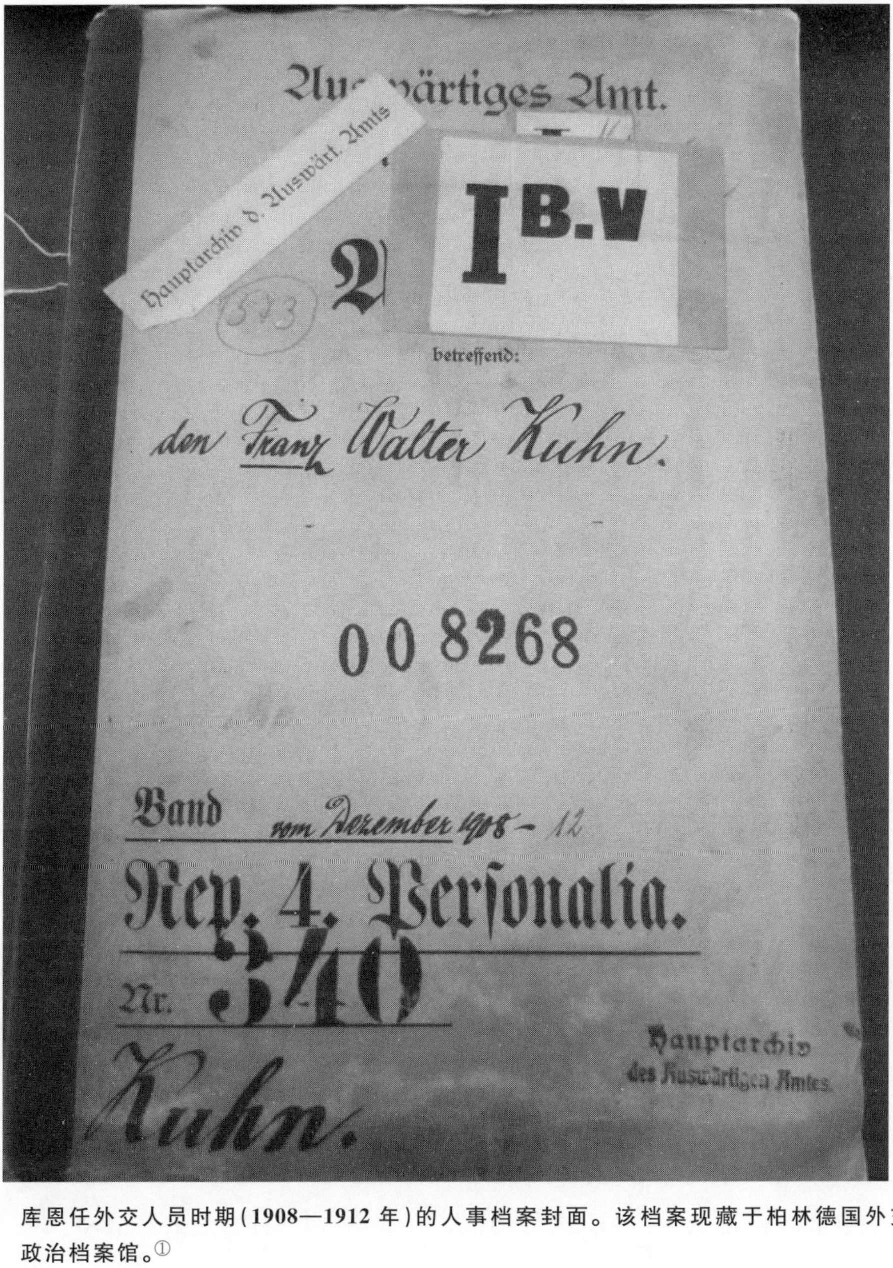

图 3 库恩任外交人员时期(1908—1912 年)的人事档案封面。该档案现藏于柏林德国外交部政治档案馆。①

PPA, Personalunterlagen zu dem Franz Walter Kuhn (Signatur: 8268).

① 该档案馆允许拍照,故此处提供的是原件的照片。

参考文献

原始档案

Goethe- und Schiller-Archiv, Insel Verlag, Schriftwechsel, Kuhn, Franz: 1925—1931 (Signatur:GSA 50/ 2005,1).

Goethe- und Schiller-Archiv, Insel Verlag, Schriftwechsel, Kuhn, Franz: 1932—1934 (Signatur:GSA 50/ 2005,2).

Goethe- und Schiller-Archiv, Insel Verlag, Schriftwechsel, Kuhn, Franz: 1935—1939 (Signatur:GSA 50/ 2005,3).

Goethe- und Schiller-Archiv, Schiller-Stiftung, Schriftwechsel, Kuhn, Franz (Signatur:134/ 139,12).

Goethe- und Schiller-Archiv, Insel Verlag, Schriftwechsel, Hesse, Hermann, 1920—1932 (Signatur:50/ 137—149).

Goethe- und Schiller-Archiv, Insel Verlag, Schriftwechsel, Hesse, Hermann, 1933—1934 (Signatur:50/ 150—151).

HUB, UA, 95. Rektorat, 17. 10. 1904—13. 10. 1905, Franz Kuhn, Nr. 59.

HUB, UA, 103. Rektorat, 16. 10. 1912—13. 10. 1913, Franz Kuhn, Nr. 5507.

HUB, UA, 108. Rektorat, 20. 09. 1917—23. 09. 1918, Franz Kuhn, Nr. 736.

HUB, UA, Abgangszeugnisse Nr. 1593, 21. 03. 1907—22. 03. 1907, Franz Kuhn, 21. 03. 1907 (Bl. 39).

PPA, Personalunterlagen zu dem Franz Walter Kuhn (Signatur 8268).

研究语料来源

Buck, Pearl S. (trans.): *All Men Are Brothers*. London: Methuen & Co Ltd, 1933.

Herzfeldt, Johanna (übers.) / Shi, Nai'an / Luo, Guanzhong: *Die Räuber vom Liangschan*. 2 Bände. Leipzig: Insel Verlag, 1968.

Kuhn, Franz: *Die Räuber vom Liang Schan Moor*. Leipzig: Insel Verlag, 1975.

Kuhn, Franz: *Der Traum der roten Kammer*. Leipzig: Insel Verlag, 1948.

Kuhn, Franz: *Kin Ping Meh*. Frankfurt am Main und Leipzig: Insel Verlag, 1977.

Kuhn, Franz / Rauwald, Ricarda (bearb.): *Die Räuber vom Liang Schan Moor*. Aus d. Chines., für die Jug. Wien und Heidelberg: Ueberreuter, 1955.

金圣叹评点，曹方人、周锡山标点：《金圣叹全集（一、二）——贯华堂第五才子书水浒传（上、下）》，江苏古籍出版社 1985 年版。

金圣叹评点，文子生校点：《第五才子书施耐庵水浒传》（上下册），中州古籍出版社 1985 年版。

施耐庵：《第五才子书施耐庵水浒传》（1—8 册），中华书局 1975 年版。

施耐庵著，陈曦钟、侯忠义、普玉川辑校：《水浒传会评本》（上下册），北京大学出版社 1981 年版。

施耐庵、金圣叹：《贯华堂原本金圣叹七十一回本水浒传》影印本，中华书局 1934 年版。

施耐庵集撰，罗贯中纂修：《一百二十回的水浒》（平装全三册），香港商务印书馆香港分馆 1969 年版。

施耐庵、罗贯中：《大中华文库·汉德对照·水浒传》（*Die Räuber vom Liangschan*），〔德〕Johanna Herzfeldt 译，岳麓书社 2010 年版。

德语文学史专著

Baumgartner, Alexander: *Geschichte der Weltliteratur*. Band 2: *Die Literaturen Indiens und Ostasiens*. Freiburg im Breslau: Herder, 1902.

Bodmer, Martin: *Eine Bibliothek der Weltliteratur*. Zürich: Atlantis Verlag, 1947.

Busse, Carl: *Geschichte der Weltliteratur*. Bielefeld und Leipzig: Verlag von Verhagen & Klarsing, 1910.

Debon, Günther: *Ostasiatische Literaturen*. Neues Handbuch der Literaturwissenschaft Bd. 23. Wiesbaden: Aula, 1984.

Eberhard, Wolfram: *Die Chinesische Novelle des 17. -19. Jahrhunderts. Eine soziologische Untersuchung*. Hrsg. mit Unterstützungdes China-Instituts, Bern. Ascona 〈Schweiz〉: Artibus Asiae, 1948.

Eberhard, Wolfram: *Geschichte Chinas von den Anfängen bis zur Gegenwart*. Stuttgart: Alferd Kröner Verlag, 1971.

Erkes, Eduard: *Chinesische Literatur*. Ferdinand Hirt in Breslau, 1922.

Feifel, Eugen: *Geschichte der chinesischen Literatur*. Mit Berücksichtigung ihres geistesgeschichtlichen Hintergrundes. Dargestellt nach Nagasawa Kikuya: Shina gakujutsu bungeishi. Hildesheim, Zürich und New York: George Olms Verlag, 1982.

Görsch, Horst: *China erzählt: Ein Einblick in die chinesische Literatur*. Berlin: Volk und Wissen Volkseigener Verlag, 1953.

Grube, Wilhelm: *Geschichte der chinesischen Literatur*. Leipzig: C. F. Amelangs Verlag, 1902.

Kaltenmark-Ghéquier, Odile: *Die chinesische Literatur*. Übersetzt von H. G. Penth. Hamburg: Hoeppner, 1960.

Laaths, Erwin: *Geschichte der Weltliteratur*. Bindlach: Gondrom Verlag, 1988.

Schmidt-Glintzer, Helwig: *Geschichte der chinesischen Literatur. Von den Anfängen bis zur Gegenwart*. München: Beck, 1999.

Schott, Wilhelm: *Entwurf einer beschreibung der chinesischen litteratur. Eine in der königl. Preuß. Akademie der wissenschaften am 7. februar 1850 gelesene abhandlung*. Berlin: Ferd. Dümmler's Verlagsbuchhandlung, 1854.

Spemann, Adolf: *Vergleichende Zeittafel der Weltliteratur. Vom Mittelalter bis zur Neuzeit (1150—1939)*. Stuttgart: Engelhorn Verlag Adolf Spemann, 1951.

Wiegler, Paul: *Geschichte der fremdsprachigen Weltliteratur*. 4. Auf., Berlin: Ullstein, 1926.

Wilhelm, Richard: *Die chinesische Literatur*. Wildpark-Potsdam: Akademische Verlagsgesellschaft Athenaion M. B. H., 1926.

Zetterholm, Tore/ Quennell, Peter: *Illustrierte Geschichte der Weltliteratur*. übersetzt von Richter, Werner unter Mitarbeit von Sumser, Silvia. Köln: Naumann & Göbel, 1991.

Zimmer, Thomas: *Der chinesische Roman der ausgehenden Kaiserzeit*. 2 Bände. Kubin, Wolfgang (Hrsg.): *Geschichte der chinesischen Literatur*. Band 2. München: K. G. Saur, 2002.

德语文学辞典及百科全书

Anz, Thomas (Hrsg.): *Handbuch Literaturwissenschaft*. 3 Bd. Stuttgart: Metzler, 2007.

Burdorf, Dieter / Fasbender, Christoph / Moennighoff, Burkhard (Hrsg.): *Metzler Lexikon Literatur*. 3. Auflage. Stuttgart: J. B. Metzler, 2007.

Der Brockhaus in zwei Bänden. völlig neu bearbeitete Auflage, 9000 Stichwörter, 5500 meist farbige Abbildungen. Wiesbaden: F. A. Brockhaus, 1977.

Der große Brockhaus. Wiesbaden: F. A. Brockhaus, 1984.

Eberhard, Wolfgram: *Lexikon chinesischen Symbole. Geheime Sinnbilder in Kunst und Literatur, Leben und Denken der Chinesen*. Köln: Diederichs, 1983.

Jens, Walter (Hrsg.): *Kindlers Neues Literatur-Lexikon*. 22 Bände. 1988—1998.

Kindlers Literatur Lexikon im dtv. 25 Bd. München: Deutscher Taschenbuch Verlag, 1974.

Klöpsch, Volker/ Motsch, Monika (Hrsg.): *Lexikon der chinesischen Literatur*. München: C. H. Beck, 2004.

Lexikonredaktion des Verlags (Hrsg.): *Der Brockhaus Literatur*. 3. Aufl.. Wiesbaden: Brockhaus, 2007.

Müller, Udo (Hrsg.): *Herder-Lexikon: Literatur 2 Biographisches Wörterbuch*. Freiburg: Herder, 1975.

Ostasiatische Literaturen/von einem Autorenkollektiv unter Leitung von Jürgen Berndt. Leipzig: VEB Bibliographisches Institut, 1985.

Pongs, Hermann (Hrsg.): *Das kleine Lexikon der Weltliteratur*. 2. erweiterte Aufl.. Stuttgart: Union Deutsche Verlagsgesellschaft, 1956.

Redaktion für Literatur des Bibliographischen Instituts (Hrsg.): *Meyers kleines Lexikon Literatur*. Mannheim: Meyers Lexikonverlag, 1986.

Ruckaberle, Axel (Hrsg.): *Metzler Lexikon Weltliteratur*. Stuttgart, Weimar: J. B. Metzler, 2006.

Steiner, Gerhard (Hrsg.): *Fremdsprachige Schriftsteller*. 4. durchgesehene Aufl.. BI Taschenlexikon. Leipzig: VEB Bibliographisches Institut, 1982.

Steiner, Gerhard (Hrsg.): *Lexikon der Weltliteratur*. Weimar: Volks-Verlag, 1963.

von See, Klaus (Hrsg.): *Neues Handbuch der Literaturwissenschaft*. Frankfurt am Main: Akademische Verlagsgesellschaft, 1972—2008.

von Wilpert, Gero (Hrsg.): *Lexikon der Weltliteratur*. Stuttgart: Alfred Kröner Verlag, 1975.

Weimar, Klaus: *Enzyklopädie der Literaturwissenschaft*. München: Francke, 1980.

Hönsch, Ulrike (Hrsg.): *Der große Brockhaus in einem Band*. Gütersloh: Brockhaus, 2011.

德语期刊、报纸、网络上关于水浒传的书评(部分)

Anonym, in: *Arbeiter-Zeitung*, Wien, 31. 5. 1964, Seite VI, 1 S.

Anonym: „Neue Bücher". in: *Zentralorgan der Gewerkschaft Öffentliche Dienste, Transport und Verkehr*, 1. 12. 1953, 1 S.

Erkes, Eduard, in: *Artibus Asiae* 5, 1935, S. 91/ 2.

Grimm, Tilemann: „Das Reich der Mitte – verträumt oder fanatisch. Neue China-Literatur in Ost und West". in: *Sonntagsblatt*, Hamburg vom 25. 4. 1954, 1 S.

Hartmann, W. G., in: *Die Bücherkommentare*, Freiburg, 15. 9. 1964, S. 9.

Hesse, Hermann: „Notizen zu neuen Büchern". In: *Die neue Rundschau 46*, 1935, 1, S. 325—336.

Hohoff, Curt: „Räuberroman", in: *Sonntagsblatt*, Hamburg, 27. 9. 1964, 1 S.

Holtz, Erich: „Die Räuber vom Liang Schan Moor". in: *Bücherei und Bildung*, Jg. 6, 1954, S. 550/ 1.

Anonym, in: *Die Barke*, Heft 3, Frankfurt: 1964, S. 26/7.

Sch., in: *Das kleine Volksblatt*, Nr. 47, Wien: 26. 2. 1955, S. 14.

Vietta, Egon, in: *Das Inselschiff*, Leipzig, 16. Jg., Heft 4 (1935), S. 252—253.

„12 Rezensionen zu Die Rauber vom Liang Schan Moor". in: http://www.amazon.de/R% C3% A4uber-Liang-Schan-insel-taschenbuch/dp/3458318917/ref=cm_cr_pr_pb_t. zuletzt eingesehen am 11. 04. 2014.

中西文专著与论文

1. 西文专著(英、德语为主)

Abrams, M. H.: *A Glossary of Literary Terms*. Seventh Edition. Boston: Heinle & Heinle, 1999.

Bassnett, Susan: *Translation Studies* (Third Edition). Shanghai: Shanghai Foreign Language Education Press, 2004.

Bassnett, Susan & Bush, Peter (eds.): *The Translator as Writer*. London: Continuum, 2006.

Bassnett, Susan & Lefevere, André (eds.): *Constructing Cultures. Essays on Literary Translation*. Shanghai: Shanghai Foreign Language Education Press, 2001.

Chang, Peng: *Modernisierung und Europäisierung der klassischen chinesischen Prosadichtung*. Untersuchungen zum Übersetzungswerk von Franz Kuhn(1884—1961). Frankfurt am Main: Lang, 1991.

Dainat, Holger: *Abaellino, Rinaldini und Konsorten. Zur Geschichte der Räuberromane in Deutschland*. Studien und Texte zur Sozialgeschichte der Literatur 55. Tübingen: Niemeyer, 1996.

Damm, Irene: *Modell einer Übersetzungskritik am Beispiel des klassischen chinesischen Romans „Am Ufer des Flusses" (Shuihu zhuan)*. Bochum: Brockmeyer, 1984.

Ehrenstein, Albert: *Mörder aus Gerechtigkeit*. Romane frei nach dem Chinesischen. Berlin: Deutsche Buch-Gemeinschaft, 1931.

Eoyang, Eugene Chen: *The Transparent Eye: Reflections on Translation, Chinese Literature, and Comparative Poetics*. Honolulu: University of Hawai'i Press, 1993.

Ge, Liangyan: *Out of the margins. The Rise of Chinese Vernacular Fiction*. Honolulu: University of Hawai'i Press, 2001.

Hatim, Basil: *Communication Across Cultures: Translation Theory and Contrastive Text Linguistics*. Shanghai: Shanghai Foreign Language Education Press, 2001.

Hatim, Basil & Ian, *Mason: Discourse and the Translator*. Shanghai: Shanghai Foreign Language Education Press, 2001.

Franke, Herbert: *Orientalistik. Teil I: Sinologie*. Bern: A. Franke, 1953.

Franke, Herbert: *Sinologie an deutschen Universitäten*. Wiesbaden: Steiner, 1968.

Groß, Vanessa: *Der Übersetzer als Schöpfer: vier Versionen des chinesischen Romanklassikers Der Traum der roten Kammer, Die Geschichte vom Stein.*

Berlin: Regiospectra, 2011.

Homes, James S.: *Translated! Papers on Literary and Translation Studies*. Beijing: Foreign Language Teaching and Research Press, 2007.

Hsia, Chih-tsing: *The Classic Chinese Novel. A Critical Introduction*. New York [u. a.], Columbia Univ. Press, 1968.

Katan, David: *Translating Cultures: An Introduction for Translators, Interpreters and Mediators*. Shanghai: Shanghai Foreign Language Education Press, 2004.

Kern, Maximilian: *Wie Lo-Ta unter die Rebellen kam*. Leipzig 1904.

Kittel, Harald & Frank, Armin Paul (ed.): *Interculturality and the Historical Study of Literary Translations*. Beijing: Foreign Language Teaching and Research Press, 2007.

Klaproth, Julius: *Verzeichniß der chinesischen und mandshuischen Bücher und Handschriften der Königlichen Bibliothek zu Berlin*. Paris: in der Königlichen Druckerei, 1822.

Klaus Mühlhahn: *Geschichte, Frauenbild und kulturelles Gedächtnis - Der mingzeitliche Roman Shuihu zhuan*. München: Minerva Publ., 1994.

Kubin, Wolfgang: *Die Stimme des Schattens. Kunst und Handwerk des Übersetzens*. München: Edition global, 2001.

Kuhn, Hatto: *Dr. Franz Kuhn (1884—1961). Lebensbeschreibung und Bibliographie seiner Werke*. Unter Mitarbeit von Martin Gimm. Wiesbaden: Franz Steiner Verlag, 1980.

Lefevere, André (eds.): *Translation / History / Culture: A Sourcebook*. Shanghai: Shanghai Foreign Language Education Press, 2010.

Lefevere, André: *Translation Literature: Practice and Theory in a Comparative Literature Context*. Beijing: Foreign Language Teaching and Research Press, 2006.

Lefevere, André: *Translation, Rewriting and the Manipulation of Literary Fame*. Shanghai: Shanghai Foreign Language Education Press, 2004.

Leiris, Michel: *Die eigene und die fremde Kultur*. Frankfurt am Main, 1979.

Leutner, Mechthild/ Yü-Dembski, Dagmar: *Exotik und Wirklichkeit -China in Reisebeschreibungen vom 17. Jahrhundert bis zur Gegenwart*. München: Minerva-Publ. , 1990.

Levý, Jiri: *Die literarische Übersetzung. Theorie einer Kunstgattung*. Frankfurt am Main und Bonn: Athenäum, 1969.

Li Heqing & Huang Hao & Bo Zhenjie: *Methodology of Western Translation Studies: Since the 1970s*. Beijing, Peking University Press, 2005.

Ma, Jia: *Döblin und China. Untersuchung zu Döblins Rezeption des chinesischen Denkens und seiner literarischen Darstellung Chinas in „Drei Sprünge des Wang-lun"*. Frankfurt am Main: Lang, 1993.

Munday, Jeremy: *Introducing, Translation Studies. Theories and Applications*. London and New York: Routledge, 2001. 。

Nida, Eugene A. : *Language and Culture. Contexts in Translating*. Shanghai: Shanghai Foreign Language Education Press, 2001.

Plaks, Andrew H. : *The Four Masterworks of the Ming Novel*. Princeton, New Jersey: Princeton Univ. Press, 1987.

Reiß, Katharina: *Möglichkeit und Grenzen der Übersetzungskritik*. München: Max Hueber, 1971.

Reiß, Katharina / Vermeer, Hans J. : *Grundlegung einer allgemeinen Translationstheorie*. Tübingen: Max Niemeyer Verlag, 1984.

Rudelsberger, Hans (übers.): *Chinesische Novellen*. aus dem Urtext übertragen von Hans Rudelsberger. Leipzig: Insel-Verlag, 1914.

Rudelsberger, Hans (übers.): *Chinesische Novellen*. aus dem Urtext übertragen von Hans Rudelsberger. Wien: Anton Schroll, 1924.

Sarkowski, Heinz / Jeske, Wolfgang: *Der Insel Verlag 1899—1999*. Frankfurt a. M. und Leipzig: Insel Verlag, 1999.

Shuttleworth & Cowie: *Dictionary of Translation Studies*. Shanghai: Shanghai Foreign Language Education Press, 2004.

Storm, Carsten: *Die Imagination der Geschichte: Authentizität, Historizität, Widerstand und Identität in chinesischen historischen Romanen*. Wiesbaden: Harrassowitz, 2010.

Venuti, Lawrence: *Strategies of Translation*. Routledge Encyclopedia of Translation Studies. Baker, M. &. Mlmkjaer (eds.). London and New York: Routledge, 2001.

Venuti, Lawrence (ed.): *The Translation Studies Reader*. London: Routledge, 2000.

Venuti, Lawrence: *The Translator's Invisibility: A History of Translation*. London and New York: Routlegde, 1995.

Walravens, Hartmut: Franz Kuhn: *Ergänzungen und Register zur Bibliographie von Hatto Kuhn (Wiesbaden 1980)*. Hamburg: Ch. Bell, 1982.

Wierlacher, Alois (Hrsg.): *Das Fremde und das Eigene*. München: Iudicium-Verlag, 1985.

Wierlacher, Alois (Hrsg.): *Perspektiven und Verfahren interkulturellen Germanistik*. München: Iudicium-Verlag, 1987.

Wolfgang Bauer: *Entfremdung, Verklärung, Entschlüsselung*. Bochum 1993.

Wüst, Karl-Heinz: *Geschichte der deutschen Literatur*. Beijing: Foreign Language Teaching and Research Press, 2008.

2. 西文文章

Even-Zohar, Itamar: "The Position of Translated Literature within the Literary Polysystem". in: Venuti, Lawrence (ed.): *The Translation Studies Reader*. London: Routledge, 2000, p. 192—197.

Fischer, Hatto: „Franz Kuhn - Abschied vom chinesischen Traum". In: *Die Horen*, H. 3 1989, S. 94—100.

Haenisch, Erich: „Rezension über Kin Ping Meh". in: *Asia Major*, Vol. 5, Fasc. 1/2, 1928, S. 571—573.

Haenisch, Erich: „Sinologie". in: *Aus Fünfzig Jahren deutscher*

Wissenschaft. hgg. von Gustav Abb. Berlin: Walter de Gruyter, 1930, S. 262—274.

Hermann, Marc: „, So, Sie können Chinesisch. – Können Sie auch Deutsch?' – Zur Freiheit des Literaturübersetzers". in: *China-Report*, Nr. 49, 31. Mai 2009, S. 18—24.

Hesse, Hermann: „Rezension über Franz Kuhn". in: *Neue Zürcher Zeitung*, Nr. 2348, 14. 12. 1932.

Hsia, Adrian: „Franz Kuhn als Vermittler chinesischer Romane". In: *Die Horen*, H. 3., 1989, S. 89—93.

Kautz, Ulrich: „, Derf denn der das? ' – Franz Kuhn, Bahnbrecher der chinesischen Literatur in Deutschland, im Widerstreit der Meinung". in: Kohlmauer, Rainer/ Pöckl, Wolfgang (Hrsg.): *Literarisches und mediales Übersetzen. Aufsätze zu Theorie und Praxis einer gelehrten Kunst*. Frankfurt am main: Peter Lang, 2004, S. 133—145.

Kuhn, Franz: „Rezension über All Men Are Brothers von Pearl Sydenstricker Buck.". in: *Sinica* 11, 1936, S. 58—60.

Motsch, Monika: „Lin Shu und Franz Kuhn – zwei frühe Übersetzer." in: *Hefte für Ostasiatische Literatur 5*, 1986, S. 76—87.

Mühlhahn, Klaus: „Herrschaft, Macht und Gewalt: Die Welt des Shuihuzhuan". in: *minima sinica*, 1992. 1, S. 59ff.

Schott, Wilhelm: „Die Abenteuer des Hung sin. Aus dem historischen Romane Schui hu tschuan. Übersetzt von Dr. Wilhelm Schott". in: *Magazin für die Literatur des Auslandes*, 1834, S. 531 – 532. [Aus dem Prolog des Romans.]

Schott, Wilhelm: „Wu sung, der Held und seines Bruders Rächer. Episode aus dem Romane Schui hu tschuan. Übersetzt von Dr. W. Schott". in: *Magazin für die Literatur des Auslandes*, 1834, S. 609—610, 614—615, 618—619.

Von den Steinen, Diether: "In Reply to Mr. Franz Kuhn", in: *Monumenta Serica 2*, 1936/37, Fasc. 1., S. 165—167.

Walravens, Hartmut: „Wu sung, der Held und seines Bruders Rächer. Die vergessene erste europäische Übersetzung aus dem chinesischen Räuber-Roman Shui-hu chuan “. in: *NOAG* 159—160 (1996), S. 189—218.

16. Walravens, Hartmut: „Franz Kuhn und der chinesische Roman. Zu einer Ausstellung in der Staats-und Universitätsbibliothek “. in: *Auskunft* 1986, S. 28—35.

3. 中文专著

〔法〕埃斯卡皮:《文学社会学》,王美华、于沛译,安徽文艺出版社 1987 年版。

包惠南:《文化语境与语言翻译》,中国对外翻译出版公司 2001 年版。

曹明伦:《英汉翻译实践与评析》,四川人民出版社 2007 年版。

曹卫东:《中国文学在德国》,花城出版社 2002 年版。

陈德鸿、张南峰:《西方翻译理论精选》,香港城市大学出版社 2000 年版。

陈惇、孙景尧、谢天振:《比较文学》,高等教育出版社 2008 年版。

陈平原:《中国小说叙事模式的转变》,北京大学出版社 2003 年版。

陈铨:《中德文学研究》,商务印书馆 1936 年版。

陈松柏:《水浒传源流考论》,人民文学出版社 2006 年版。

程春梅:《浅谈〈水浒传〉中“拜”的特色》,载张虹、刘春龙主编:《水浒争鸣第十辑》,崇文书局 2008 年版。

丁建弘:《德国通史》,上海社会科学院 2004 年版。

段峰:《文化视野下文学翻译主体性研究》,四川大学出版社 2008 年版。

方梦之编:《译学辞典》,上海外语教育出版社 2004 年版。

方维规:《世界第一部中国文学史的“蓝本”:两部中国书籍〈索引〉》,载耿幼壮、杨慧林主编:《世界汉学》第 12 卷,中国人民大学出版社 2013 年版。

冯庆华:《实用翻译教程》,上海外语教育出版社 2002 年版。

〔德〕傅海波:《欧洲汉学简评》,胡志宏译,《国际汉学》第 7 辑,大象出版社 2002 年版。

高中甫、宁瑛:《20 世纪德国文学史》,青岛出版社 1998 年版。

葛校琴:《后现代语境下的译者主体性研究》,上海译文出版社 2006 年版。

辜美高、黄霖主编:《明代小说面面观:明代小说国际学术研讨会论文集》,学林出版社 2002 年版。

郭建中主编:《文化与翻译》,中国对外翻译出版公司 2000 年版。

〔德〕赫尔曼·黑塞著,〔德〕孚克·米谢尔斯编选:《黑塞之中国》,谢莹莹译,人民文学出版社 2011 年版。

胡翠娥:《文学翻译与文化参与:晚清小说翻译的文化研究》,上海外语教育出版社 2007 年版。

胡适:《胡适文存三集 3》,亚东图书馆 1924 年版。

胡适:《中国章回小说考证》,上海书店出版社 1980 年版。

黄霖、李桂奎、韩晓、邓百意:《中国古代小说叙事三维论》,上海世纪出版社 2009 年版。

孔慧怡:《翻译·文学·文化》,北京大学出版社 1999 年版。

李冰梅:《文学翻译新视野》,北京大学出版社 2011 年版。

李伯杰:《德国文化史》,对外经济贸易大学出版社 2002 年版。

李法白、刘镜芙:《水浒语词词典》,上海辞书出版社 1989 年版。

李赋宁总主编:《欧洲文学史》第 2 卷,商务印书馆 2001 年版。

李赋宁总主编:《欧洲文学史》第 3 卷上册,商务印书馆 2001 年版。

李雪涛:《日耳曼学术谱系中的汉学》,外语教学与研究出版社 2008 年版。

梁启超:《佛学研究十八篇》,岳麓书社 2010 年版。

刘宓庆:《文化翻译论纲》(修订版),中国对外翻译出版公司 2007 年版。

刘再复:《双典批判:对〈水浒传〉和〈三国演义〉的文化批判》,三联书店 2010 年版。

鲁德才:《中国古代小说艺术论》,百花文艺出版社 1987 年版。

鲁迅:《中国小说史略》,上海古籍出版社 2006 年版。

罗尔纲:《〈水浒传〉原本和著者研究》,江苏古籍出版社 1992 年版。

马汉茂等主编:《德国汉学(历史、发展、人物与视角)》,大象出版社 2005 年版。

马蹄疾:《水浒书录》,上海古籍出版社 1986 年版。

马幼垣:《水浒二论》,三联书店 2007 年版。

马幼垣:《水浒论衡》,三联书店 2007 年版。

聂绀弩:《中国古典小说论集》,复旦大学出版社 2005 年版。

潘再平主编:《新德汉词典》(修订本),上海译文出版社 2000 年版。

〔法〕热拉尔·热奈特:《叙事话语 新叙事话语》,王文融译,中国社会科学出版社1990年版。

人民日报图书资料室编:《水浒序跋集》,人民日报图书资料室1975年版。

萨孟武:《水浒传与中国社会》,北京出版社2005年版。

斯塔夫里阿诺斯:《全球通史:从史前史到21世纪》,北京大学出版社2005年版。

栗长江:《文学翻译人语境化探索》,线装书局2008年版。

孙建成:《水浒传英译的语言与文化》,复旦大学出版社2008年版。

唐艳芳:《赛珍珠〈水浒传〉翻译研究:后殖民理论的视角》,复旦大学出版社2010年版。

王安全、郭玲改编:《汉语成语大词典·精编本》,汉语大词典出版社1997年版。

王克非:《翻译文化史论》,上海外语教育出版社1997年版。

王力:《诗词格律》,中华书局1977年版。

王丽娜:《中国古典小说戏曲名著在国外》,学林出版社1988年版。

王同舟:《地煞天罡:〈水浒传〉与民俗文化》,黑龙江人民出版社2003年版。

王祥云:《中西方传统文化比较》,河南人民出版社2007年版。

王学泰:《水浒·江湖:理解中国社会的另一条线索》,陕西人民出版社2011年版。

汪涌豪、陈广宏:《游侠人格》,长江文艺出版社1996年版。

卫茂平:《中国对德国文学影响史述》,上海外语教育出版社1996年版。

卫茂平、马佳欣、郑霞:《异域的召唤——德国作家与中国文化》,宁夏人民出版社2002年版。

卫茂平、威廉·屈尔曼主编:《中德文学关系研究文集》,上海外语教育出版社2006年版。

卫景宜编:《跨文化语境中的英美文学与翻译研究》,暨南大学出版社2007年版。

吴波:《论译者的主体性》,博士论文,华东师范大学,2005年。

吴士余:《中国古典小说的文学叙事》,上海古籍出版社2007年版。

谢天振:《翻译的理论建构与文化透视》,上海教育出版社2000年版。

谢天振:《译介学导论》,北京大学出版社2007年版。

新华通讯社译名室编:《德语姓名译名手册》,商务印书馆1999年版。

新华通讯社译名室编:《法语姓名译名手册》,商务印书馆 1996 年版。

新华通讯社译名室编:《世界人名翻译大辞典》,中国对外翻译出版公司 1993 年版。

新华通讯社译名资料组编:《英语姓名译名手册》,商务印书馆 1985 年版。

许宝强、袁伟选编:《语言与翻译的政治》,中央编译出版社 2001 年版。

杨义:《中国古典小说史论》,中国社会科学出版社 1995 年版。

杨子华:《水浒文化新解》,新世纪出版社 2007 年版。

叶本度:《朗氏德汉双解大辞典》,外语教学与研究出版社 2002 年版。

余匡复:《德国文学史》,上海外语教育出版社 1991 年版。

翟建波:《中国古代小说俗语大词典》,汉语大词典出版社 2002 年版。

张国刚:《德国的汉学研究》,中华书局 1994 年版。

张恨水:《水浒人物论赞》,江苏文艺出版社 2008 年版。

张国光、余大平主编:《水浒争鸣第六辑》,光明日报出版社 2001 年版。

张虹、刘春龙主编:《水浒争鸣第十辑》,崇文书局 2008 年版。

张虹、马成生、王益庸主编:《水浒争鸣第十一辑》,中央文献出版社 2009 年版。

张今:《文学翻译原理》,河南大学出版社 1987 年版。

张同胜:《〈水浒传〉诠释史论》,齐鲁书社 2009 年版。

张西平主编:《西方汉学十六讲》,外语教学与研究出版社 2011 年版。

赵彦春:《翻译学归结论》,上海外语教育出版社 2005 年版。

郑振铎:《插图本中国文学史》上,中国社会科学出版社 2009 年版。

中国地名委员会编:《外国地名译名手册》,商务印书馆 1983 年版。

中国社会科学院语言研究所词典编辑室编:《现代汉语词典》(第 5 版),商务印书馆 2005 年版。

钟敬文主编,萧放等著:《中国民俗史(宋元卷)》,人民出版社 2008 年版。

周兆祥:《翻译与人生》,中国对外翻译出版公司 1998 年版。

朱安博:《归化与异化:中国文学翻译研究的百年流变》,科学出版社 2009 年版。

朱纯深:《翻译探微:语言·文本·诗学》,台北书林出版有限公司 2001 年版。

竺青选编:《名家解读〈水浒传〉》,山东人民出版社 1998 年版。

朱一玄、刘毓忱:《〈水浒传〉资料汇编》,南开大学出版社 2002 年版。

4. **中文文章**

白焕然:《拜、唱喏、问讯及其他——〈水浒传〉见面礼式谈》,《中州大学学报(综合版)》1998 年第 2 期。

陈庆纪:《从鲁智深形象的塑造看〈水浒传〉的深层思想蕴涵》,《烟台大学学报(哲学社会科学版)》2009 年第 1 期。

德华文:《架设德中文化桥梁的巨匠——库恩》,《翻译通讯》1983 年第 7 期。

杜贵晨:《〈水浒传〉名义考辨——兼与王利器、罗尔纲先生商榷》,《明清小说研究》1990 年第 2 期。

冯庆华、王昱:《从文化交流的宏观角度研究翻译》,《外国语》1998 年第 3 期。

郭延礼:《19 世纪末 20 世纪初东西洋〈中国文学史〉的撰写》,《中华读书报》2001 年 9 月 19 日第 22 版。

何红梅:《十年来〈水浒传〉作者、成书年代与版本研究述要》,《菏泽学院学报》2011 年第 3 期。

黄俶成:《20 世纪〈水浒〉版本的研究》,《文史知识》2001 年第 4 期。

黄俊杰:《从中日比较思想史的视野论经典诠释的"脉络性转换"问题》,《台大历史学报》第 34 期。

黄俊杰:《东亚文化交流史中的"去脉络化"与"再脉络化"现象及其方法论的问题》,《东亚观念史集刊》第二期,2012 年 6 月。

纪德君:《百年来〈水浒传〉成书及版本研究述要》,《中华文化论坛》2004 年第 3 期。

纪德君:《〈水浒传〉宗教描写新论》,《广州大学学报(社会科学版)》2010 年第 9 卷第 1 期。

李葆嘉:《〈水浒〉一百零八将绰号绎释》,《明清小说研究》1991 年第 3 期。

李雪涛:《对国家社科基金"中华学术外译项目"的几点思考》,《云南师范大学学报》(对外汉语教学与研究版)2014 年第 1 期。

李雪涛:《汉学与阐释学 ——"异端的权利"与汉学研究的"去脉络化"和"再脉络化"》,《中华读书报》2013 年 5 月 8 日第 18 版。

林笳:《库恩与中国古典小说》,《中国比较文学》1999 年第 2 期。

林箭:《库恩和中国古典小说——兼论文学的创造性背叛》,《学术研究》1999年第5期。

卢贤强:《小议〈水浒传〉的人物出场特征》,《双语学习》2007年第5期。

马树德:《汉学和中国文学研究在德国》,载阎纯德主编:《汉学研究:第三集》,中国和平出版社1999年版。

马昕:《中德文化交流的媒介人——纪念弗兰茨·库恩诞生110周年》,《德语学习》1994年第2期。

马雁红:《从〈鲁提辖拳打镇关西〉看〈水浒传〉的人物塑造特色》,《山西大同大学学报(社会科学版)》2002年第3期。

孟祥荣:《由江湖而庙堂的回归之旅——〈水浒〉之书名所隐含的文化意义》,载张国光、余大平主编:《水浒争鸣第六辑》,光明日报出版社2001年版。

单长江:《〈水浒传〉与北宋道教》,载张国光、余大平主编:《水浒争鸣第六辑》,光明日报出版社2001年版。

石昌渝:《清代小说禁毁述略》,《上海师范大学学报(哲学社会科学版)》2010年第1期。

屠国元、朱献珑:《译者主体性:阐释学的阐释》,《中国翻译》2003年第24卷第6期。

王东风:《一只看不见的手——论意识形态对翻译实践的操纵》,《中国翻译》2003年第5期。

王金波:《弗朗茨·库恩及其〈红楼梦〉德文译本——文学文本变译的个案研究》,博士论文,上海外国语大学,2006年。

王金波:《清代评点派红学对〈红楼梦〉德语译本的影响》,《红楼梦学刊》2009年第2辑。

王克友、任东升:《叙述方式的转换与小说翻译效果——以〈水浒传〉第四十七回三个译本为例》,《外语教学》2005年第26卷第4期。

王立、刘莹莹:《〈水浒传〉中的神秘信奉及其佛道来源》,《烟台大学学报(哲学社会科学版)》2009年第1期。

王丽娜:《〈水浒传〉在国外》,《古典文学知识》1998年第4期。

王树人:《〈水浒传〉趣事拾零》,《文史月刊》2011年第3期。

王薇:《〈红楼梦〉德文译本研究兼及德国的〈红楼梦〉研究现状》,博士论文,山东大学,2006年。

谢天振:《国内翻译界在翻译研究和翻译理论认识上的误区》,《中国翻译》2001年第22卷第4期。

许钧:《"创造性叛逆"和翻译主体性的确立》,《中国翻译》2003年第24卷第1期。

颜廷亮:《梁山英雄的另一种无奈——聚义结拜兄弟之儒家兄弟伦理对于梁山英雄塑造的消极影响》,载张虹、马成生、王益庸主编:《水浒争鸣第十一辑》,中央文献出版社2009年版。

姚珺玲:《〈红楼梦〉在德国的传播与翻译》,博士论文,北京外国语大学,2010年。

叶隽:《回到中西平等对话的原点?——兼论文化关系研究的"学术范式"问题》,《中国图书评论》2009年第2期。

〔德〕尹虹:《对民主德国中国文学翻译的回顾》,李雪涛译,载〔德〕马汉茂等主编:《德国汉学——历史、发展、人物与视角》,大象出版社2005年版。

佘大平:《〈宣和遗事〉与宋元水浒故事》,载张国光、佘大平主编:《水浒争鸣第六辑》,光明日报出版社2001年版。

曾竞兴:《近代中西方小说叙事差异在小说中译中的体现》,《邵阳学院学报(社会科学版)》2009年第8卷第5期。

查明建、田雨:《论译者主体性——从译者文化地位的边缘化谈起》,《中国翻译》2003年第24卷第1期。

张海燕:《〈水浒传〉个性化的人物语言》,《渤海学刊》1995年第1期。

张同胜:《〈水浒传〉的版本、叙事与诠释》,《济宁学院学报》2009年第1期。

张同胜:《〈水浒传〉叙事结构的文化阐释》,《明清小说研究》2006年第4期。

张同胜:《〈水浒传〉与大众文化》,载张虹、刘春龙主编:《水浒争鸣第十辑》,崇文书局2008年版。

张向东:《"从说话看出人来"——浅论〈水浒传〉人物语言的性格化描写》,《荆门大学学报(哲学社会科学版)》1995年第4期。

张欣:《库恩所译中国小说及其对中德文化交流的贡献——以〈水浒传〉为中心》,载沈国威、李雪涛、金良宣主编:《东亚与世界第一辑:语言、历史、思想、文学的环流》，社会科学文献出版社 2013 年版。

张欣：《〈水浒传〉库恩德语译本中的文化翻译研究》，《文化学刊》2014 年第 1 期。

张欣：《〈水浒传〉库恩译本的翻译策略及其文化传播价值》，《云南师范大学学报（对外汉语教学与研究版）》2014 年第 1 期。

张扬：《胡适与古典小说研究》，博士论文，山东师范大学，2012 年。

赵代君：《论文学语言的特征》，《南京师大学报（社会科学版）》1992 年第 4 期。

〔以〕埃文-佐哈尔：《多元系统论》，张南峰译，《中国翻译》2002 年第 23 卷第 4 期。

〔以〕埃文-佐哈尔：《翻译文学在文学多元系统中的位置》，庄柔玉译，载陈德鸿、张南峰：《西方翻译理论精选》，香港城市大学出版社 2000 年版。

网页

„Duden/ blau/ Rechtschreibung “：http://www.duden.de/rechtschreibung/blau. Zuletzt eingesehen am 11.04.2014.

后 记

在博士毕业两年后，这本由博士论文改编而成的小书终于要出版了。回顾历时三年的博士论文写作过程，我的导师、北京外国语大学原中国海外汉学研究中心（现名国际中国文化研究院）的各位老师及同学们给了我充分的支持和鼓励，正是他们的帮助支持我一路走下来。

首先要感谢我的博导李雪涛教授。结识李老师，并成为他的门生，是我人生的一大幸事。从报考李老师的博士研究生，直至博士论文的选题、成文、修改，在导师的精心培养下，我不仅丰富了自己的学识，初步完成了由外语到汉学的专业过渡，锻炼了自己的科研能力，也从平时相处的点点滴滴中感受着老师的学术精神和为人处世的态度，受益匪浅。在开题及论文写作过程中，李老师给了我很多指导，为论文基本框架的建立及理论与分析的融合提出了许多宝贵建议，还帮助我分析材料，使我能更有条理地组织例证之间的衔接，完善论文结构，充实论文内容。特别感谢的是，在工作繁重的情况下，李老师还是利用电子邮件及面谈的方式，不间断地为我修改论文。

我还要感谢汉学中心的所有老师，特别是张西平教授、柳若梅教授、顾钧教授等。汉学中心为学生提供了广阔的学术空间，中心开设的各门课程及频繁举行的高水平讲座、研讨会开阔了我的学术视野，让我在专业上有了很大提升。各位老师兢兢业业、一丝不苟的教学态度，积极进取、勇于创新的科研精神也深深地影响着我。在今后的教学与研究生活中，我会以他们为榜样，继承他们专业知识过硬、治学严谨、严于律己的传统，为培养中德跨文化交流的人才作出贡献。

北京师范大学的方维规教授，中国社科院外国文学研究所的叶隽研究员，北京外国语大学德语系的王建斌教授、韩瑞祥教授，对外经贸大学德语系的冯晓虎教授，北京外国语大学海外汉学中心的顾钧教授、顾彬(Prof. Dr. Wolfgang Kubin)教授等诸位专家在笔者博士论文开题、评审、答辩过程中为笔者提供了许多宝贵的意见与建议，谨向各位专家致以深深的谢意!

感谢北京外国语大学特聘教授、原德国波恩大学汉学系主任顾彬教授担任我在德国波恩大学查找论文资料期间的导师，并为我的论文选题及论文框架建构提出建议与启发，感谢原柏林国家图书馆东亚部主任魏汉茂(Prof. Dr. Hartmut Walravens)教授告知关于德国最早的《水浒传》译文的线索，德国美因茨大学的高立希(Prof. Dr. Ulrich Kautz)教授、汉学家屈汉斯(Prof. Dr. Hans Kühner)教授、余蓓荷(Prof. Dr. Monika Übelhör)教授等与我通过邮件联系，为我提供研究思路与资料上的帮助。

感谢德国天主教外国人学术交流中心(KAAD)为笔者在德查找资料提供奖学金资助，感谢波恩大学汉学系及图书馆的各位教职员工，德国歌德与席勒档案馆、外交档案馆、洪堡大学档案馆、马尔巴赫文献档案馆的工作人员协助我查找档案文献。特别鸣谢北京外国语大学德语系外教 Dr. Kühnel 先生牺牲自己的周末休息时间，引导我识别库恩的部分手稿，解读一手档案材料！笔者的同学及好友温馨、熊英、徐丽、王琼、王珠珊、秦浩、陈少娜等人在研究资料、方法、视角等方面也为笔者提供了极大的帮助，在此一并致谢!

最后感谢父母的养育之恩！正是家人的支持与关爱让我可以没有后顾之忧、专心地投入到学习与研究中。

在此，真心向各位关心、帮助过我的人致以诚挚的谢意!

张　欣

2016 年 6 月